Bernhard Schneider (Hg.)

Maria und Lourdes

Wunder und Marienerscheinungen in theologischer und kulturwissenschaftlicher Perspektive

ASCHENDORFF VERLAG

Druck: Aschendorff Druck und Dienstleistungen GmbH & Co. KG,
Druckhaus Aschendorff, Münster, 2008
ISBN 978-3-402-12787-2

Inhaltsverzeichnis

Einleitung
Bernhard Schneider 1

1. Teil: Grundlegungen

„Des Glaubens liebstes Kind?“ Erscheinungen und
Wunder in fundamentaltheologischer Perspektive
Walter Andreas Euler 8

Vor-erwählt und voll-erlöst
Der Marienglaube der Kirche in den Dogmen
von 1854 und 1950
Rudolf Voderholzer 33

Maria in Liturgie und Frömmigkeit des
Marianischen Jahrhunderts
Andreas Heinz 56

Maria in der Literatur der deutschen Romantik.
Eine (Wieder)-Entdeckung?
Herbert Uerlings 86

2. Teil: Lourdes

Lourdes: Bernadette Soubirous
und die Erscheinungen 1858
Patrick Dondelinger 116

Lourdes und die deutschen Katholiken: Über die frühe
Rezeption eines katholischen Kultes im Deutschen Kaiserreich
und die Anfänge der Wallfahrt bis zum Ersten Weltkrieg
Andreas Johannes Kotulla 139

„Das Lied von Bernadette“ – erfolgreichster
Hollywood-Film im Nachkriegsdeutschland vor 1949
Martin Loiperdinger 166

3. Teil: Nachwirkungen - Marienerscheinungen

Ein „deutsches Lourdes“?
Der „Fall“ Marpingen (1876 und 1999)
und die Elemente eines kirchlichen Prüfungsverfahrens
Bernhard Schneider 178

Volksfrömmigkeit und totalitäres NS-Regime:
Marienerscheinungen in Heede/Emsland 1937 bis 1940
Maria Anna Zumholz 198

Autorenverzeichnis 224

Bernhard Schneider

Einleitung

Pilgern ist „in", nicht nur seit Hape Kerkelings Reisebericht „Ich bin dann mal weg", der mehrere Jahre lang die Bestsellerlisten anführte.[1] Das Vatikanische Pilgerbüro erwartet in diesem Jahr insgesamt 190 Millionen Pilger weltweit.[2] Längst werben auch nicht mehr nur die „LourdesRosen", die Zeitschrift des traditionsreichen Deutschen Lourdes Vereins, für eine Wallfahrt, sondern liberale Blätter wie „Die Zeit" huldigen in ihrer Reisebeilage dem Trend.[3] Populäre Reisezeitschriften entdecken das Thema und lancieren ein Heft mit dem Schwerpunkt „Die schönsten Pilgerziele der Welt" und gut ausgerüsteten „Rucksackpilgern" vor malerischer südländischer Kulisse auf dem Titelblatt. Unter diesen Pilgerzielen begegnet auch Lourdes: Ein „Besuch bei der weißen Dame" muss sein.[4] Das ist keineswegs eine neue Erkenntnis, denn der Kabarettist Gerd Dudenhöffer ließ seinen saarländischen Alltagshelden Heinz Becker schon vor geraumer Zeit vor Publikum über die „Busfahrt nach Lourdes" fabulieren. Satire aber funktioniert nur dann, wenn das Publikum den Gegenstand als etwas weitgehend Bekanntes kennt.

Bei diesem Besuch in Lourdes, egal ob per Bus oder per pedes, wäre man ganz sicher nicht allein. 2008 kalkuliert man im französischen Wallfahrtsort Lourdes mit sagenhaften 7 Millionen Pilgern und Touristen. Nicht ohne Grund, denn 2008 feiert man hier das 150jährige Jubiläum der Marienerscheinungen der Bernadette Soubirous. Selbst die profanen Medien nahmen im Februar, genau 150 Jahre nach der ersten überlieferten Erscheinung, davon Notiz.[5]

[1] Vgl. Hape Kerkeling, Ich bin dann mal weg. Meine Reise auf dem Jakobsweg. München [20]2006.

[2] Die Zeit Nr. 52 (19.12.2007) – Reisen. Vgl. http://images.zeit.de/text/2007/52/Pilgern (Abruf am 8.2.2008).

[3] Siehe „Wir sind dann mal weg. Ob zu Fuß, mit dem Rad oder im Charterflugzeug: Pilgerreisen werden immer beliebter". Die Zeit Nr. 52, 19.12.2007 (http://images.zeit.de/text/2007/52/Pilgern (Abruf am 8.2.2008).

[4] Siehe P.M. Guide H. 1 (2008): Die schönsten Pilgerziele der Welt.

[5] Vgl. Die Zeit Nr. 6 (31.1.2008): „Arme Kinder, weiße Damen" von Eberhard Ostermann in der Rubrik Zeitläufte (http.images.zeit/text/2008/06/A-

Dieses Jubiläum führt dann im September auch Papst Benedikt XVI. dorthin.

Marienerscheinungen[6] bewegen also anscheinend noch immer die Gemüter, innerkirchlich wie in den profanen Medien. Das gilt auch im konfessionell gemischten Deutschland mit einem immer größeren Anteil an kirchlich nicht mehr gebundenen Menschen. Die angeblichen Erscheinungen im saarländischen Marpingen haben dies 1999 mit rund 100.000 „Pilgern" und Besuchern und Dutzenden von Kameras und Mikrofonen deutlich gezeigt.

Nicht zuletzt als Folge der so genannten kulturalistischen Wende in den Geisteswissenschaften[7], die den Faktor Religion als Teil der den Menschen mitbestimmenden Kultur wesentlich stärker in das Blickfeld der Forschung rückt, gewann das Thema Maria und Marienverehrung vermehrt auch wissenschaftliche Aufmerksamkeit, und zwar nicht nur bei den Theologen, die ja nie aufgehört haben, Maria als Gegenstand wissenschaftlicher Reflexion zu behandeln. Mit einem Buch über eine Marienerscheinung im Deutschland des 19. Jahrhunderts kann man nun sogar als Historiker in Harvard einen Forscherpreis gewinnen, ein Geschick das David Blackbourn widerfuhr.[8] Tagungen beschäftigen sich mit „Maria in der Krise" und der „gesellschaftspolitischen Instrumentalisierung einer religiösen Symbolfigur".[9] Man kann an Universitäten am Beginn des 21.

Lourdes; abgerufen am 8.2.2008); Focus Nr. 7, 2008: „Lourdes. Eine wunderbare Erfolgsgeschichte, S. 161-163. Für die Schweiz siehe Weltwoche Nr. 8, 2008: Peter Holenstein, Wunderheilungen. Die Schwindelgrotte von Lourdes (www.weltwoche.ch/artikel/print; Zugriff am 25.2.2008).

6 Hier und im ganzen Buch wird der Begriff benutzt ohne damit eine Aussage darüber zu treffen, ob und wie die Mutter Jesu Christi zugegen war.

7 Zur neueren Kulturgeschichte sei hier nur auf zwei Titel mit einführendem Charakter hingewiesen: Ute Daniel, Kompendium Kulturgeschichte. Theorie, Praxis, Schlüsselwörter. Frankfurt/M. 2001; Peter Burke, Was ist Kulturgeschichte? Frankfurt/M. 2005.

8 David Blackbourn, Wenn ihr sie wieder seht, fragt wer sie sei. Marienerscheinungen in Marpingen – Aufstieg und Niedergang des deutschen Lourdes. Reinbek b. Hamburg 1997 (Original: Marpingen, Apparitions of the Virgin Mary in Bismarckian Germany. Oxford 1993; überarbeitete Neuauflage Saarbrücken 2007).

9 Tagungsankündigung in H-Soz-Kult zu einer Tagung in München, veranstaltet vom Geisteswissenschaftlichen Zentrum der Geschichte und Kultur Ostmitteleuropas an der Universität Leipzig in Kooperation mit dem Ungarischen

Jahrhunderts nach Jahrhunderten einer „Entzauberung der Welt" durch Wissenschaft und Technik sogar wieder Tagungen organisieren, bei denen von Wundern gesprochen wird, und das außerhalb der theologischen Fakultäten. Am kulturwissenschaftlichen Institut in Essen organisiert man zusammen mit Wissenschaftlern aus Harvard und Madrid eine Tagung über „Unbegreifliche Zeiten – Wunder im 20. Jahrhundert". Die Kollegen begründen die Tagung damit, „dass die Beschäftigung mit Wundern neue Perspektiven auf die Geschichte des 20. Jahrhunderts erschließt" und sie verweisen auch auf den anhaltenden Gebrauch des Begriffs: Vom „Wunder von Bern", über das „Wirtschaftswunder", von den „Wunderwaffen" und den „Wundern der Technik" bis hin zu „Wunderheilungen".[10]

Lourdes und andere Erscheinungsstätten beschäftigen selbstverständlich auch nicht nur heute Gläubige wie Wissenschaftler. Sie gaben einer Epoche für manche Beobachter gar den Namen, die dann vom „marianischen Zeitalter" sprechen.[11] Viele wurden schon in ihrer Entstehungszeit zu einem Politikum, das Polizei, Geheimdienste und nationale Parlamente beschäftigten konnte. In Lourdes bekam es Bernadette Soubirous mit Polizei und Staatsanwalt zu tun, die frommen Pilger standen vor einer von der Staatsmacht verbarrikadierten Erscheinungsstätte. In Marpingen trieb eine Kompanie Soldaten die Pilger auseinander und ein Geheimpolizist spionierte im Ort herum, was wenig später die Regierung im preußischen Abgeordnetenhaus in peinliche Erklärungsnot brachte. In Heede war es gar die berüchtigte Gestapo, die sich um die Marienerscheinung, die „Seherkinder" und die Pilger „kümmerte". Auch publizistische Schlachten wurden geschlagen, egal ob um Lourdes oder Marpingen. Marienerscheinungen reizten aber nicht zuletzt auch immer wieder Schriftsteller, Filmemacher oder sonstige Kunstschaffende, sich künstlerisch mit Maria und den Marienerscheinungen auseinander zu setzen. Es genügt an Emile Zolas heftig umstrittenen

Institut München (http://hsozkult.geschichte.hu-berlin.de/termine/id=6698; Abruf am 7.2.2008). Ein Tagungsbericht erschien ebenfalls bei H-Soz-Kult (http://hsozkult.geschichte.hu-berlin.de/tagungsberichte/id=1734).

10 http://hsozkult.geschichte.hu-berlin.de/termine/id=9110 (21.4.2008).

11 Zur Redeweise vgl. Anton Ziegenaus (Hrsg.), Das marianische Zeitalter. Entstehung – Gehalt – bleibende Bedeutung. Regensburg 2002.

Roman „Lourdes“[12] oder an Franz Werfels „Das Lied von Bernadette“[13] und dessen Umformung zu einem Spielfilm in Hollywood zu erinnern, um die prominentesten Beispiele zu nennen. Den Platz, den Maria und Lourdes in der Lebenswelt katholischer Christen einnahmen, sie werden dichterisch und teils autobiographisch eingefangen auch in beiläufigen Passagen jüngerer Literatur wie etwa in Carl Amerys „Die Wallfahrer“ oder in Ulla Hahns Roman „Das verborgene Wort“.[14]

Vor diesem Hintergrund drängte sich der Gedanke förmlich auf, im Jahr des Lourdes-Jubiläums eine interdisziplinäre Anstrengung zu wagen, um sich der Marienverehrung allgemein und im Besonderen der Marienerscheinungen anzunähern. Es fiel nicht schwer, eine ganze Reihe von Kollegen aus verschiedenen Fächern der Universität Trier und der Theologischen Fakultät Trier dafür zu gewinnen, an einer Ringvorlesung zu dieser Thematik mitzuwirken. Die Beteiligung eines Germanisten, eines Romanisten, eines Medienwissenschaftlers, einer Historikerin, eines Theologen und Religionswissenschaftlers sowie von vier Vertretern unterschiedlicher Disziplinen in der katholischen Theologie machten es möglich, tatsächlich aus ganz verschiedenen Perspektiven an den Gesamtzusammenhang heranzugehen. Sie machten es möglich, Lourdes und Maria in einen weiten Kontext einzuordnen und nicht aus dem Gesamtzusammenhang zu isolieren. Dafür sorgen nicht zuletzt die grundlegenden theologischen Beiträge zur Problematik von Wundern, zu den neuen Mariendogmen und zur Entwicklung der Marienverehrung allgemein. So repräsentiert der vorliegende Band kulturwissenschaftliche und theologische Annäherungen. Annäherungen meint bewusste Selbstbeschränkung im Wissen darum, dass eine Ringvorlesung und ein daraus entstandener kleiner Band keine geschlossene Geschichte von Lourdes oder der Verehrung Mariens im genannten „Marianischen Jahrhundert“ bieten können. Als gängige Praxis im akademischen Raum der Universität ist eine Ringvorlesung Ausdruck von Forschung und Diskussion, nicht von

[12] Emile Zola, Lourdes. Paris 1894

[13] Franz Werfel, Das Lied von Bernadette. Stockholm 1941.

[14] Carl Amery, Die Wallfahrer. München 1986, 156; Ulla Hahn, Das verborgene Wort. München ³2003, S. 321 ff. 338 f.

verbindlichen Lehraussagen. In diesem Sinne lädt der vorliegende Band zum Weiterdenken und zum Meinungsaustausch ein.

Mein herzlicher Dank gilt zunächst den Kollegen und der Kollegin, die bereit waren, Vorträge zur Ringvorlesung beizusteuern. Mit Ausnahme des werten Kollegen Prof. Dr. Hartmut Köhler, der aus zeitlichen Gründen seinen Vortrag zur Beschäftigung mit Lourdes in der französischen Literatur und speziell bei Emile Zola nicht in der vorgegebenen kurzen Frist für die Publikation ausarbeiten konnte, haben alle anderen ihre Vorträge für diesen Band fertig gestellt. Ergänzend zur Vortragsreihe ist der Beitrag von Dr. Andreas Kotulla aufgenommen worden, der den thematischen Schwerpunkt zu Lourdes weiter ausgestalten kann.

Auch denen, die sonst bei der Vorbereitung, der Begleitung und Nachbereitung beteiligt waren, danke ich herzlich. Hervorgehoben seien Chefredakteur Bruno Sonnen vom „Paulinus", der Wochenzeitung im Bistum Trier, der eine Kurzfassung der Vorträge abdruckte, meine Sekretärin Heike Mockenhaupt-Hardt und meine studentische Hilfskraft Thomas Neiß. Herrn Dr. Dirk Passmann vom Verlag Aschendorff danke ich für die gewohnt angenehme und effiziente Zusammenarbeit. Ermöglicht wurde die Drucklegung durch eine großzügige Förderung seitens des „Vereins der Freunde und Förderer der Theologischen Fakultät Trier". Dafür gebührt dem Vorstand mein aufrichtiger Dank.

Trier im August

Bernhard Schneider

1. Teil: Grundlegungen

Walter Andreas Euler

„Des Glaubens liebstes Kind?“ Erscheinungen und Wunder in fundamentaltheologischer Perspektive

I. Hinführung

Die meisten Menschen assoziieren mit dem Stichwort Lourdes unwillkürlich die beiden im Titel genannten Begriffe: „Erscheinungen und Wunder“ bzw. genauer gefasst: „Marienerscheinungen und Heilungswunder“. Am Beginn von Lourdes als religiösem Zentrum stehen die 18 Erscheinungen (Visionen und Auditionen), die der damals 14jährigen Bernadette Soubirous im Zeitraum zwischen dem 11. Februar und dem 16. Juli 1858 zuteil geworden sind. Schon während dieses Zeitraums kommt es zu den ersten unerklärlichen Heilungen, die auf den Genuss des Wassers aus der Quelle in der Grotte Massavielle (Massabielle) zurückgehen, die Bernadette im Auftrag der weiblichen Gestalt freigelegt hat, die ihr erschienen ist. Wie es sich mit den Erscheinungen Bernadettes im Einzelnen verhält, wird hier nicht näher erörtert, sondern bleibt den Lourdes-Spezialisten überlassen.[1]

Der für Lourdes zuständige Bischof von Tarbes, Bertrand-Sévère Laurence, hat bereits am 18. Januar 1862 in einem feierlichen Dekret die Glaubwürdigkeit der Erscheinungen Bernadettes bestätigt. In der Begründung dieses Urteils betont er ausdrücklich, dass auch die „Autorität der Wissenschaft“, also der Medizin und Naturwissenschaft seiner Zeit, von ihm angerufen worden sei.[2] Theologisch bemerkenswert ist, dass der Bischof in seiner Argumentation stark auf die „Früchte der Erscheinungen“[3] Bernadettes, die wundersamen

[1] Vgl. dazu den Beitrag von Patrick Dondelinger in diesem Band sowie Ders., Die Visionen der Bernadette Soubirous und der Beginn der Wunderheilungen in Lourdes. Regensburg 2003.

[2] Das „mandement“ des Bischofs zitiert Dondelinger in Auszügen in deutscher Sprache (191-196) und in den Anmerkungen im französischen Original (Anm. 737, S. 241-244). – Der Bischof schreibt: „Nous avons aussi invoqué l‘autorité de la science“ (ebd., S. 241).

[3] „Si l‘on doit juger l‘arbre par ses fruits, nous pouvons dire que l‘apparition racontée par la jeune fille est surnaturelle et divine; car elle a produit des effets

Heilungen, abhebt. Er schreibt: „[...] was wir aber sagen müssen, ist, dass das Wasser von Massavielle Kranke geheilt hat, die aufgegeben und für unheilbar erklärt worden waren. Diese Heilungen wurden durch den Gebrauch eines Wassers erwirkt, das dem Bericht von gewandten Chemikern zufolge, die es einer strengen Analyse unterzogen haben, jeglicher natürlicher Heilkraft entbehrt. Sie wurden erwirkt, die einen augenblicklich, die anderen nach zwei- oder dreimal wiederholtem Gebrauch dieses Wassers, entweder als Trunk, oder als Waschung. Außerdem sind diese Heilungen anhaltend. Welches ist die Macht, die sie bewirkt hat? Ist es die Macht des Organismus? *Die zu diesem Punkt befragte Wissenschaft hat negativ geantwortet. Diese Heilungen sind also das Werk Gottes.* Nun stehen sie aber mit der Erscheinung in Zusammenhang; sie ist es, die ihr Ausgangspunkt ist; sie ist es, die den Kranken das Vertrauen eingab: es gibt also eine enge Verbindung zwischen den Heilungen und der Erscheinung: *die Erscheinung ist göttlich, da die Heilungen einen göttlichen Stempel tragen*. Aber was von Gott kommt ist Wahrheit! Folgerichtig, da die Erscheinung sich als Unbefleckte Empfängnis ausgab, ist, was Bernadette gesehen und gehört hat, die ALLERHEILIGSTE JUNGFRAU! Rufen wir es also aus: Der Finger Gottes ist hier! Digitus Dei est hic (Ex 8,15).“[4]

In der zitierten Passage springt der Bischof von Tarbes unvermittelt von einer deskriptiven Darstellung des Sachverhalts hin zu einer eindeutigen theologischen Aussage. Weil die Wissenschaft die Heilungen nicht zu erklären vermag, deshalb sind sie das Werk Gottes. Dieser Schluss ist zwar formal logisch betrachtet ziemlich kühn, aber vollkommen abwegig ist er deshalb nicht, weil ja der gesamte Komplex der Ereignisse in Lourdes in einen eindeutigen religiösen Kontext eingebettet ist. Die Heilungen bieten für den Bischof den argumentativen Vorteil, dass sich wenigstens ihre wissenschaftliche Unerklärbarkeit (nach dem jeweiligen Stand der Forschung) objektiv feststellen lässt, während Visionen bzw. Auditionen, die einer einzelnen Person (in diesem Fall Bernadette Soubirous) zuteil werden, immer dem Verdacht unterliegen, auf Halluzinationen (Wahn-

surnaturels et divins“ (ebd., S. 242).

4 Dondelinger, Visionen (wie Anm. 1), S. 194 f., franz. Original: ebd., S. 243; Hervorhebung im Text.

vorstellungen) oder Betrug zu beruhen. Der bekannte Satz eines ehemaligen Bundeskanzlers: „Wer Visionen hat, sollte zum Arzt gehen", trifft sich mit dem Mainstream der Moderne, zumal stets alternative Erklärungsmuster möglich sind, die entweder individual- bzw. gruppenpsychologisch oder bei den äußeren Verhältnissen ansetzen (den sozio-ökonomischen Strukturen, den kirchenpolitischen Interessen, den frömmigkeitsgeschichtlichen Konstellationen usw.).

In seinem offiziellen „Kommentar zum Geheimnis von Fatima", das im Jahr 2000 veröffentlicht worden ist, weist Joseph Ratzinger als Präfekt der Glaubenskongregation darauf hin, dass der Visionär am Vorgang der Schau selbst beteiligt ist. „In der inneren Schau liegt noch weit mehr als in der äußeren ein Übersetzungsvorgang vor, so daß das Subjekt an der Bildwerdung dessen, was sich zeigt, wesentlich mitbeteiligt ist. Das Bild kann nur nach seinen Maßen und seinen Möglichkeiten ankommen. Deswegen sind solche Schauungen nie die reine ‚Fotografie' des Jenseits, sondern sie tragen auch die Möglichkeiten und Grenzen des wahrnehmenden Subjekts an sich."[5] Dies gilt – wohl gemerkt – von Erscheinungen, die die Kirche als authentisch anerkannt hat, also auch von denjenigen der Bernadette Soubirous.

Enthalten diese Erscheinungen in Aussagen gefasste Mitteilungen, bezeichnet man sie als „Privatoffenbarungen". Dieser Terminus soll zum einen die Authentizität der Mitteilung anzeigen (es handelt sich um „Offenbarungen", nicht um Halluzinationen), aber zugleich verdeutlichen, dass diese nicht für alle Katholiken verbindlich sind, deshalb bezeichnet man sie als „privat". Diese sind nur dann legitim und hilfreich, wenn sie auf den Aussagen der Hl. Schrift und des kirchlichen Dogmas aufbauen, sie vertiefen und nicht von ihnen wegführen. Joseph Ratzinger ordnet die Privatoffenbarungen in dem soeben zitierten „Kommentar zum Geheimnis von Fatima" dem „Charisma der Prophetie" zu und er ergänzt: „Dabei müssen wir bedenken, daß Prophetie im Sinn der Bibel nicht Wahrsagerei

5 Joseph Kardinal Ratzinger, Kommentar zum Geheimnis von Fatima. In: Kongregation für die Glaubenslehre, Die Botschaft von Fatima, 13. Mai 2000, hrsg. v. Sekretariat der Deutschen Bischofskonferenz. Bonn 2000, S. 33-44, hier S. 38 f.

bedeutet, sondern Deutung von Gottes Willen für die Gegenwart, die auch den rechten Weg für die Zukunft zeigt. [...] Wesentlich ist die Vergegenwärtigung der einen Offenbarung, die mir so auf den Leib rückt: Das prophetische Wort ist Ermahnung oder auch Tröstung oder beides ineinander. Insofern kann man das Charisma der Prophetie mit der Kategorie der ‚Zeichen der Zeit‘ in Verbindung bringen, die vom II. Vaticanum herausgestellt worden ist.“[6]

II. Wunder – ein Problem? Einleitende Überlegungen

Nach diesen hinführenden Bemerkungen, insbesondere zum Phänomen der Erscheinungen, wollen wir uns nun allgemein dem Wunderproblem zuwenden. Der evangelische Theologe Gerd Theißen definiert Wunder als Ereignisse, die gegen die normalen Erwartungen eintreten und eine religiöse Bedeutung haben.[7] Unter diese recht weite Definition fallen zum einen die Erscheinungen, die Bernadette Soubirous zuteil wurden, zum anderen die Heilungswunder, die heute im Vordergrund des Interesses stehen und zwar sowohl im katholischen als auch im evangelischen Raum. Im Bereich der katholischen Theologie drängt sich die Problematik der Heilungswunder insbesondere durch die zahlreichen Selig- und Heiligsprechungen seit Beginn des Pontifikates von Papst Johannes Paul II. auf, zu deren Durchführung ja amtlich bestätigte Wunder auf die Fürbitte des Verstorbenen, der selig- bzw. heiliggesprochen werden soll, erforderlich sind.[8] Die protestantische Theologie wird mit diesem Problemkreis zunehmend durch charismatische bzw. evangelikal-pfingstlerische Gruppierungen konfrontiert, bei denen „Wunder- bzw. Geistheilungen“, d. h. Heilungen durch das Wirken

6 Ebd., S. 37.

7 Siehe Gerd Theißen/Annette Merz, Der historische Jesus. Ein Lehrbuch. Göttingen [3]2001, S. 279.

8 Vgl. Helmut Moll, Art. Seligsprechungsverfahren. In: Lexikon für Kirchen- und Staatskirchenrecht Bd. 3, S. 546; Winfried Schulz, Art. Heiligsprechung. In: Lexikon für Theologie und Kirche[3] Bd. 4, Sp. 1330: „Das Heiligsprechungsverfahren folgt im wesentlichen den Regeln des Seligsprechungsprozesses. Außer einer hinreichenden Verehrung ist ein zeitlich nach der Seligsprechung auf die Fürsprache des Seligen bewirktes, in einem getrennten Verfahren zu belegendes Wunder erforderlich.“

des Hl. Geistes im Anschluss an das Neue Testament eine große Rolle spielen.[9]

Im globalen Maßstab kann man geradezu von einer Renaissance des Wunderglaubens sprechen. Dieses Faktum mag viele in unserem Kulturkreis befremden – zumindest so lange, wie es uns und unseren Angehörigen gut geht, wir gesund sind und ein erfülltes, materiell gesichertes Leben führen. Sobald man selbst oder der Ehepartner oder das eigene Kind von schwerer Krankheit und Tod bedroht ist und die naturwissenschaftlich ausgerichtete Schulmedizin keine Hilfe mehr verspricht, hofft man unwillkürlich auf ein Wunder. Dies gilt für den modernen, so genannten aufgeklärten Menschen genauso wie für die Menschen in der „Dritten Welt" oder in der Vergangenheit.

Wer über das Wunderproblem in einem fundamentaltheologischen Kontext nachdenkt, tut meines Erachtens gut daran, dieses Thema nicht abstrakt zu behandeln – etwa im Sinne der problematischen, ja letztlich unbeantwortbaren Fragestellung: Sind Wunder im Sinne einer Durchbrechung von Naturgesetzen möglich und wenn ja, wie kann man sie als solche erkennen?[10] –, sondern man

[9] Vgl. dazu u. a. Michael Marsch, Geistheilung – oder Heilung durch den Heiligen Geist? Fribourg (Schweiz)/Konstanz ²1993.

[10] Warum diese Fragestellung problematisch ist, macht die folgende Aussage von Walter Kasper deutlich: „Traditionellerweise wird das Wunder verstanden als ein wahrnehmbares Ereignis, das die natürlichen Möglichkeiten übersteigt, das von Gottes Allmacht unter Durchbrechung oder zumindest Umgehung der natürlichen Kausalitäten hervorgebracht wird und das so als Bestätigung der Wortoffenbarung dient. Dieser apologetische Wunderbegriff ist offensichtlich im strikten Gegenzug zum neuzeitlichen naturwissenschaftlichen Denken und zur Vorstellung von einem lückenlosen Kausalitäts- und Determinationszusammenhang gedacht. Bei genauerem Zusehen erweist sich dieser Wunderbegriff jedoch als eine Leerformel. Eindeutig feststellbar wären solche Wunder nur dann, wenn wir wirklich alle Naturgesetze lückenlos kennen und in jedem einzelnen Fall durchschauen würden. Nur dann könnten wir exakt nachweisen, daß ein Ereignis als unmittelbar von Gott gewirkt verstanden werden muß. Doch eine so vollständige Kenntnis aller möglichen Bedingungszusammenhänge, wie sie für einen solchen Nachweis Voraussetzung wäre, steht uns wohl in keinem Fall zur Verfügung." (Jesus der Christus. Mainz ¹¹1992, S. 107 f.) Vgl. auch Richard Glöckner, Die Wunder Jesu. Herausforderung des Glaubens – Zeichen der Hoffnung. Freiburg i. Br. 1982, S. 5.

sollte konkreter ansetzen, nämlich bei Jesus von Nazaret, den der Hebräerbrief „den Urheber und Vollender des Glaubens“ nennt.[11]

Dass das Wunder im christlichen Glauben immer eine wesentliche Rolle gespielt hat und wohl auch in Zukunft spielen wird, liegt ja letztlich darin begründet, dass von Jesus selbst Wunder überliefert sind, die die traditionelle katholische Apologetik und Fundamentaltheologie als unwiderlegbaren Beweis für die Wahrheit des christlichen Glaubens betrachtete[12] und dass Jesus seinen Jüngern die Fähigkeit verheißt, in seinem Namen, im Vertrauen auf ihn und seinen Geist Wunder zu wirken (vgl. u. a. Joh 14,12 f.: „Amen, Amen, ich sage euch: Wer an mich glaubt, wird die Werke, die ich vollbringe, auch vollbringen, und er wird noch größere vollbringen, denn ich gehe zum Vater. Alles, um was ihr in meinem Namen bittet, werde ich tun, damit der Vater im Sohn verherrlicht wird“; vgl. auch Mk 6,7-13; 16,17 f.; Röm 15,17-19; 2 Kor 12,12).

Wir wollen uns demgemäß noch mit zwei Fragen befassen, die m. E. innerlich miteinander verknüpft sind: Erstens: Wie verhält es sich nach Auffassung der heutigen Theologie mit der Historizität der Wunder Jesu und welche Eigentümlichkeiten zeichnen diese aus (III). Im Anschluss daran soll dann noch die Frage nach dem Verständnis des Wunders im Kontext des modernen Weltbildes gestellt werden (IV).

[11] Hebr 12,2; alle Zitate aus der Hl. Schrift stammen aus der Einheitsübersetzung.

[12] Diese Sicht findet sich noch in der Konstitution „Dei Filius“ des Ersten Vatikanischen Konzils vom 24. April 1870. Dort heißt es in Kapitel 3: Die Wunder und Weissagungen sind, „da sie Gottes Allmacht und unendliches Wissen klar und deutlich zeigen, ganz sichere und dem Erkenntnisvermögen aller angepaßte Zeichen der göttlichen Offenbarung“. „Deshalb haben sowohl Moses und die Propheten als auch vor allem Christus, der Herr, selbst viele und ganz offensichtliche Wunder und Weissagungen getan“ (Heinrich Denzinger, Kompendium der Glaubensbekenntnisse und kirchlichen Lehrentscheidungen, hrsg. v. Peter Hünermann. Freiburg i. Br. u. a. ^{39}2001, S. 815 f., Nr. 3009). – Weitaus vorsichtiger bewertet die katholische Fundamentaltheologie seit dem II. Vaticanum die Beweiskraft der Wunder Jesu; vgl. dazu u. a. Heinrich Petri, Offenbarungskriterien oder Zeichen des Reiches Gottes? Die Wunder Jesu in der neueren Fundamentaltheologie. In: Steht nicht geschrieben? Studien zur Bibel und ihrer Wirkungsgeschichte. Festschrift für Georg Schmuttermayr, hrsg. v. Johannes Frühwald-König/Ferdinand R. Prostmeier/Reinhold Zwick. Regensburg 2001, S. 497-518.

III. Die Wunder Jesu

In der Überlieferung der Evangelien nehmen die Wundererzählungen einen breiten Raum ein. Von keiner einzelnen Gestalt in der damaligen Zeit werden so viele Wunder erzählt wie von Jesus in den kanonischen Evangelien.[13] Terminologisch[14] ist bemerkenswert, dass die dem deutschen Wort Wunder am ehesten vergleichbaren profangriechischen Begriffe wie térata (wörtlich: ungeheuerliche Erscheinungen, Mirakel im eigentlichen Sinn) und thaumasia (wörtlich: Erstaunliches), die auf die Wirkung der Wunder auf die Zuschauer und Zeugen abheben, in den Evangelien nur am Rand vorkommen.[15] Die Evangelien verwenden meistens andere Begriffe. Das Johannesevangelium spricht von den Wundern Jesu als den Zeichen Jesu (Sing. semeion, Pl. semeia), die seine göttliche Macht offenbaren. Man nimmt sogar an, der Johannesevangelist habe eine Quelle mit eigenen Wundergeschichten verarbeitet, die so genannte Semeia-Quelle.[16] In den synoptischen Evangelien werden die Wunder Jesu vorwiegend als dynámeis (Macht- oder Krafttaten) Jesu bezeichnet. Damit wird das außergewöhnliche Vermögen des Wundertäters Jesus in den Vordergrund gestellt. Heute sprechen viele Forscher lieber von „Taten" oder „Machttaten" als von „Wun-

[13] Vgl. Jürgen Becker, Jesus von Nazaret. Berlin/New York 1996, S. 213. – „Weder in der jüdischen noch in der heidnischen Umwelt Jesu gab es zu seiner Zeit Männer, denen derartige Taten zugeschrieben wurden, wie sie die Evangelien Jesus zuschreiben. Und selbst wenn wir den Untersuchungszeitraum ausdehnen und noch die 1000 Jahre vor Jesus mit einbeziehen, stehen wir vor dem Befund, daß von keinem Wundermann einer früheren Zeit ähnliche und ähnlich viele Wundergeschichten überliefert werden wie von Jesus. Die nächsten Parallelen zu den Wundern Jesu findet man bei zwei Propheten aus dem 9. Jahrhundert v. Chr., Elija und Elischa. Andere wirklich vergleichbare Wundertäter vor seiner Zeit sind meines Wissens nicht bekannt. Wunder erwartet man in der Antike von Göttern, nicht von Menschen. Menschen können viel, aber ‚Götter können alles'." (Marius Reiser, Die Wunder Jesu – eine Peinlichkeit? In: Erbe und Auftrag 73 [1997], S. 425-437, hier: S. 431)

[14] Vgl. Helmut Merklein, Jesu Botschaft von der Gottesherrschaft. Eine Skizze. Stuttgart ^{3}1989, S. 68 f.

[15] Térata: Mk 13,22 par Mt 24,24; Joh 4,48. Thaumasia: Mt 21,15.

[16] Vgl. Joachim Gnilka, Jesus von Nazaret. Botschaft und Geschichte. Freiburg u. a. 2000 (6. Aufl. der Sonderausgabe), S. 118 f.

dern“ Jesu[17], um diese Wunder aus der Engführung durch den neuzeitlichen Wunderbegriff herauszuführen, der zu einseitig auf den Gegensatz von Wunder und Naturgesetz abhebt.[18] Die vier kanonischen Evangelien überliefern insgesamt 30 Wundererzählungen von Jesus. Man teilt diese heute oft ein in: Exorzismen bzw. Dämonenaustreibungen, Therapien bzw. Heilungen, Totenerweckungen, Epiphanien bzw. Erscheinungswunder, Rettungswunder und Geschenkwunder.[19] Rein quantitativ dominieren die ersten beiden Arten von Wundern: Exorzismen und Therapien mit etwa 20 Erzählungen.

Es herrscht ein allgemeiner Konsens in der Forschung (wobei die Vorstellung von einem allgemeinen Konsens bei Exegeten selbst einem Wunder gleichkommt) darüber, dass Jesus als überaus erfolgreicher charismatischer Exorzist und Heiler wirkte. Wäre er nicht erfolgreich gewesen, hätten sich die Wundergeschichten sicherlich nicht so reich in der Evangelienüberlieferung niedergeschlagen und seine Gegner hätten kaum versucht, seine Erfolge umzudeuten.[20]

17 Im Johannesevangelium werden die Wunder Jesu verschiedentlich als seine „Werke“ bezeichnet; vgl. dazu u. a. die soeben zitierte Stelle Joh 14,12.

18 Vgl. Merklein, Botschaft (wie Anm. 14), S. 69.

19 Eine schematische Zusammenstellung der Wunder Jesu findet sich bei Friedrich Martin Fiederlein, Die Wunder Jesu und die Wundererzählungen der Urkirche. München 1988, S. 25 f. – Die genannte Einteilung der Wunder Jesu fußt auf Gerd Theißen, Urchristliche Wundergeschichten. Ein Beitrag zur formgeschichtlichen Erforschung der synoptischen Evangelien. Gütersloh 1974.

20 Von sehr hoher Bedeutung ist in diesem Zusammenhang das sog. Beelzebulwort aus der Logienquelle, bei dem es sich um ein authentisches Jesuswort handelt (vgl. Becker, Jesus [wie Anm. 13], S. 230-233): „Wenn ich die Dämonen durch Beelzebul austreibe, durch wen treiben dann eure Anhänger sie aus? Sie selbst also sprechen euch das Urteil.“ (Lk 11,19; Mt 12,27) Das Beelzebulwort deckt sich mit dem Inhalt der Perikope Mk 3,22-30. Die von Jerusalem nach Galiläa gekommenen Schriftgelehrten erheben den Vorwurf, Jesus treibe durch den Obersten der Dämonen, eben durch Beelezebul, wie er in den synoptischen Evangelien genannt wird, die Dämonen aus. Diese Kontroverse macht folgenden Sachverhalt deutlich: Zwischen Jesus und seinen Gegnern ist das Faktum der durch Jesus bewirkten Dämonenaustreibungen unbestritten, kontrovers aber ist die Deutung. Die Gegner Jesu behaupten, er handle durch die Dämonen, Jesus dagegen will durch seine Dämonenaustreibungen die Dämonenherrschaft gerade überwinden. Der Vorwurf, Jesus sei ein Zauberer gewesen, war in jüdischen Kreisen verbreitet. Er findet sich

Menschen sind in der Begegnung mit Jesus von „Besessenheit" (wie immer wir dieses Phänomen aus unserer heutigen Weltsicht deuten wollen) und Krankheit befreit worden. Jesu exorzistische und therapeutische Wirksamkeit ist ein historisches Faktum, das sich nicht bestreiten lässt.[21]

Nicht so eindeutig ist die Sachlage bei den sog. Naturwundern (Seesturmstillung, Seewandel, Speisungen, Weinwunder, reicher Fischfang). Sie finden in Jesuslogien und Summarien von Jesu Wirken keine Erwähnung.[22] Das *kann* als Hinweis darauf verstanden werden, dass es sich bei den Naturwundererzählungen um nachösterliche christologische Lehrerzählungen handelt. Ein nachösterlicher Sitz im Leben wird vielfach auch für die so genannten Totenerweckungen angenommen. Dies ist jedenfalls die Meinung der meisten Experten.[23]

im Babylonischen Talmud, Traktat Sanhedrin 43a (vgl. Fiederlein, Wunder [wie Anm. 19], S. 63). Auch Justin der Märtyrer behauptet in seinem „Dialog mit dem Juden Tryphon" (Kap. 69,7), die Juden würden Jesus der Zauberei verdächtigen und ihn deshalb ablehnen (vgl. Becker, Jesus [wie Anm. 13], S. 230).

21 Vgl. Fiederlein, Wunder (wie Anm. 19), S. 64.

22 In den synoptischen Summarien werden nur Exorzismen und Therapien genannt, keine sog. Naturwunder, also z. B. kein Seewandel und keine Brotvermehrung (vgl. u. a. Mk 1,34: „er heilte viele, die an allen möglichen Krankheiten litten, und trieb viele Dämonen aus"; 3,10 f.; 6,55 f. sowie die entsprechenden Paralleltexte im Matthäus- und Lukasevangelium). Die Summarien in der vom Evangelisten Lukas verfassten Apostelgeschichte sprechen in Bezug auf Jesus von seinen ‚machtvollen Taten, Wundern und Zeichen' (Apg 2,22) und sie rücken die Heilungen und Exorzismen, ähnlich wie im Lukasevangelium, eng aneinander. In Apg 10,38 heißt es, dass Jesus „Gutes tat und alle heilte, die in der Gewalt des Teufels waren; denn Gott war mit ihm". Auch in diesen Summarien fehlen also Hinweise auf die sog. Naturwunder (vgl. Theißen/Merz, Jesus [wie Anm. 7], S. 271).

23 In diesem Sinne äußern sich u. a. Kasper, Jesus (wie Anm. 10), 106; Gnilka, Jesus (wie Anm. 16), S. 139-141; Becker, Jesus (wie Anm. 13), S. 216: „Epiphanien, Wunder an der außermenschlichen Kreatur und vor allem auch Totenauferweckungen ... sind Farben zur Gestaltung der Person Jesu, in denen das Licht der Ostererfahrung retrospektiv aufleuchtet"; Theißen/Merz, Jesus (wie Anm. 7), S. 272-275; Jörg Frey, Zum Verständnis der Wunder Jesu in der neueren Exegese. In: Zeitschrift für Pädagogik und Theologie 51, 1999, S. 3-14, hier S. 13. – Anders urteilen Reiser, Wunder (wie Anm. 13), v.a. S. 432-437 und Ulrich Wilckens, Theologie des Neuen Testaments. Bd. I: Geschichte der

Ein durchaus naheliegender Einwand lautet, man spreche Jesus in der gegenwärtigen Theologie die spektakulären Naturwunder und Totenerweckungen ab, da diese gegen unser Naturverständnis verstoßen – gemäß der bekannten Sentenz von Christian Morgenstern: „‚Weil', so schließt er messerscharf, ‚nicht sein *kann*, was nicht sein *darf*.“[24] Diese Vermutung äußert der Philosoph Robert Spaemann: „Selbstverständlich ist es das Recht der historischen und philologischen Forschung, die Authentizität biblischer Wunderberichte zu untersuchen. Es kommt nur auf die Prämissen an, die man dabei zugrunde legt. Wo mehr oder weniger ausdrücklich das moderne Homogenitätspostulat zugrunde gelegt wird, da allerdings ist die Basis der Kritik bereits der Unglaube. So ist zum Beispiel die Tendenz, die Heilungswunder Jesu von vornherein als eher glaubwürdig, die Totenerweckungen und die sogenannten Naturwunder aber als unhistorisch zu bezeichnen, nichts anderes als ein Ausdruck des Homogenitätspostulats.“[25]

Die Schlussfolgerung Spaemanns, dass die Unterscheidung zwischen Heilungswundern einerseits und Totenerweckungen und so genannten Naturwundern andererseits „nichts anderes“ als eine Folge des modernen Weltverständnisses sei, ist in dieser Pauschalität nicht haltbar. Die Exorzismen und Therapien Jesu sind zumindest in den synoptischen Evangelien ungleich breiter und vielfältiger bezeugt als die anderen Wunder, deshalb ist an ihrer Authentizität

urchristlichen Theologie. Teilbd. 1: Geschichte des Wirkens Jesu in Galiläa. Neukirchen-Vluyn 2002, S. 159-161: zur Frage der Authentizität der Perikope von der Erweckung der Tochter des Jairus (Mk 5,35-43): „Alles in allem kann diese Erzählung eine nachösterliche Bildung in judenchristlicher Tradition sein, wobei das Wissen, daß Jesus Tote auferweckt hat (Mt 11,5), ebenso gegenwärtig war wie die Kenntnis der zahlreichen Heilungswunder Jesu. Es spricht jedoch nichts Durchschlagendes gegen die Möglichkeit, daß auch hier konkrete Erinnerung in dieser Geschichte verarbeitet worden ist“ (ebd., S. 160 f.).

24 Aus dem Gedicht „Die unmögliche Tatsache“; zit. n. Christian Morgenstern, Gesammelte Werke in einem Band, hrsg. v. Margareta Morgenstern. München 1965, S. 263; kursiv im Text.

25 Robert Spaemann, Die christliche Religion und das Ende des modernen Bewußtseins. Über einige Schwierigkeiten des Christentums mit dem sogenannten modernen Menschen. In: Internationale katholische Zeitschrift „Communio“ 8 (1979), S. 251-270, hier: S. 259 f.

nicht zu zweifeln, während die Authentizität der übrigen Wunder aus exegetischen Gründen und nicht aus weltanschaulichen Vorurteilen unsicher ist. Es würde zu weit führen, dies hier im Einzelnen darzulegen.

Mindestens ebenso breit und vielfältig wie Jesu Exorzismen und Therapien ist das größte Wunder der Evangelientradition, die Auferweckung Jesu von den Toten und seine Vergöttlichung[26], bezeugt. An der Einstellung zur Wirklichkeit der Auferweckung Jesu entscheidet sich letztlich die Frage, ob man nüchtern exegetisch urteilt oder bestimmten weltanschaulichen Prämissen folgt, wie dem von Spaemann genannten Homogenitätspostulat, das die Auferweckung eines Toten für unmöglich hält. „Geht man nun aber", so betont der evangelische Theologe Ulrich Wilckens zu Recht, „ohne den ‚Schutz' der Evidenz der absoluten Unmöglichkeit des Geschehenseins der Auferweckung Jesu an die Arbeit *rein historischer* Sichtung der neutestamentlichen Zeugnisse, so läßt sich mit gewichtigen Argumenten zeigen, daß alle üblicherweise vorgetragenen Gründe gegen die Wirklichkeit der Auferweckung Jesu alles andere als *exegetisch* zwingend sind. Durchweg sind die Argumente pro ungleich überzeugender als die Argumente contra."[27]

Die Leugnung der Realität der Auferweckung Jesu von den Toten oder deren kunstvolle Uminterpretation hebt das Fundament des christlichen Glaubens auf, denn dann könnten sich die Christen auf Jesus nur im Sinne einer historischen Erinnerung beziehen, so wie sich Marxisten auf Karl Marx, Wladimir Iljitsch Lenin oder Rosa Luxemburg beziehen. Sie könnten ihn nicht als den Lebendigen und unter ihnen Gegenwärtigen bekennen und damit würden die Verkündigung und die sakramental-liturgische Praxis der Kirche den Charakter einer „frommen" Fiktion annehmen.

Die von mir im Anschluss an den gegenwärtigen Forschungsstand vorgenommene differenzierte Sicht der Historizität der Wunder Jesu verfolgt also keineswegs die Absicht, einfach alles Anstö-

26 Christian Schütz nennt die Auferstehung Jesu das „Wunder aller Wunder" (Die Mysterien des öffentlichen Lebens und Wirkens Jesu. In: Mysterium Salutis III/2: Das Christusereignis, hrsg. v. Johannes Feiner/Magnus Löhrer. Einsiedeln u. a. 1969, S. 121).

27 Wilckens, Theologie (wie Anm. 23), S. 28; kursiv im Text.

ßige an seiner Person und seinem Wirken „wegzuinterpretieren“. Dies zeigt sich auch an der Tatsache, dass gerade durch die neuere Forschung jener Aspekt in Jesu Wirken wieder besonders hervorgehoben wird, der den meisten Menschen in den westlichen Ländern (anders als etwa in Afrika) heute sehr fremd ist, aber für Jesu eigenes Selbstverständnis von größter Bedeutung war, nämlich seine Wirksamkeit als Exorzist, als Dämonenaustreiber.[28]

Die Erfahrung Jesu der Gegenwärtigkeit des Gottesreiches in seiner Person beruht nach dem Zeugnis der synoptischen Evangelien auf seiner Wundertätigkeit, den Krankenheilungen, insbesondere den Exorzismen, den Dämonenaustreibungen. In der Logienquelle findet sich zum Zusammenhang zwischen der Gegenwart der Gottesherrschaft und den erfolgreichen Dämonenaustreibungen Jesu folgende zentrale Aussage: „Wenn ich aber die Dämonen mit dem Finger Gottes austreibe, dann ist doch das Reich Gottes schon zu euch gekommen“ (Lk 11,20-Mt 12,28: dort anstelle von „Finger Gottes“: „Geist Gottes“. Die lukanische, an Ex 8,15[29] anknüpfende Version gilt als die authentische. Wir erinnern uns an die Worte des Bischofs von Tarbes: „digitus Dei est hic“. Wenn Jesus sich in seinen Machttaten des Fingers Gottes bedient, wenn er der Finger Gottes ist, dann wirkt Gott durch ihn und dann ist das Gottesreich in seinem Wirken bereits gegenwärtig.[30]

In den Aussagen Jesu über die Gegenwart der Gottesherrschaft in seinem exorzistischen Wirken offenbart sich etwas absolut Ein-

[28] „Was uns den Zugang zu Jesu Heilertätigkeit in besonderer Weise verstellt, sind zeitgebundene anthropologische und kosmologische Vorstellungen. Nach diesen beherrschen Dämonen als schlimme Zwingherren die Menschen und verursachen physisches und psychisches Leid. Den Dämonenglauben teilen die synoptischen Evangelien mit weiten Teilen der antiken Welt. Doch fällt auf, daß er im Vergleich mit dem Alten Testament in diesen Evangelien stark hervortritt. Dies könnte mit Galiläa zu tun haben, in dessen Bevölkerung damals Dämonenfurcht tiefe Wurzeln geschlagen hatte.“ (Gnilka, Jesus [wie Anm. 16], S. 125)

[29] „Da sagten die Wahrsager zum Pharao: Das ist der Finger Gottes.“

[30] So die Auslegung der Stelle von Gnilka, Jesus (wie Anm. 16), S. 135; vgl. außerdem Karl-Wilhelm Niebuhr, Jesu Heilungen und Exorzismen. Ein Stück Theologie des Neuen Testaments. In: Frühjudentum und Neues Testament im Horizont Biblischer Theologie, hrsg. v. Wolfgang Kraus/Karl-Wilhelm Niebuhr. Tübingen 2003, S. 99-112, hier: S. 101-104.

zigartiges, vollkommen Singuläres in der gesamten Religionsgeschichte[31], das auch für das gegenwärtige Verständnis des Wunders hoch bedeutsam ist. Jesus ist der einzige Wundertäter in der gesamten Geschichte, der behauptete, mit seinen Wundertaten fange gewissermaßen eine neue Zeit, die Zeit des Heils, der Gottesherrschaft bzw. eine neue Welt an. Die Wunder Jesu, so schreibt Walter Kasper, „können nur verstanden werden auf dem Hintergrund der urmenschlichen Hoffnung auf das ganz Andere und ganz Neue, auf das Kommen einer neuen und versöhnten Welt“[32].

In den synoptischen Heilungserzählungen sowie in einem Exorzismus (Mk 9,14-29: die Heilung des besessenen Jungen) begegnet ein weiterer wichtiger Aspekt der Wundertätigkeit Jesu, der ebenfalls ohne religionsgeschichtliche Parallele ist und auch heute noch Beachtung verdient, nämlich die Verbindung von Wunder und Glaube in der Weise, dass nicht das Wunder den Glauben hervorruft, sondern umgekehrt der Glaube zur wunderbaren Tat führt.[33] Dieser Glaube heilt im Sinne des Zuspruchs: „Dein Glaube hat dir geholfen“ (vgl. u. a. Mk 5,34; 10,52; Lk 7,50). In antiken Wundergeschichten ist sonst ausschließlich vom nachfolgenden Glauben an die Faktizität schon geschehener Wunder die Rede, nur bei Jesus wird der Glaube zu einer dem Wunder schon vorausgehenden, selbst wunderwirksamen Kraft.[34] Deshalb kann Jesus auch kein Wunder in seiner Heimatstadt Nazaret wirken, weil man ihm dort keinen Glauben entgegenbringt (vgl. Mk 6,1-6a).

31 „In der Tat ist dieser eschatologische Horizont der Heilungen Jesu (wie auch seiner Exorzismen) im Umkreis entsprechender Taten anderer ‚Wundercharismatiker‘ etwas völlig Einmaliges.“ (Wilckens, Theologie [wie Anm. 23], S. 146).

32 Kasper, Jesus (wie Anm. 10), S. 113.

33 „Während das vierte Evangelium den (christologisch geprägten) Glauben der Wundertat folgen läßt (vgl. Joh 2,11; 6,14; 20,30 f.) und damit dem Gefälle nach hellenistischen Autoren wie Plutarch und Strabo nahesteht, erzählen die Synoptiker mit umgekehrter in der Umwelt untypischer Reihenfolge.“ (Bekker, Jesus [wie Anm. 13], S. 227).

34 Theißen/Merz, Jesus (wie Anm. 7), S. 266.

IV. Das Wunder im Kontext des „modernen" Weltbildes

Von der neutestamentlichen Zeit trennen uns fast 2000 Jahre. Vieles hat sich seitdem verändert, insbesondere unsere Einstellung zur uns umgebenden Wirklichkeit. Unser Welt- und Naturverständnis ist in mehrfacher Hinsicht verschieden von demjenigen zur Zeit Jesu. Wir neigen in der westlichen Welt seit der Epoche der Aufklärung zumindest tendenziell dazu, die Welt als einen geschlossenen Kausalzusammenhang zu betrachten, der von bestimmten Gesetzen, den sog. Naturgesetzen, geprägt wird. Deren Erforschung und die sich daraus ergebenden technischen Möglichkeiten bestimmen unsere gesamte Existenz.

Als unmittelbar wirkende Ursache kommt Gott in diesem Kausalzusammenhang nicht vor. Er steht gewissermaßen außerhalb. Konsequent gedacht, sofern die Existenz Gottes nicht gänzlich geleugnet wird, lässt diese Auffassung eigentlich nur noch Raum für ein deistisches Gottesverständnis, demzufolge Gott die Welt erschaffen, in ihre eigene Freiheit entlassen und sich selbst gleichsam zur Ruhe gesetzt hat. Daraus ergibt sich zugleich, dass es, wie Baruch de Spinoza postuliert, keine von Gott ursächlich gewirkten Wunder, in denen Naturgesetze aufgehoben würden, geben kann.[35] Überlieferte Wundererzählungen müssen demnach zwangsläufig als Produkte frommer, aber unaufgeklärter, in einem primitiven Weltverständnis befangener Phantasie betrachtet werden, die um die Gesetzmäßigkeit innerweltlichen Geschehens nicht Bescheid weiß.[36] In Antike

[35] Nach Auffassung von Spinoza „geschieht ‚in der Natur nichts, was den allgemeinen Naturgesetzen widerstreitet'. Diese sind identisch mit dem göttlichen Willen und folgen den pantheistischen Vorstellungen zufolge aus der Notwendigkeit und Vollkommenheit der göttlichen Natur. Ein Wunder, das im Widerspruch zu den Naturgesetzen geschieht, würde bedeuten, daß eine der göttlichen Vollkommenheit zuwiderlaufende Naturordnung angenommen werden müßte, Gott sich folglich selber widersprechen würde." (Hans-Joachim Blum, Biblische Wunder – heute. Eine Anfrage an die Religionspädagogik. Stuttgart 1997, S. 92) – Spinoza entfaltet seine Wunderkritik in seinem „Tractatus theologico-politicus" von 1670 (dt. Textausgabe: Baruch de Spinoza, Theologisch-Politischer Traktat. Auf der Grundlage der Übers. v. Carl Gebhardt neu bearb., eingel. u. hrsg. v. Günter Gawlick. Hamburg 1976, Kap. 6: Von den Wundern, S. 93-112).

[36] Vgl. Fiederlein, Wunder (wie Anm. 19), S. 61. – Die Glaubwürdigkeit der

und Mittelalter stand nicht die Frage nach der Möglichkeit oder Unmöglichkeit eines wunderhaften Vorgangs im Vordergrund, sondern die Frage danach, welche Kräfte sich in ihm manifestieren (göttliche oder magische bzw. teuflische).[37] Diese Grundhaltung ändert sich, wie gesagt, mit der Aufklärung, die vom verabsolutierten Begriff des Naturgesetzes her das Wunder als Überschreitung dieses Gesetzes für unmöglich hält. Wie soll die Theologie auf diesen Sachverhalt reagieren?

Gegen die seit der Aufklärungszeit dominante Auffassung hat sich die katholische Theologie erstaunlich lange praktisch vollständig abgeschottet und zumindest das kirchliche Lehramt hat sich ihr bis heute nicht unterworfen, wie die Praxis der Selig- und Heiligsprechungen mit den dabei geforderten Wundern und die amtliche Bestätigung verschiedener Marienerscheinungen zeigen. Gleichwohl neigen auch manche katholische Theologen seit der Zeit des Zweiten Vatikanischen Konzils dazu, beispielsweise die Existenz der Wunderberichte in den Evangelien zu „entschuldigen", sie in ihrer Bedeutung zu relativieren bzw. sie weitgehend umzudeuten. Mitunter werden sie ganz beiseite gelassen und gar nicht thematisiert. Hier deutet sich eine fatale Entwicklung an, die Walter Kasper folgendermaßen umschreibt: „‚Das Wunder ist des Glaubens liebstes Kind' hat Goethe gesagt, heute jedoch ist es zum Sorgenkind des Glaubens geworden."[38]

Wunderberichte wurde vor allem durch die Erkenntniskritik des Empiristen David Hume in dem Buch „An Enquiry Concerning Human Understanding" von 1748 in Frage gestellt (dt. Textausgabe: David Hume, Eine Untersuchung über den menschlichen Verstand, hrsg. v. Raoul Richter. Hamburg 1964, Zehnter Abschnitt: Über Wunder, S. 128-155). Kritisch mit Humes Argumentation setzt sich auseinander Sigmund Bonk, David Hume, Kritiker der „Volksreligion". In: Wissenschaft und Weisheit 61 (1998), S. 265-286, vor allem S. 270-276.

37 Vgl. u. a. Jürgen Roloff, Jesus. München ^{2}2002, S. 87.

38 Kasper, Jesus (wie Anm. 10), S. 104. – Das Goethezitat stammt aus Faust I, Vers 766. – Die Haltung der neueren katholischen Theologie zur Wunderfrage thematisiert Thomas Schnelzer, „So etwas haben wir noch nie gesehen" (Mk 2,12). Neutestamentliche Wunder und naturwissenschaftliches Weltbild im Kontext katholischer Theologie. In: Glaube und Denken 13 (2000), S. 105-132.

Für weite Teile der protestantischen Theologie sind die Wunder bereits seit der Aufklärungszeit ein echtes Sorgenkind, das viel Kummer bereitet und manchen Interpretationsschweiß kostet. Schon im 18. Jahrhundert entwickelt sich eine rationalistische Theologie, die versucht, die in den Evangelien berichteten Wunder naturalistisch zu erklären, d. h. sie auf natürliche Ursachen zurückzuführen. Der Aufklärungstheologe Carl-Friedrich Bahrdt erklärt etwa „Jesu Wandel auf dem See als ein Gehen auf schwimmenden Bauklötzen, die unsichtbar im Wasser getrieben seien“ und in Bezug auf die Sturmstillungsperikope meint er, „daß die Jünger angesichts des Unwetters in angstvolles Geschrei ausgebrochen seien. Der aus dem Schlaf geweckte Jesus habe mit energischer Stimme ‚Still!‘ gerufen. Zufällig sei im gleichen Augenblick der Wind abgeflaut.“[39] Dass sich „Erklärungen“ dieser Art aufgrund ihrer offenkundigen Gesuchtheit und Abstrusität auf Dauer nicht halten konnten, ist nicht erstaunlich.

Als ungleich wirkmächtiger hat sich die mythische Wunderinterpretation von David Friedrich Strauß erwiesen, die in mehr oder weniger modifizierter Form von zahlreichen anderen Theologen aufgegriffen und weiterentwickelt worden ist.[40] Strauß betrachtet die im Neuen Testament überlieferten Wunder als Teil eines seit der Aufklärung überwundenen mythologischen Weltbildes. Jesus wurden von seiner Umwelt Wunder zugeschrieben, weil man von ihm als dem Messias Wunder erwartete. Hinter den Jesus zugesprochenen Wundern stehen demzufolge weder Betrügereien, wie der Deist Hermann Samuel Reimarus vermutete[41], noch auch his-

39 Blum, Wunder (wie Anm. 35), S. 101. – Der heute wenig bekannte Theologe Carl-Friedrich Bahrdt lebte zwischen 1741 und 1792 (vgl. Blum, ebd., S. 100).

40 „Die Entmythologisierung Bultmanns ist eine Neuauflage der mythischen Wundererklärung Straußens unter Auswechslung des philosophischen Bezugssystems, kombiniert mit der affirmativen Rezeption der Lutherschen Worttheologie“ (Stefan Alkier, Art. Wunder. IV. Kirchengeschichtlich. In: Religion in Geschichte und Gegenwart[4] Bd. 8, 2005, Sp. 1725). – Einen Überblick über die verschiedenen Auslegungen der Wunder Jesu vor allem in der neueren Theologie gibt Blum, Wunder (wie Anm. 35), S. 64-135; vgl. außerdem Bernd Kollmann, Glaube – Kritik – Deutung. Gängige Deutungsmuster von Wundergeschichten in der Bibelwissenschaft. In: Bibel und Kirche 61 (2006), S. 88-93.

41 Vgl. Stefan Alkier, Wen wundert was? Einblicke in die Wunderauslegung

torische Tatsachen, sondern in ihnen drückt sich die messianische Idee aus, die es in die moderne Zeit zu übersetzen gilt.[42]

Rudolf Bultmann, der wohl einflussreichste evangelische Exeget im 20. Jahrhundert, knüpft an die Überlegungen von Strauß an. Sein Ausgangspunkt lautet: Die Entwicklung seit der Aufklärungszeit ist unumstößlich und absolut unhintergehbar und deshalb sieht er in der konsequenten Entmythologisierung der neutestamentlichen Botschaft den einzigen noch verbleibenden Weg für die christliche Verkündigung. In dem 1941 gehaltenen Vortrag „Neues Testament und Mythologie", der innerhalb der protestantischen Theologie eine heftige Entmythologisierungsdebatte auslöste, formuliert Bultmann die folgende These: „*Die Wunder des Neuen Testaments* sind damit als Wunder erledigt, und wer ihre Historizität durch Rekurs auf Nervenstörungen, auf hypnotische Einflüsse, auf Suggestion und dergl. retten will, der bestätigt das nur. Und sofern wir im körperlichen und seelischen Geschehen mit rätselhaften, uns noch unbekannten Kräften rechnen, bemühen wir uns, sie wissenschaftlich greifbar zu machen. Auch der Okkultismus gibt sich als Wissenschaft. Man kann nicht elektrisches Licht und Radioapparat benutzen, in Krankheitsfällen moderne medizinische und klinische Mittel in Anspruch nehmen und gleichzeitig an die Geister- und Wunderwelt des Neuen Testaments glauben. Und wer meint, es für seine Person tun zu können, muß sich klar machen, daß er, wenn er das für die Haltung christlichen Glaubens erklärt, damit die christliche Verkündigung in der Gegenwart unverständlich und unmöglich macht."[43]

Bultmann verband mit der von ihm propagierten Idee der Entmythologisierung des Neuen Testaments eine doppelte Zielsetzung. Zum einen wollte er mit Hilfe der Existenzialanalyse des Philosophen Martin Heidegger das Existenzverständnis des Neuen Testaments freilegen, welches sich hinter dessen objektivierenden, mythologischen Aussagen verberge. Dieses Existenzverständnis sei

von der Aufklärung bis zur Gegenwart. In: Zeitschrift für Neues Testament 4 (2001), S. 2-15, hier: S. 4.

42 Stefan Alkier, Wen wundert was?, S. 5.

43 Rudolf Bultmann, Neues Testament und Mythologie: Das Problem der Entmythologisierung der neutestamentlichen Verkündigung. Nachdruck der 1941 erschienenen Fassung hrsg. v. Eberhard Jüngel. München ^{2}1985, S. 16; kursiv im Text.

– anders als das neutestamentliche Weltbild – immer noch gültig und wahr.[44] Zum anderen sah Bultmann die Entmythologisierung aus der Perspektive speziell lutherischer Theologie als Anwendung der Lehre von der Rechtfertigung allein durch den Glauben „auf das Gebiet des Wissens und Denkens. Wie die Lehre von der Rechtfertigung zerstört die Entmythologisierung jedes Verlangen nach Sicherheit. Es gibt keinen Unterschied zwischen der Sicherheit auf der Basis von guten Werken und der Sicherheit, die auf objektivierendem Wissen beruht. Wer an Gott glauben will, muß wissen, daß er selbst sozusagen in einem Vakuum steht. Wer jede Form der Sicherheit aufgibt, wird wahre Sicherheit finden.“[45]

Diese bekenntnishafte Aussage erklärt, warum Bultmann in der Berufung auf die neutestamentlichen Wunder einen gefährlichen Irrweg sah, der letztlich dem Glauben nicht hilft, sondern ihn gefährdet, ja sogar unmöglich macht. Die Begründung dieser Auffassung durch die Rechtfertigungslehre zeigt aber zugleich, dass Bultmann im Kern theologisch und nicht historisch argumentiert, d. h. er liefert eigentlich kein Argument gegen die faktische Existenz der Wunder, sondern eines gegen ihre – zumindest vermeintliche – Schädlichkeit in Bezug auf den gläubigen Menschen, der sich dadurch dem Gefühl trügerischer Sicherheit hingibt.

Auch wenn man Bultmanns durchaus beachtenswertes theologisches Anliegen zu verstehen und angemessen zu würdigen versucht, muss man doch konstatieren, dass sich die von ihm propagierte Lösung nicht als tragfähig erwiesen hat. Sie destruiert und entleert die wesentlichen Aussagen der neutestamentlichen Bot-

44 „Deshalb ist auch die Mythologie des Neuen Testaments nicht auf ihren objektivierenden Vorstellungsgehalt hin zu befragen, sondern auf das in diesen Vorstellungen sich aussprechende Existenzverständnis hin. Um die Frage nach dessen Wahrheit handelt es sich, und seine Wahrheit bejaht der Glaube, der nicht auf die Vorstellungswelt des Neuen Testaments verpflichtet werden darf.“ (Bultmann, Neues Testament [wie Anm. 43], S. 23) – „Das Wort Gottes ruft aber den Menschen in die echte Freiheit hinein, in freien Gehorsam, und die Aufgabe, zu entmythologisieren, hat kein anderes Ziel, als den Ruf des Wortes Gottes zu klären. Sie legt die Schrift aus, indem sie nach der tieferen Bedeutung mythologischer Anschauungen fragt und das Wort Gottes von einem vergangenen Weltbild befreit.“ (Rudolf Bultmann, Jesus Christus und die Mythologie. Das Neue Testament im Licht der Bibelkritik. Hamburg 1964, S. 47).

45 Bultmann, Jesus (wie Anm. 44), S. 100.

schaft, insbesondere das Bekenntnis zur Gottessohnschaft und Heilsmittlerschaft Jesu Christi sowie zu seiner Auferstehung von den Toten, mit denen der christliche Glaube steht oder fällt.[46] Sicherlich unterscheidet sich unsere gegenwärtige Weltsicht in mancher Hinsicht von der „Geister- und Wunderwelt des Neuen Testaments", aber wir sind doch nicht durch einen unüberwindlichen Abgrund von ihr getrennt, sonst würden wir in existentiell bedrohlichen Situationen nicht selbst auf Wunder hoffen und wären auch überhaupt nicht mehr in der Lage, mit andersdenkenden Menschen in weiten Teilen unserer Welt zu kommunizieren sowie das Anliegen der neutestamentlichen Schriften zu verstehen.[47]

[46] Vgl. dazu Bultmann, Neues Testament (wie Anm. 43), S. 17-20. – Karl Barth, der zeitlebens mit Bultmann in Kontakt stand, hat die Problematik von Bultmanns Theologie präzise erfasst: „Im Rahmen des von ihm (d. h. Bultmann; Anm. W. A. Euler) der theologischen Exegese und Systematik zu grunde gelegten ‚Vorverständnisses' kann es für neutestamentliche Sätze wie die von der Messianität und Gottessohnschaft, vom Versöhnungstod, von der Auferstehung und Wiederkunft Jesu Christi nur eine Auslegung geben, laut derer sie als vorstellungsmäßige, durch die Phantasie des neutestamentlichen Zeitalters bedingte Objektivierungen dessen zu verstehen sind, was die dem Menschen durch Jesus Christus vermittelte Begegnung mit Gott für ihn, den Menschen, zu bedeuten hat. ... Ich stehe auch nicht an, zu erklären, daß ich sie (d. h. die theologischen Konklusionen Bultmanns; Anm. W. A. Euler) für ‚häretisch', d. h. für mit dem Bekenntnis der Kirche unvereinbar halten muß." (Brief an den Vorsitzenden des Rates der evangelischen Kirche in Deutschland Landesbischof Theophil Wurm vom 29. Mai 1947; zit. n. Karl Barth/Rudolf Bultmann, Briefwechsel 1911-1966, hrsg. v. Bernd Jaspert. Zürich ^{2}1994, S. 276-285, hier: S. 278).

[47] Auf Bultmanns These, dass man „nicht elektrisches Licht und Radioapparat benutzen, in Krankheitsfällen moderne medizinische und klinische Mittel in Anspruch nehmen und gleichzeitig an die Geister- und Wunderwelt des Neuen Testaments glauben" kann (s. Anm. 43), antwortet Wolfgang Stegemann: „*Natürlich kann man!* Wenn ich das einmal so knapp und skandierend sagen darf. Ja, es gibt unzählige Menschen auf diesem Erdball, die elektrisches Licht besitzen (neuerdings im Internet surfen) und an die Existenz von Geistern und Dämonen glauben, die die Segnungen der modernen Medizin in Anspruch nehmen, aber zugleich auch einen Schamanen oder traditionellen Heiler aufsuchen, wenn sie sich krank fühlen. Bultmann hätte wohl besser gesagt: ‚*Wir*' können nicht – d. h. wir, die wir in Mitteleuropa oder in Nordamerika wohnen, jedenfalls die überwiegende Mehrheit von uns glaubt nicht an die Existenz von Geistern und Dämonen, ganz unabhängig einmal vom elektrischen Licht." (Dekonstruktion des rationalistischen Wunderbegriffs.

Alle soeben skizzierten Versuche, die neutestamentlichen Wunder mit dem so genannten modernen Weltverständnis in Einklang zu bringen, beruhen letztlich auf einem „heimlichen *Widerspruch* des Gedankenganges“, den der amerikanische Soziologe Peter L. Berger folgendermaßen umreißt: „Die *Vergangenheit*, aus der uns die Überlieferung überkommen ist, wird mittels dieser oder jener sozio-historischen Analyse relativiert. Die *Gegenwart* aber ist offenbar seltsam immun gegen jegliche Relativierung. Den Autoren des Neuen Testaments wird ein falsches, in ihrer Zeit gegründetes Bewußtsein angekreidet. Der moderne Gelehrte dagegen scheint das Bewußtsein seiner, *unserer* Zeit ungeprüft als ungeteilten Segen hinzunehmen. Mit anderen Worten: intellektuell werden Elektriker oder Radiohörer über den Apostel Paulus gestellt.“[48]

Die unmissverständliche Warnung des Soziologen Berger vor einer einseitigen Verabsolutierung der jeweiligen Gegenwart und ihrer Weltsicht im Vergleich zu früheren Epochen und deren Weltverständnis[49] ermutigt den Theologen dazu, das scharfe Schwert der

Plädoyer für eine kulturanthropologische Deutung der Wundergeschichten. In: Dem Tod nicht glauben: Sozialgeschichte der Bibel. Festschrift für Luise Schottroff zum 70. Geburtstag, hrsg. v. Frank Crüsemann. Gütersloh 2004, S. 67-90, hier: S. 73; kursiv im Text).

48 Peter L. Berger, Auf den Spuren der Engel. Die moderne Gesellschaft und die Wiederentdeckung der Transzendenz. Frankfurt/M. 1972, S. 66; kursiv im Text.

49 Bei Bultmann „geht die Befreiung von der mythologischen Weltanschauung Hand in Hand mit der Unterwerfung unter die naturwissenschaftliche Weltsicht“ (Blum, Wunder [wie Anm. 35], S. 110). Stefan Alkier spricht in Bezug auf Bultmann von einem „pauschalen fortschrittsoptimistischen Vorurteil, ‚daß der Mythos zwar von einer Wirklichkeit redet, aber in einer nicht adäquaten Weise‘, während die Naturwissenschaft einerseits und die Existenzialanalyse Martin Heideggers (1889-1976) andererseits ‚die angemessenen Vorstellungen entdeckt‘ hätten“ (Alkier, Wen wundert was? [wie Anm. 41], S. 5). – Das in Hinblick auf Bultmann Gesagte gilt natürlich – mutatis mutandis – auch für alle anderen Theologen, die die biblische Botschaft und die kirchliche Überlieferung aus einer verabsolutierten modernen Weltsicht heraus beurteilen, wie Karl Barth deutlich macht: „Aber wer die Voraussetzungen Bultmanns (oder ähnliche) mitmacht, wird sich seinen Konklusionen schwerlich entziehen können. Es scheint mir eines von den großen Verdiensten Bultmanns zu sein, daß er seine Sache so treu und konsequent durchzuführen sich nicht gescheut hat. Wer nicht dort endigen will, wo er endigt, soll bei dem tapferen, gelehrten und scharfsinnigen Mann lernen, wo man als Theologe

Entmythologisierung ausnahmsweise nicht gegen die biblischen Schriften und die kirchliche Tradition zu führen, sondern dem so genannten modernen Weltverständnis damit zu Leibe zu rücken. Meine These lautet: Die Entwicklungen im Verlauf der Neuzeit legen eher als eine Entmythologisierung des Neuen Testaments eine solche des „Mythos" der Aufklärung nahe, demzufolge das gesamte Geschehen in Natur und Geschichte eine Wirkung ausschließlicher innerweltlicher Ursachen darstellen soll.[50]

Die naturwissenschaftliche Weltbetrachtung ist ohne Zweifel prinzipiell legitim und sachgerecht. Wir alle profitieren ja in reichem Maße von ihren Erkenntnissen, aber es müssen zugleich die methodischen Grenzen dieser Betrachtungsweise gesehen werden. Die Naturwissenschaft beschränkt sich bewusst auf innerweltliche Faktoren.[51] Sie forscht, als ob es über die immanente Wirklichkeit hinaus nichts gäbe.[52] Deshalb ist es aus naturwissenschaftlicher Perspektive auch unmöglich, den positiven Beweis für ein Wunder zu

nicht anfangen soll." (Brief an den Vorsitzenden des Rates der evangelischen Kirche in Deutschland Landesbischof Theophil Wurm vom 29. Mai 1947 [wie Anm. 46], S. 278).

50 „Gegenüber allen diesen Aussagen, besonders aber gegenüber den Glaubensartikeln von der jungfräulichen Empfängnis Jesu und seiner Rettung vor der Verwesung, das heißt der Umwandlung seines Leibes in die neue Weise des Seins der Auferstehung hinein, erhebt sich heute der Einwurf: Aber dies alles ist doch durch das ‚moderne Weltbild' ausgeschlossen. Angesichts einer solchen Scheingewissheit über die Implikationen des modernen Weltbildes ist zuallererst zu fragen: Was ist denn das eigentlich, das ‚moderne Weltbild'? Wer definiert es? Wie weit reichen seine Gewissheiten? Kompetente Gelehrte, zum Beispiel der jüdische Philosoph Hans Jonas, haben den Mythos des modernen Weltbildes inzwischen in seine Grenzen verwiesen und die daraus abgeleiteten unbefragten Scheingewissheiten aufgelöst." (Joseph Kardinal Ratzinger, Jungfrauengeburt und leeres Grab. Eine Klarstellung zur Orientierung der von Theologen der Katholischen Integrierten Gemeinde geführten „Akademie für die Theologie des Volkes Gottes". In: „Die Tagespost" vom 11. November 2004, S. 5).

51 Vgl. zum Folgenden u. a. Walter Saft, Können wir noch an Wunder glauben? In: Die Christenlehre 48/2 (1995), S. 59-62, hier: S. 61; Terence L. Nichols, Miracles in Science and Theology. In: Zygon 37 (2002), S. 703-715.

52 Vgl. Bela Weissmahr/Otto Knoch, Natürliche Phänomene und Wunder. In: Christlicher Glaube in moderner Gesellschaft Bd. 4. Freiburg i. Br. u. a. 1982, S. 121-148, hier: S. 138.

erbringen, naturwissenschaftlich kann allein die Erklär- bzw. Unerklärbarkeit eines bestimmten Sachverhalts konstatiert werden.[53]

Das Augenmerk der Naturwissenschaft richtet sich auf das Gleichbleibende und Wiederholbare, das sich in Gesetzen erfassen lässt. Dem Einmaligen und Besonderen, von der allgemeinen Norm Abweichenden, schenkt sie normalerweise keine Beachtung, weil es sich nicht naturwissenschaftlich erklären, d. h. in den Gesamtzusammenhang des Geschehenen einordnen lässt. Dieses Einmalige und Besondere gehört aber genauso zu unserer Wirklichkeit wie die Geltung der Naturgesetze. Auch diese sind ja nicht einfach feststehende, alles erklärende Größen, sondern sie spiegeln den jeweiligen Stand der Forschung und auch unsere jeweilige Weltsicht mit all ihren Vorurteilen und Grenzen wider. Sie sind menschliche Definitionen und deshalb immer nur vorläufig gültig, d. h. sie müssen prinzipiell immer offen sein für differenzierende und präzisierende, wenn nicht sogar revidierende Neubestimmungen.[54]

In diesem Zusammenhang sollten zwei wichtige Einsichten bedacht werden. Zum einen diejenige des großen Physikers und Nobelpreisträgers Werner Heisenberg, demzufolge die Naturgesetze nicht ein Bild der Natur, sondern ein Bild unserer Beziehung zur Natur darstellen.[55] Joseph Ratzinger interpretiert diesen Gedanken folgendermaßen: „Die Naturgesetze sind die Form, in der *wir* eine Vielzahl von Beobachtungen zusammenfassen und auf ein Schema bringen, das einen weitgehend zuverlässigen Umgang mit den Kräften der Natur gestattet. Sie sind eine Form *unseres* Erkennens, das aber doch nicht schlicht die Sache selber ist."[56] Zum anderen gilt es die Einsicht des Kirchenvaters Augustinus zu bedenken, der fest-

[53] Vgl. dazu u. a. Franco de Rosa, Zum Begriff der Unerklärbarkeit einiger medizinischer Ereignisse. In: Forum katholische Theologie 17 (2001), S. 195-203.

[54] Merklein, Botschaft (wie Anm. 14), S. 70.

[55] Diese Aussage wird Heisenberg zugeschrieben von Heinrich Fries, Fundamentaltheologie. Graz 1985, S. 292. Dort kein Beleg angegeben.

[56] Joseph Ratzinger, Wissenschaft – Glaube – Wunder. In: Jenseits der Erkenntnis. Fragen statt Antworten, hrsg. v. Leonhard Reinisch. Frankfurt/M. 1977, S. 28-44, hier: S. 40; kursiv im Text. – „Man ist sich zunehmend bewußt, daß uns die Naturwissenschaft mit ihrer Methode nur ein Modell der Welt bietet und deshalb nicht den Anspruch erheben kann, Letztgültiges über Wirklichkeit auszusagen." (Weissmahr/Knoch, Phänomene [wie Anm. 52], S. 139 f.)

stellt, dass ungewöhnliche Ereignisse, die wir Wunder nennen, nicht gegen die Natur, sondern nur gegen unsere beschränkte Kenntnis des Laufes der Natur geschehen.[57]

Es ist sicherlich so, dass Vieles, was in früherer Zeit als „Wunder" betrachtet wurde, natürliche und wissenschaftlich überprüfbare Ursachen hat, aber zugleich gibt es andererseits viel mehr wirklich Wunderbares und Staunenswertes in der Welt, als eine einseitig szientistische Weltsicht zu erkennen bereit und fähig ist. Die Empirie scheint jedenfalls eher für die prinzipielle Möglichkeit von Wundern zu sprechen als für ihre prinzipielle Unmöglichkeit.

Gerade im Bereich der Medizin lassen sich viele Phänomene, etwa Heilungsprozesse, nicht naturwissenschaftlich erklären. So wurde – um nur ein Beispiel von vielen zu nennen – nach einem Bericht in der medizinischen Fachzeitschrift „Journal of Reproductive Medicine" aus dem Jahr 2001 in einer breit angelegten medizinischen Untersuchung, an der rund 200 Patientinnen in Südkorea beteiligt waren, festgestellt, dass Frauen, für die Fremde in anderen Kontinenten (ohne Kenntnis der Patientinnen) gebetet haben, bei künstlichen Befruchtungen doppelt so oft schwanger wurden, wie diejenigen Patientinnen, für die nicht gebetet wurde.[58] Aus anderen Untersuchungen ging hervor, dass Fürbitten den Krankheitsverlauf von Herzpatienten günstig beeinflussen.[59]

Es wäre absolut verfehlt, mit Blick auf solche Studien immer gleich von Wundern in einem streng supranaturalistischen Sinne zu sprechen, wie dies die katholische Theologie in vergangenen Jahrhunderten gerne getan hat, weil man so Gott allzu leicht zum Platzhalter für naturwissenschaftlich Unerklärbares macht. Aber man muss doch – unabhängig von jeder theologischen Wertung – zur Kenntnis nehmen, dass die Wirklichkeit unserer Welt und unseres Daseins ein hochkomplexes Geflecht darstellt, in dem viele Faktoren zusammenwirken, die wir im Einzelnen nicht genau auseinander-

57 „nec ista cum fiunt, contra naturam fiunt, nisi nobis, quibus aliter naturae cursus innotuit, non autem deo, cui hoc est natura, quod fecerit" (De gen. ad litt. VI, 13; CSEL 28/1, 188, Z. 23-25).

58 Vgl. Rogerio A. Lobo, Does Prayer Influence the Success of in Vitro Fertilization Embryo Transfer?: Report of a Masked, Randomized Trial. In: Journal of Reproductive Medicine 46 (2001), S. 781-787.

59 So die „Süddeutsche Zeitung" vom 23. Oktober 2001.

halten können und die wir in ihrer Gesamtheit mit Sicherheit noch längst nicht alle kennen. Vor allem – und das ist für unser Thema zunächst das Entscheidende – weisen solche Untersuchungen (und schier unzählige weitere) darauf hin, dass nicht nur die Materie auf den Geist einwirkt, sondern auch umgekehrt der Geist die Materie beeinflussen und zur Ursache materieller Prozesse werden kann.[60] Dieses auch empirisch feststellbare Faktum bildet die unverzichtbare Voraussetzung für die Möglichkeit von Wundern. Es erklärt auch, warum der Glaube, der ja eine geistige Kraft ist, so wichtig für das Zustandekommen von Wundern ist, wie bereits in der Verkündigung Jesu deutlich wird.

Die konkrete Bejahung oder Verneinung von Wundern ist aber letztlich eine Frage des Gottesverständnisses. Diesen Gesichtspunkt scheinen viele Theologen, die allzu leicht der pauschalen Wunderkritik der Neuzeit erlegen sind, nicht ausreichend bedacht zu haben. Bei der Frage nach der Möglichkeit bzw. Unmöglichkeit von Wundern geht es nämlich nicht nur um die Entscheidung für oder gegen ein bestimmtes Weltbild, sondern es geht dabei letztlich um die Frage nach Gott.[61] Diesen Zusammenhang erläutert Joseph Ratzinger folgendermaßen: „Ein Gott, der seine Welt so gegen sich selbst abgeschlossen hat, daß er in ihr nicht mehr handeln kann, ist kein Gott mehr. Eine Welt, die einen objektiven Eingriff Gottes ausschließt, lebt nur noch von sich selbst und für sich selbst; in ihr kann Religion keine belangvolle Größe mehr sein, weil sie von nichts handelt, was auf die Wirklichkeit Einfluß hat. Das Wunder ist das Zeichen dafür, daß Gott handeln kann, und in diesem Sinn hat es, eingebettet ins Ganze, nun doch eine unersetzliche Bedeu-

60 Vgl. Ratzinger, Wissenschaft (wie Anm. 56), S. 37 f.

61 „Die Frage nach dem Realitätsmodus des Wunders läuft letztlich auf die Frage hinaus, welches der letzte Sinn aller Wirklichkeit ist: reiner Zufall, blindes Geschick, allgemeine Gesetzmäßigkeit, die dann auch keine Freiheit mehr zuläßt, oder eine alles bestimmende Freiheit, die wir Gott nennen." (Kasper, Jesus [wie Anm. 10], S. 111) – In diesem Zusammenhang sollte man auch die bekannte Aussage Rudolf Bultmanns beachten, „daß der Glaube an Gott und an das Wunder überhaupt das Gleiche bedeuten" (Rudolf Bultmann, Zur Frage des Wunders. In: Ders., Glauben und Verstehen. Gesammelte Aufsätze Bd. 1. Tübingen ^{2}1954, S. 214-228, hier S. 219).

tung."[62] An anderer Stelle schreibt Ratzinger: „Ein Gott, der nicht auch an der Materie handeln könnte, wäre ein ohnmächtiger Gott – die Materie wäre sozusagen eine dem Handeln Gottes entzogene Sphäre. Diese Vorstellung ist dem biblischen Glauben, den das Bekenntnis der Kirche artikuliert, radikal entgegengesetzt."[63]

In der Kontinuität zur biblischen Offenbarung bekennt sich die Kirche zur Möglichkeit und Tatsächlichkeit von Wundern, weil sie sich dazu bekennt, dass Gott als eine absolute geistige und zugleich personale Kraft in der Schöpfung auch über den sog. normalen Lauf der Natur hinaus wirken kann. Dieses Bekenntnis wird natürlich nur für denjenigen transparent, der überhaupt mit dem Wirken Gottes in der Welt, in Vergangenheit, Gegenwart und Zukunft rechnet, der bereit ist, sich für eine transzendente Wirklichkeit zu öffnen; der bereit ist, Gott zu glauben und ihm zu vertrauen und von daher sein Weltverständnis bestimmen lässt und nicht umgekehrt das Gottesbild nach dem jeweils dominierenden Weltbild formt. Beim Wunder handelt es sich also richtig verstanden „nicht um zusammenhanglose, irrationale Einbrüche eines fremden Prinzips in den mechanischen Naturzusammenhang", sondern „um Anzeichen für das Auftreten einer höheren Ordnung, die das fragmentarische Gefüge der Welt in den Zusammenhang einer sinnhaften Ganzheit aufnimmt"[64].

Damit schließt sich der Kreis, der authentische Erscheinungen und Heilungswunder in Lourdes und anderswo mit dem Finger Gottes verbindet, durch den Jesus wirkte und der seine Auferweckung von den Toten bewirkte.

[62] Ratzinger, Wissenschaft (wie Anm. 56), S. 36. – „Christentum aber ist Glaube an den lebendigen Gott, an Gott nicht als ein transzendentales Prinzip, das wir aus gewissen systematischen Gründen zur Welt hinzudenken müssen, sondern als den Lebendigen, als Handelnden, als Ursprung von Neuem. ... Glaube an den lebendigen Gott ist prinzipiell Wunderglaube, wenn wir Wunder als das Neue, das aus bisherigen Erfahrungen nicht Ableitbare verstehen." (Spaemann, Religion [wie Anm. 25], S. 259)

[63] Ratzinger, Jungfrauengeburt (wie Anm. 50).

[64] Ratzinger, Wissenschaft (wie Anm. 56), S. 42.

Rudolf Voderholzer

Vor-erwählt und voll-erlöst
Der Marienglaube der Kirche in den Dogmen von 1854 und 1950

Ich bin die Immaculata Conceptio", so bezeugt Bernadette Soubirous, habe die Dame sich ihr gegenüber vorgestellt bei der sechszehnten von insgesamt achtzehn Erscheinungen am 25. März des Jahres 1858. Die Tatsache, dass diese Formulierung, d. h. die Identifizierung Marias mit der Immaculata Conceptio, bis dato nach Meinung eines wichtigen Teils der Lourdes-Forschung neu und von dem Mädchen auch gar nicht verstanden worden war, wurde ihrem Pfarrer bekanntlich zu einem starken Hinweis für die Glaubwürdigkeit der Erscheinung.[1] Was aber besagt dieses lateinische Wort? Was ist der theologische Gehalt dieser Aussage, und wie kam es dazu, dass im Jahre 1854, also vier Jahre vor den Ereignissen in Lourdes, der Glaube an die Immaculata Conceptio Mariens, und, damit in engem Zusammenhang stehend, 1950 die Assumptio Mariens zum verbindlichen Glaubensgut der Kirche erklärt wurden?

Nicht nur bei des Latein unkundigen Laien kann es zu Verwechslungen und Missverständnissen kommen. Als im Jubiläumsjahr 2000 der Berliner Philosophieprofessor Herbert Schnädelbach in einem Beitrag für die Wochenzeitung „Die Zeit" eine Generalabrechnung mit der Kirche und der Geschichte des Christentums versuchte, offenbarte er seine Unkenntnis in mariologischen Angelegenheiten, indem er die „Immaculata Conceptio" Mariens prompt mit der geistgewirkten Empfängnis Jesu und der Jungfrauengeburt verwechselte[2] und gleich noch mit dem Vorwurf der Frauen- und

[1] Vgl. Manfred Hauke, Die Botschaft von Lourdes und das Dogma der Unbefleckten Empfängnis Mariens. In: Die Tagespost vom 2.2.2008, mit Hinweis auf: René Laurentin, Les Apparitions de Lourdes. Paris 1966 (ND: 2002). Eine teils abweichende Einschätzung bietet Patrick Dondelinger, Die Visionen der Bernadette Soubirous und der Beginn der Wunderheilungen in Lourdes. Regensburg 2003, S. 130-142.

[2] Herbert Schnädelbach, Der Fluch des Christentums. In: Die Zeit Nr. 20 vom 11.5.2000: „[…] welche Verachtung der Weiblichkeit liegt im Mythos der Jungfrauengeburt und im Ausdruck ‚unbefleckte Empfängnis', so als seien

Sexualitätsfeindlichkeit verband; ein weit verbreitetes und offenbar schwer auszumerzendes Missverständnis. Aufklärung tut also Not im Hinblick auf die wahre Bedeutung und den Sinngehalt der Mariendogmen.

Dazu bedarf es zunächst einiger grundsätzlicher Überlegungen zur Mariologie im Gesamt der Theologie. Denn es gilt – wie überall in der Dogmatik – die „Hierarchie der Wahrheiten“ und den „Nexus mysteriorum“, den inneren Zusammenhang der einzelnen Glaubensaussagen zu berücksichtigen.

I. Die Mariologie im Gesamt der Theologie

Ein erster Grundsatz lautet:

1. Nur wer das ABC der Christologie gelernt hat, versteht auch die Mariologie

Empfängnis, Geburt und überhaupt weibliche Sexualität etwas Schmutziges und des ‚reinen‘ Gottessohnes Unwürdiges.“ In seiner Entgegnung musste Robert Spaemann in diesem Zusammenhang auf Selbstverständlichkeiten hinweisen: „Mit was für seltsamen Christen verkehrt er eigentlich? Wegen solcher Ansichten und weil sie die Zeugung für eine ‚Befleckung‘ hielten, hat die Kirche die Katharer leider grausam verfolgt. Aber welchen Kenntnisstand darf man erwarten, wenn Schnädelbach den Glauben an die jungfräuliche Empfängnis Jesu verwechselt mit der katholischen Sonderlehre von der ‚unbefleckten Empfängnis‘ Marias durch ihre Eltern. Diese Lehre besagt, dass Maria vom ersten Augenblick ihrer Existenz an im Blick auf den Tod Jesu außerhalb der Verstrickung stand, die man Erbsünde nennt. Mit Sexualität hat das gar nichts zu tun, und keinem Christen würde es in den Sinn kommen, die Empfängnis Jesu wegen ihrer Jungfräulichkeit ‚unbefleckt‘ zu nennen. Es ist Schnädelbach unbenommen, an sie nicht zu glauben. Aber ihre Pointe ist nicht, wie er glauben machen will, dass sexuelle Zeugung etwas Schlechtes wäre, sondern dass Jesus in einem anderen Sinn Gott seinen Vater nannte, als alle anderen Menschen dies tun können. In diesem Glauben eine ‚Verachtung der Weiblichkeit‘ zu sehen, darauf muss man erst einmal kommen. Eher könnte man sagen, hier werde der Feminismus denn doch zu weit getrieben. Parthenogenese ist ja, wenn irgendwo, dann in diesen Kreisen eine beliebte Utopie“ (Robert Spaemann, Die Taube auf dem Dach. Gott ist nicht der Veranstalter des Bösen. Ein Einspruch gegen Schnädelbachs Ökumene der Absurditäten. In: Die Zeit Nr. 23 vom 31. Mai 2000).

Die Mariologie ist in der Hierarchie der Wahrheiten vor allem der Christologie zu- und untergeordnet. Maria ist dem christlichen Glauben wichtig, insofern sie die Mutter Jesu Christi ist. Und an der Antwort auf Frage, wer Jesus Christus ist, werden auch die Weichen für die Mariologie gestellt.

Insofern zeugt die im Islam der Mutter Jesu entgegengebrachte Verehrung – aufgrund entsprechender Passagen im Koran, die von der jungfräulichen Geburt des Propheten Jesus sprechen – von einer Verwirrung in der Hierarchie der Wahrheiten, insofern Jesus, ihr Sohn, eben nicht als der geglaubt wird, der er nach christlichem Verständnis ist, nämlich der Fleisch gewordene Gottessohn, der in der Fülle der Zeiten von Gott gesandt und von einer Frau geboren wurde (vgl. Gal 4,4). Die geistgewirkte Empfängnis Jesu und die jungfräuliche Geburt stehen ihrerseits im Dienst der christologischen Aussage, dass Jesus in einer anderen Weise Gott seinen Vater nannte als dies für die übrige Menschheit zutrifft. Wenn aber genau dies geleugnet wird, bleibt für die geistgewirkte Empfängnis Jesu durch Maria in der Tat nur übrig, ein biologisches Kuriosum zu sein, das eben im Gehorsam ohne Angabe von Gründen einfach geglaubt werden muss.

Christlicher Marienglaube nun aber setzt die christliche Grundüberzeugung voraus: In Jesus von Nazaret ist einer aufgetreten, der mehr und größer war als Johannes der Täufer, mehr als Elija, Jeremia oder sonst einer der von Gott berufenen Propheten (vgl. Mt 16,16-18).

In Jesus Christus ist Gott selbst auf die Seite der Menschen getreten. Jesus Christus überbringt nicht nur – wie Mohammed gemäß islamischem Verständnis – Gottes Wort, Jesus Christus ist das Wort Gottes (Joh 1,14). Christ ist, wer glaubt und bekennt: Er ist der „Kyrios" (1 Kor 12,3; Röm 10,9), der „Messias Gottes" (Lk 9,20), der „Retter der Welt" (Joh 4,42), der „Mittler zwischen Gott und den Menschen" (1 Tim 2,4 f.). In Jesus Christus kommt Gottes Offenbarung als geschichtliche Selbstmitteilung, die in der Geschichte Gottes mit seinem Volk Israel ihren Anfang nahm, zu ihrem unüberbietbaren Höhepunkt. Das Dogma aber ist die Glaubensantwort der Kirche auf die in Christus definitiv geschehene Selbsterschließung Gottes. Mit Henri de Lubac kann man deshalb formulieren: Christus selbst in seiner Person ist das ganze Dogma.[3] In ihm ist das ganze Glaubensuniversum der Kirche enthalten. Oder in einer Metapher ausgesagt: In Jesus Christus, im Glauben an ihn, sind, wie die Blütenblätter einer Rose in ihrer Knospe, auch alle weiteren Glaubensaussagen eingeborgen, eingefaltet.[4]

2. Von der Möglichkeit und Wirklichkeit der Dogmenentwicklung

Es gehört zur Überzeugung der Kirche von Anfang an, dass die in dieser Knospe enthaltenen Blütenblätter nicht alle auf einmal und mit einem Schlag voll entfaltet wurden, dass also die einzelnen Implikationen der Offenbarungswirklichkeit dem Glaubensbewusstsein nicht von Anfang an in voller ausdrücklicher Deutlichkeit bewusst gewesen sein müssen. Der johanneische Christus verheißt den Geist als den Parakleten, der die Kirche nach und nach „in die ganze Wahrheit führen" (Joh 16,13) wird. Das II. Vatikanische Konzil spricht in der Offenbarungskonstitution Dei Verbum in Artikel 8 von einem „Fortschritt" in der Erkenntnis der in Schrift und Tradition enthaltenen Offenbarung. Dabei bedient sich das Konzil seinerseits einer marianischen Typologie: So wie Maria nicht von Anfang an alle Worte in ihrer Bedeutungstiefe und Tragweite erkannte, ja noch gar nicht erkennen konnte, sondern sie in ihrem Herzen bewahrte und darüber nachdachte (vgl. Lk 2,19 und 51), so ergeht es auch der Kirche als Glaubenssubjekt. Nachsinnen, Studium, innere Einsicht, die aus geistlicher Erfahrung stammt, sind gleichsam die Sonnenstrahlen, welche die Knospe des Glaubens zum Aufbrechen und Blühen bringen. In der Frühzeit der Kirche waren es in der Regel häretische Bestreitungen einer Lehre, die zum äußeren Anlass wurden, einen Glaubenssatz deutlicher zu formulieren.

[3] Henri de Lubac, Le problème du développement du dogme. In: Ders., Théologie dans l'histoire II. Paris 1990, S. 38-70, hier S. 65.

[4] Das Bild wird neben anderen auch gebraucht von Alois Grillmeier, Die Entfaltung des kirchlichen Glaubens an die Aufnahme Mariens. In: Die leibliche Himmelfahrt Mariens. Theologische Beiträge zum neuen Dogma im Dienste der Seelsorge, hrsg. v. Professoren der Philosophisch-Theologischen Hochschule St. Georgen. Frankfurt/M. 1951, S. 48-70, passim.

3. Marienglaube und Marienverehrung im Neuen Testament (Lk 1,43. 45. 48)

Die ersten Blütenblätter einer Marien-Theologie zeigen sich freilich bereits im Neuen Testament selbst. Wenn Elisabeth in der „christologischen Homologese"[5] des Lukasevangeliums ihre Verwandte, erleuchtet vom Heiligen Geist, „Mutter meines Herrn" (Lk 1,43) nennt und sie sodann ob ihres Glaubens selig preist (Lk 1,45), und wenn Maria ihrerseits diese Worte aufgreift und im sich anschließenden Magnifikat in die Zukunft hinein prolongiert: „Selig preisen mich fortan alle Geschlechter" (Lk 1,48), dann bezeugt dies bereits ein beachtliches Bewusstsein um das Wesen Mariens als Gottesmutter (Mutter meines Kyrios = Gottes) und ihrer darin gründenden Verehrungswürdigkeit. Noch vor der Wende zum 2. christlichen Jahrhundert bezeugt uns also das Neue Testament selbst eine tiefe und weitreichende Verehrung der Frau, die den Erlöser Jesus Christus empfangen und geboren hat.

4. Das Mariologische Fundamentalprinzip: Maria ist Gottesgebärerin (Theotokos: Konzil von Ephesus, 431)

Der unauflösbare Zusammenhang von Christologie und Mariologie zeigt sich im ersten formellen mariologischen Dogma. Die in Konstantinopel ansässigen Vertreter einer nestorianisch gefärbten „Trennungschristologie" und die Vertreter einer sich um den alexandrinischen Patriarchen Cyrill scharenden Vertreter einer „Einigungschristologie" rangen um das Persongeheimnis Jesu. Schließlich trafen die im Jahre 431 im kleinasiatischen Ephesus[6] zur Beratung versammelten Bischöfe die Entscheidung. Sie brachten die Glaubensüberzeugung von der Einheit und Unterschiedenheit von

[5] Vgl. Heinz Schürmann, Das Lukasevangelium, I. Teil. Freiburg ^{4}1990, S. 21. Vgl. auch Franz Mußner, Maria. Die Mutter Jesu im Neuen Testament. St. Ottilien 1993, S. 27 f.

[6] Der Konzilsort Ephesus verdankt seinen Ruhm nicht der angeblichen Ablösung des heidnischen Artemis-Kultes durch den christlichen Marienkult (Vgl. Hans Küng, Christ sein. München 1974, S. 561), sondern seiner Lage zwischen Alexandrien und Konstantinopel. Die Mariologie stand immer im Dienst der Christologie.

göttlicher und menschlicher Natur Jesu dadurch zum Ausdruck, dass sie den aus der Gebetssprache Alexandriens stammenden, in den Worten der Elisabeth (Lk 1,43) sachlich aber bereits vorbereiteten Titel theotokos, Gottesgebärerin, offiziell als rechtgläubig und sachgemäß definierten: Weil Jesus, Mariens Sohn, vom ersten Augenblick an Gottheit und Menschheit verband, ist die Mutter zu Recht mit „Theotokos" anzusprechen. Maria ist Gottesmutter nicht in einem mythologischen, sondern in diesem strickt christologisch-theologischen Sinn. In Ephesus zeigte sich: in der Mariologie wurde die Christologie verteidigt. Man könnte den Zusammenhang von Christologie und Mariologie auch zuspitzen mit einem von Kardinal Faulhaber angedachten Wortspiel: Wer marianisch denkt, wird nicht so schnell arianisch.[7]

Im Titel Gottesmutter, der die Bedeutung Mariens als Mutter des Erlösers, als Mutter des eschatologischen Heilsbringers sichert, ist das mariologische Fundamentalprinzip gegeben, oder, um im Bild zu bleiben, der wärmende Sonnenstrahl, der nun auch im Laufe der Geschichte weitere Blütenblätter der in Christus gegebenen Knospe zur Sichtbarkeit sich entfalten ließ.

Erste Früchte des Konzils von Ephesus waren denn auch im Osten bald die Etablierung eines Festes der koimesis, der Entschlafung Mariens, im Westen die Weihe der Basilika auf dem Esquilinhügel in Rom an die Gottesgebärerin im Jahre 435: Santa Maria Maggiore (Groß-Sankt-Marien) heißt die Kirche bis heute.

Die beiden Mariendogmen, deren Geschichte und deren theologischen Gehalt es hier darzulegen gilt, entfalten das in der im Christusereignis kulminierenden Heilsgeschichte enthaltene Glau-

[7] Vgl. Kardinal Faulhaber: „Eine Zeitlang hatte es den Anschein, als würde Europa arianisch werden. Mit der Taufe Chlodwigs und der Bekehrung der Franken aber kam die Wendung, und ein Jahrhundert später waren die Völker marianisch geworden und damit für Jesus gewonnen", und: „Unser Christentum bleibt christozentrisch trotz des Marienkultes, nein, es wird christozentrisch durch den Marienkult!" (Michael Faulhaber, Marienkirche und Marienkult. In: Ders., Rufende Stimmen in der Wüste der Gegenwart. Freiburg 1932, S. 108, 116). Sachlich gleichlautend hatte schon John Henry Newman argumentiert, wenn er den Satz verteidigte, Jesus werde verdunkelt, wenn man Maria in den Hintergrund stelle (John H. Newman, Die Katholische Marienverehrung. In: Polemische Schriften. Mainz 1959, S. 1-109, hier S. 64 f.).

bensgut bis hinein in den Ursprung und in die Vollendung der Frau hinein, die von Gott in einer unvergleichlich innigen Weise zur Mitwirkung an der Menschwerdung seines Sohnes berufen wurde.

Denn ausgehend von der mariologischen Grundüberzeugung, dass Maria den Heilsbringer empfangen und geboren hat, konnte es nicht ausbleiben, dass bald die Frage gestellt wurde nach dem Anfang, nach dem Ursprung der Erwählung Mariens, nach den Bedingungen für ihr vorbehaltloses Ja-Wort, aber auch nach ihrem definitiven Endschicksal. Das Dogma von 1854 beantwortet die erste, das Dogma von 1950 die zweite Frage.

Das Dogma von 1854 besagt, Maria sei vom ersten Augenblick ihres Daseins im Hinblick auf die Erlösung durch ihren Sohn von den Verstrickungen der Erbsünde bewahrt worden, somit wirklich voll der Gnade und somit bereit zu einem vorbehaltlosen Ja.

*II. Immaculata conceptio (1854):
Maria, die vor-erwählte und vor-erlöste*

Der Dogmatisierung der Vor-erwählung und Vor-erlösung Mariens geht ein vielhundertjähriger Prozess des Reifens und der Klärung voraus.

1. Stationen der Dogmenentwicklung

Das theologische Nachdenken über den Ursprung Mariens und ihrer besonderen Erwählung reicht bis ins 1. Jahrtausend zurück. Der griechische Osten kennt seit dem 7. Jahrhundert ein Fest der passiven Empfängnis Mariens, welches wiederum die im apokryphen Jakobusevangelium beschriebene Empfängnis Marias durch ihre schon betagte und erst durch einen Gnadenerweis Gottes von ihrer Unfruchtbarkeit erlöste Mutter Anna mit ihrem Gatten, dem hl. Joachim, voraussetzt. Das Fest kam über das griechische Süd-Italien zunächst auf die britische Insel. Und so ist es kein Zufall, dass ein britischer Theologe, Eadmer, ein Schüler Anselms von Canterbury, den ersten Traktat zu Thema verfasste.[8]

[8] Vgl. Georg Söll, Mariologie. Freiburg 1978, S. 167 f.

Als das Fest um 1140 in Lyon eingeführt wurde, warnte ein so bedeutender Theologe wie Bernhard von Clairvaux (um 1090-1153) vor der mit dem Festinhalt gegebenen Neuerung.[9] Auch Thomas von Aquin (1224/25-1274) hatte gegen diese Lehre Bedenken erhoben. Beide befürchteten, mit dieser Aussage über Maria würde die Erlösungsbedürftigkeit aller Menschen in Frage gestellt. Auch die von der aristotelischen Anthropologie herkommende und von den Scholastikern vertretene Theorie einer stufenweisen Beseelung des weiblichen Embryo wirkte sich hemmend auf die Akzeptanz der Lehre aus. Den entscheidenden Durchbruch ermöglichte der Franziskanertheologe Johannes Duns Scotus (ca. 1265-1308). Er und mit ihm viele andere Theologen hielten es als mit der Heiligkeit Jesu unvereinbar, dass die Gottesmutter zunächst noch unter der Macht der Ursünde gestanden haben soll. Duns Scotus ging deshalb davon aus, dass Maria zwar erlösungsbedürftig war wie alle Menschen, dass diese Erlösung für Maria aber mit dem ersten Augenblick ihrer Existenz eine Realität wurde: Christi Erlösungstat habe sie davor bewahrt, vom Makel der Erbschuld betroffen zu werden und auch selber Sünden zu begehen. Sie musste nicht – nachträglich – geheiligt werden, sondern wurde im Voraus bewahrt. Noch der Reformator Martin Luther teilte übrigens diese Auffassung, die im Spätmittelalter Allgemeingut war.

Im Jahre 1477 schließlich führte Papst Sixtus IV., auch er Mitglied des Franziskanerordens, das Fest der Unbefleckten Empfängnis am 8. Dezember ein. Das Konzil von Trient nimmt im Dekret über die Erbsünde (1546) Maria ausdrücklich von allen Aussagen, die von der universalen Schuldverstrickung aller Menschen sprechen aus.[10]

Anfang des 17. Jahrhunderts geben auch die Dominikaner ihren dem Thomas von Aquin geschuldeten Widerstand gegen die Lehre auf. Papst Alexander VII. (1655-1667) trat besonders für die Lehre ein. Sein Breve „Sollicitudo omnium ecclesiarum" vom 8. Dezember

9 Vgl. ebd. S. 169.

10 Siehe Heinrich Denzinger, Enchiridion symbolorum definitionum et declarationum de rebus fidei et morum. Kompendium der Glaubensbekenntnisse und kirchlichen Lehrentscheidungen. Lateinisch-Deutsch, hrsg. v. Peter Hünermann. Freiburg ^{37}1991, Nr. 1516.

1661[11] ist eine Reaktion auf die Bitte des spanischen Königs Philipp IV. Die Lehre von der Vor-Erlösung Mariens war sozusagen „reif" für die Dogmatisierung. Ausdruck fand sie in zahlreichen Patrozinien und geistlichen Texten, aber auch in der bildenden Kunst (z. B. in der Figur der Schlangenzertreterin auf dem Votivaltar vor dem Trierer Priesterseminar).[12]

2. Das Dogma: Die Bulle Papst Pius' IX „Ineffabilis Deus" (8. Dezember 1854)

Es bedurfte noch einer besonderen geschichtlichen Stunde mit einer Reihe von begünstigenden Rahmenbedingungen, ehe die Glaubensüberzeugung auch formell zum Dogma der Kirche erhoben werden konnte. Diese Stunde zeichnete sich ab in der ersten Hälfte des 19. Jahrhunderts, als sich die Kirche nach den Stürmen der Revolutionszeit mit einer erstaunlichen geistlichen Vitalität wieder erhoben hatte. Aus einer Reihe von Ereignissen verdient die Verbreitung der so genannten „Wunderbaren Medaille" hervorgehoben zu werden, zu der die Vinzentiner-Schwester Catherine Labouré durch eine Erscheinung der Gottesmutter am 17. November 1830 in der Rue de Bac in Paris angeregt wurde. Die Medaille zeigt Maria als die Unbefleckte Empfängnis, und darüber steht das Gebet: „O Maria, ohne Sünde empfangen, bitte für uns die wir zu dir unsere Zuflucht nehmen."[13] Die Medaille wurde mit Unterstützung des Erzbischofs von Paris geprägt, und im Jahre 1840 ersuchten zehn französische Erzbischöfe Papst Gregor XVI. um die förmliche Definition des Glaubenssatzes. Doch erst sein Nachfolger sollte den Schritt vollziehen können. Der am 3. September 2000 zugleich mit Papst Johannes XXIII. selig gesprochene Papst Pius IX. (1846-1878) war ein großer Marienverehrer, hatte persönlich im Zusammenhang mit den Revolutionswirren der Jahre 1848/49 den Schutz der Gottesmutter erfahren und war fest entschlossen, den nun schon so viele

[11] Ebd., Nr. 2015-2017.

[12] Abbildung des Originals, das heute als Hochaltar in der Kirche des Priesterseminars, der so genannten Jesuitenkirche, steht bei Michael Embach/Winfried Weber, Jesuitenkirche Trier. Passau 1997, S. 27.

[13] Söll, Mariologie (wie Anm. 8), S. 206. Siehe auch die Hinweise im Beitrag von Andreas Heinz in diesem Band.

Jahrhunderte währenden Prozess der Reifung des Glaubensinhaltes durch eine förmliche Dogmatisierung zum Abschluss zu bringen.[14]

Nach einer Befragung aller Bischöfe und eingehenden theologischen Studien erklärte Papst Pius IX. 1854 den Glauben an die Bewahrung Marias vor der Erbsünde zum verbindlichen Inhalt des katholischen Glaubens:

> „Zur Ehre der heiligen und unteilbaren Dreifaltigkeit, zur Zierde und Auszeichnung der Jungfrau und Gottesgebärerin, zur Erhöhung des katholischen Glaubens und zum Wachstum der christlichen Religion, kraft der Autorität unseres Herrn Jesus Christus, der seligen Apostel Petrus und Paulus und Unserer (eigenen), erklären, verkünden und definieren Wir, dass die Lehre, welche festhält, dass die seligste Jungfrau Maria im ersten Augenblick ihrer Empfängnis durch die einzigartige Gnade und Bevorzugung des allmächtigen Gottes im Hinblick auf die Verdienste Christi Jesu, des Erlösers des Menschengeschlechtes, von jeglichem Makel der Urschuld unversehrt bewahrt wurde, von Gott geoffenbart und deshalb von allen Gläubigen fest und beständig zu glauben ist."[15]

Die theologische Argumentation, die der Dogmatisierungsbulle zugrunde liegt, lässt deutlich eine Orientierung am Grundsatz: „Lex orandi, lex credendi", erkennen. Nicht eine (neu-)scholastische Theologie formallogischer Ableitungen (Konklusionen), sondern der Rekurs auf den Glauben der Kirche, wie er seinen Ausdruck findet im Gebet, in der liturgischen Feier, im orthodoxen Hymnus akathistos ebenso wie in der im Westen verbreiteten lauretanischen Litanei werden als zentrale Argumentationsbasis zugrunde gelegt.

3. Maria, die neue Eva (John Henry Newman)

Während die Befragung des Episkopats, soweit die Antworten zurückgesandt wurden, eine einhellige Unterstützung des päpstlichen Vorhabens erbrachten, waren die Theologen, vor allem die deutschen, zurückhaltender. Unter den zeitgenössischen Theologen, die eine Dogmatisierung befürworteten, ragt John Henry Newman hervor.

14 Vgl. Christian Schaller, Papst Pius IX begegnen. Augsburg 2003.

15 Denzinger/Hünermann (wie Anm. 10), Nr. 2803.

Er hatte sich in der Mitte der 1840er Jahre über dem Thema der Dogmenentwicklung zur Einsicht durchgerungen, dass die katholische Kirche die wahre sei, und mit seiner Konversion 1845 die Konsequenzen gezogen. Nach Newman ist Dogmenentwicklung kein quantitativer Vorgang, so als müsse man nur untersuchen, ob ein Glaubenssatz immer, überall und in gleichem Sinne verstanden worden sei, sondern das Sich-Durchhalten einer in der Offenbarung angelegten Idee und ihr beständiges Entgegenreifen hin zu einer ausdrücklichen Gestalt. Newman sieht in der schon bei Justin dem Märtyrer (gest. um 165) und Irenäus von Lyon (gest. 202) bezeugten Gedanken von Maria als der „neuen" oder „zweiten Eva" (Eva-Maria-Typologie in Parallelität zur Adam-Christus-Typologie) die mit dem Immaculata-Dogma ausgereifte Idee.[16]

Von dort her erschließt sich auch das Bildmotiv der Immaculata, welche Maria als diejenige Frau zeigt, welche der Schlage den Kopf zertritt, wie im so genannten „Protoevangelium" (Gen 3,15) verheißen ist, wo zwar nicht im buchstäblichen Sinn im Blick auf Maria gesagt wird, aber doch in einer christologischen Erschließung (relecture) des Alten Testaments als von Maria gesagt verstanden werden darf: „du trittst ihn an der Ferse". Die zwölf Sterne, die zum Bildtyp der Immaculata gehören, greifen die Schilderung der apokalyptischen Frau aus dem 12. Kapitel der Offenbarung des Johannes auf, die mit gutem Recht auf Israel und die Messiasmutter gedeutet werden kann.

4. Maria: „heiliger Rest Israels", „heilige Kirche in Person" (Ratzinger, Scheffczyk)

Die neuere Mariologie, für die Joseph Ratzingers kleines Büchlein „Die Tochter Zion" so etwas wie eine Programmschrift darstellt und die bei Leo Scheffczyk[17], Karl-Heinz Menke[18] und allerjüngst bei Weimer/Lohfink[19] deutlichen Nachhall gefunden hat, macht ernst mit der Einsicht in die hermeneutische Bedeutung der Einheit der

16 Newman, Marienverehrung (wie Anm. 7), S. 23-32.

17 Leo Scheffczyk, Maria. Mutter und Gefährtin Christi. Augsburg 2003.

18 Karl-Heinz Menke, Fleisch geworden aus Maria. Die Geschichte Israels und der Marienglaube der Kirche. Regensburg 1999.

19 Gerhard Lohfink/Ludwig Weimer, Maria – nicht ohne Israel. Eine neue Sicht der Lehre von der Unbefleckten Empfängnis. Freiburg 2008.

Heilsgeschichte, die wiederum in der Einheit der Schrift, der Einheit von Altem und Neuem Testament, ihren Niederschlag findet. Für Joseph Ratzinger ist die Einheit der Schrift ein herausragendes theologisches Erkenntnisprinzip, welches die Israeltheologie in eine christliche Mariologie zu reintegrieren vermag und dieser eine ganz neue Ursprünglichkeit gibt.

Ratzinger zeigt, wie in der Marienlehre des Neuen Testaments die vielen Fäden einer alttestamentlichen Theologie Israels, das dort ansatzhaft immer wieder auch schon personal verdichtet erscheint („Tochter Zion"!), im Neuen Testament zu einem Bild der neuen Frau, Maria, verwoben werden. Maria erscheint somit als der heilige Rest Israels. Das einzige Vorkommen des Wortes „immaculata" im NT (Eph 5,27) aufgreifend, führt Ratzinger zum Sinn der Marienlehre aus: „Es gibt in der Schrift und erst recht bei den Vätern von Anfang eine Immaculata-Lehre, freilich als Lehre von der Ecclesia immaculata; die Immaculata-Lehre wird hier wie die ganze spätere Mariologie zuerst als Ekklesiologie vorweggenommen. Das Bild der Jungfrau-Mutter Kirche ist sekundär auf Maria übertragen worden, nicht umgekehrt. [...] Gott handelt nicht mit Abstrakta, nicht mit Begriffen; der Typus, von dem die Ekklesiologie des Neuen Testaments und der Väter spricht, existiert in Person."[20]

Das Recht einer solchen Typologie ist nun allerdings wiederum in der Schrift selbst angelegt: Im lukanischen Geschichtswerk (und

[20] Joseph Ratzinger, Die Tochter Zion. Einsiedeln ^{4}1990, S. 66 f. Vgl. Scheffczyk: „Gott hat [...] die Kirche als ‚heilige' gewollt, damit sie das Mittel der Heiligung des Menschengeschlechtes sei. Deshalb erfasst der Glaube auch die ‚sancta catholica ecclesia', wie alle Glaubensbekenntnisse bezeugen. Aber die objektive und innerliche Heiligkeit der Kirche ist durch die Glieder der Kirche niemals vollkommen garantiert, weil diese immer auch in die Sünde fallen, so dass man auch von einer ‚Kirche der Sünder' sprechen muss. Sollte nun aber die Kirche in einem wesentlicheren und beständigeren Sinn heilig sein als sie sündig ist, so musste gleichsam eine wirkliche und personale Mitte der Heiligkeit geschaffen werden, ein Fundament, das selbst nicht vom Abfall zur Sünde und zur Unheiligkeit bedroht sein kann. Sonst wäre die Heiligkeit der personalen Kirche ein rein ideales Strebeziel, aber nirgends voll verwirklichte Realität. Die Unbefleckte Empfängnis Marias bedeutet so nicht nur ein individuelles Privileg, sondern die Schaffung eines objektiven personalen Kerns von Heiligkeit in der Kirche, der von keiner Gefährdung des Abfalls angegriffen ist." Scheffczyk, Maria (wie Anm. 17), S. 144.

in anderer Weise bei Johannes) wird Maria in der Tat als Vorbild und Urbild der Kirche gezeichnet. Das bestechende an der Mariologie Ratzingers ist, wie er – obgleich er immer wieder sagt, dass es keine Schriftauslegung ohne Tradition gibt – dann doch gleichsam „sola scriptura" und ohne eine missverständliche Begrifflichkeit die Mariologie in ihrer ganzen Tiefe aus dem Gesamt der Schrift erhebt.

5. Maria als Inbegriff katholischer Gnaden- und Rechtfertigungslehre (Karl Barth)

Eine nicht weniger treffende Interpretation des gesamten katholischen Mariendogmas, des Dogmas von der Immaculata inbegriffen, stammt von dem reformierten Theologen Karl Barth, der sich diesen Glauben aufgrund seiner Rechtfertigungslehre zwar nicht zu eigen machen kann, der aber treffend das katholische Selbstverständnis wiedergibt, wenn er schreibt: „Die ‚Mutter Gottes' des römisch-katholischen Mariendogmas ist [...] sehr schlicht das Prinzip, das Urbild und der Inbegriff des bei seiner Erlösung auf Grund der zuvorkommenden Gnade dienend (ministerialiter) mitwirkenden Geschöpfs und eben als das auch das Prinzip, das Urbild und der Inbegriff der Kirche [...]. Die Kirche, in der Maria verehrt wird, muss sich so verstehen, wie sie sich im [erg. Ersten] Vaticanum verstanden hat, gerade wie dieselbe Kirche sein muss: die Kirche des auf Grund von Gnade bei der Gnade mitwirkenden Menschen."[21]

III. Assumptio Mariae (1950): Maria, die voll-erlöste

Die Glaubensüberzeugung von der Assumptio ist schon viel früher im Glaubensleben der Kirche zum Durchbruch gelangt.

1. Stationen der Dogmenentwicklung

Karl Rahner geht davon aus, dass der Glaube an die Aufnahme Mariens in den Himmel mit Leib und Seele, also in der zur Erlösung bestimmten menschlichen Vollgestalt, spätestens seit dem 7. Jahr-

[21] Karl Barth, Kirchliche Dogmatik I/2. Zürich 1938, S. 157, 160.

hundert entfaltet vorlag.[22] Wenn auch der Befund im Frühmittelalter noch nicht so eindeutig ist, und gerade auch ikonographisch oft zunächst „nur“ die Aufnahme der Seele (assumptio animae) dargestellt wird, wird der Glaubensinhalt von der leiblichen Aufnahme Mariens seit dem 13. Jahrhundert im Westen allgemein für gewiss gehalten.[23] Unter den zahlreichen bildlichen Darstellungen der Barockzeit ragt als wohl vollkommenste die Assumptio in der Klosterkirche in Rohr (Niederbayern) hervor, geschaffen von den Gebrüdern Asam. Sie sei stellvertretend genannt für die ungezählten Altarbilder jener Zeit, in der die Kirchen als zum Himmel hin geöffnete Festsäle gestaltet wurden und worin Maria als Zeichen der Hoffnung den Blickfang bildet, da sich an ihr schon erfüllt hat, was allen verheißen ist.

2. Das Dogma: Apostolische Konstitution Papst Pius' XII. „Munificentissimus Deus“

Die Dogmatisierung, der eine Konsultation des Weltepiskopates vorausging, erfolgte mit der Apostolischen Konstitution „Munificentissimus Deus“ vom 1. November des Jahres 1950. Die entscheidenden Sätze lauten:

> „Nachdem wir [...] immer wieder inständig zu Gott gefleht und den Geist der Wahrheit angerufen haben, verkünden, erklären und definieren wir zur Verherrlichung des allmächtigen Gottes, dessen ganz besonderes Wohlwollen über der Jungfrau Maria gewaltet hat, zur Ehre seines Sohnes, des unsterblichen Königs der Ewigkeit, des Siegers über Sünde und Tod, zur Mehrung der Herrlichkeit der erhabenen Gottesmutter, zur Freude und zum Jubel der ganzen Kirche, in Kraft der Vollmacht unseres Herrn Jesus Christus, der heiligen Apostel Petrus und Paulus und Unserer Eigenen Vollmacht: Es ist eine von Gott geoffenbarte Glaubenswahrheit, dass die

[22] Vgl. Karl Rahner, Das neue Dogma. Zur Definition der Himmelfahrt der Hl. Jungfrau und Gottesmutter. In: Wort und Wahrheit 5 (1950), S. 805-820; zitiert nach: Karl Rahner, Maria, Mutter des Herrn. Mariologische Studien. Freiburg [5]1965, S. 475-495, hier S. 482; vgl. auch Karl Rahner/Herbert Vorgrimler, Art. Aufnahme Marias in den Himmel. In: Kleines Theologisches Wörterbuch. Freiburg [11]1976, S. 46 f.

[23] Vgl. Anton Ziegenaus, Art. Aufnahme. In: Marienlexikon Bd. 1, S. 276-286, hier S. 281.

unbefleckte, immer jungfräuliche Gottesmutter Maria nach Vollendung ihres irdischen Lebenslaufes mit Leib und Seele zur himmlischen Herrlichkeit aufgenommen worden ist."[24]

a) Theologischer Sinngehalt

Wie schon das Dogma von 1854 ist auch das von 1950 keine heilsgeschichtliche Feststellung, sondern eine durch das Gebet und die Liturgie ans Licht getretene und durch die Tradition geheiligte Glaubensüberzeugung, die im Heiligen Geist als im Offenbarungszeugnis sicher enthalten erkannt worden ist.

Der Unterschied von Himmelfahrt (ascensio Christi) und Aufnahme (assumptio) Mariens ist zu beachten. Das Dogma beansprucht nicht, einen historischen Sachverhalt zu bezeugen, sondern erschließt seinen Inhalt aus dem Wissen um die besondere Berufung Mariens und der Zusammenschau biblisch-neutestamentlicher Aussagen wie: 1 Kor 15,20-27: „[…] in Christus werden alle lebendig gemacht. Es gibt aber eine bestimmte Reihenfolge. Erster ist Christus; dann folgen, wenn Christus kommt, alle, die zu ihm gehören […]. Kol 3,3: „Denn ihr seid gestorben, und euer Leben ist mit Christus verborgen in Gott." Eph 2,6: „Er hat uns mit Christus auferweckt und uns zusammen mit ihm einen Platz im Himmel gegeben."

Die Rede von der Aufnahme mit Leib und Seele unterstreicht die von der biblischen Anthropologie vorausgesetzte und von der christlichen Eschatologie immer festgehaltene Überzeugung, dass der Mensch nicht nur äußerlich aus den zwei letztlich unverbundenen Konstitutionsprinzipien Leib und Seele zusammengesetzt ist, sondern eine ursprüngliche leib-seelische Einheit darstellt, so dass auch nicht einfach nur eine unsterbliche Seele, sondern der ganze Mensch in seiner geschichtlichen Gestalt zur Herrlichkeit des Himmels berufen ist. Karl Rahner hat geltend gemacht, dass sich der Inhalt des „neuen" Dogmas aus einer Zusammenschau der zwei Aussagen des „alten" Apostolischen Glaubensbekenntnisses erschließt: einerseits der Gottesmutterschaft Mariens, andererseits der Todesüberwindung durch Jesus Christus und seiner auch die aus Maria angenommene Menschheit in ihrer leib-seelischen Ganzheit um-

[24] Denzinger/Hünermann (wie Anm. 10), Nr. 3903.

fassenden Auferstehung.[25] Das gläubige Ja-Wort Marias lässt sie Christus, den eschatologischen Heilsbringer, empfangen, und damit das Heil restlos und ganz. Dieses Heil kann aber nicht weniger sein als die im Glaubensbekenntnis als Hoffnungsperspektive bezeugte Auferweckung des ganzen Menschen, nicht nur einer unsterblichen Seele. In Maria wird deutlich, dass die Erlösung nicht mehr nur einfach rein zukünftig ist, sondern in Maria als Glied der Kirche schon voll realisierte Gegenwart ist.[26]

Gerhard Ludwig Müller fasst den Sinn des Assumpta-Dogmas wie folgt zusammen: „Weil Maria im Glauben und in der Gnade so einzigartig mit Christi Erlösungstat verbunden ist, nimmt sie auch an der Auferstehungsgestalt Christi als die Ersterlöste und Vollerlöste teil. So ist sie Typus der ganzheitlichen Hinordnung des Menschen auf Gott, den Schöpfer und den Vollender. Der Unterschied zu den anderen Heiligen liegt darin, daß Maria durch ihre tiefe Verbindung mit dem Erlösungswerk selbst die prototypisch und exemplarisch Erlöste ist, und daß ihre Fürbitte im Hinblick auch auf die Vollendung der ganzen Menschheit bei der Parusie Christi eine gesteigerte Bedeutung, einen weiteren Radius und eine tiefere Intensität hat."[27]

b) Die theologische Diskussion um Begründung und Opportunität

Im Rahmen der theologischen Diskussion im Vorfeld der Dogmatisierung ist von den Kritikern in der Regel nicht der Glaubensinhalt als solcher bestritten, wohl aber die Opportunität einer Definition in Frage gestellt worden, vor allem im Hinblick auf die neuen Hürden, die somit im ökumenischen Dialog angesichts der Reserven

[25] Karl Rahner, Karl, Zum Sinn des Assumta-Dogmas. In: Ders., Schriften zur Theologie I. Einsiedeln 1954, S. 239-252; auch in: Ders., Maria, (wie Anm. 22), S. 502-511.

[26] Leo Scheffczyk, der durchaus auch anerkennende Worte für Rahners Mariologie findet, konstatiert aber letztlich doch eine anthropologische Engführung, dass also die Konzeption Rahners dahin tendiere, in Maria letztlich nur den graduell erhobenen „Ausnahmefall" des allgemein Menschlichen und in der Assumptio nur die Anschauung des Allen Verheißenen zu sehen: Leo Scheffczyk, Mariologie und Anthropologie. Zur Marienlehre Karl Rahners. In: Theologisches 34 (2004), S. 191-202, hier S. 201 f.

[27] Gerhard L. Müller, Katholische Dogmatik. Für Studium und Praxis der Theologie. Freiburg 1995, S. 507.

der evangelischen Mitchristen gegenüber dem Marienglauben der katholischen Kirche errichtet werden würden.[28] Die deutlichste Gegenposition hat in einer immer schärfer werdenden Artikelserie der Würzburger Patrologe Berthold Altaner bezogen.[29]

Altaners Haupteinwand gegen die Definierbarkeit ist das Fehlen der ausdrücklichen Bezeugung des Glaubens in den ersten fünf Jahrhunderten der Kirchengeschichte. Karl Rahner hat einem solchen historistischen Ansatz, wie er auch Altaners Position zugrunde liegt, entgegengehalten, dass die Wahrheit einer Glaubensaussage nicht von der lückenlosen Bezeugung abhängt, weil das Glaubensbewusstsein der Kirche eben auch wachsen könne: „[E]ine Kirche, deren Glaubensbewusstsein nicht mehr wachsen könnte mehr und mehr hinein in die unendlichen Weiten und Tiefen der Wahrheit Gottes, eine Kirche, die nicht mehr den Mut hätte, von ihren Kindern neuen, vertieften und erleuchteteren Glauben zu fordern, die ihre Kinder nicht mehr weiter reifen ließe in ihrem Glauben, wäre eine tote Kirche, wäre nicht mehr die Kirche des lebendigen Gottes."[30]

Auch Gottlieb Söhngen, der Doktorvater von Joseph Ratzinger, gehörte zu denen, welche die Opportunität einer Definition der Assumptio heftig in Frage stellten. Seine Hörer entließ er noch Ende Juli 1950, so berichten Augen- und Ohrenzeugen, in die vorlesungsfreie Zeit mit der Versicherung, es werde nicht zu einem neuen Dogma kommen. Zu Beginn des Wintersemesters im November 1950 waren alle gespannt, wie er sich aus der Affäre ziehen würde. Einer der Hörer erinnert sich an eine schon frühere Aussage Söhngens etwa aus dem Jahr 1949: „Wenn das Dogma [trotzdem] kommt, dann werde ich mich daran erinnern, dass die Kirche weiser ist als ich, und ihr mehr vertrauen als meiner eigenen Gelehrtheit."[31]

[28] Hans-Georg Ziebertz, Du bist voll der Gnade. Fünfzig Jahre Dogma von der Himmelaufnahme Marias. Mit Anhang: Apostolische Konstitution „Munificentissimus Deus" vom 1. November 1950. Leutesdorf 2000, S. 67.

[29] Berthold Altaner, Zur Frage der Definibilität der Assumptio B.M.V. (Artikel in drei Teilen). In: Theologische Revue 44 (1948), S. 129-140; Theologische Revue 45 (1949), S. 129-142; Theologische Revue 46 (1950), S. 5-20.

[30] Karl Rahner, Das neue Dogma (wie Anm. 22), S. 498 f.

[31] Joseph Ratzinger, Aus meinem Leben. Erinnerungen. Stuttgart 1998, S. 66.

Dass der Schritt der Dogmatisierung alle Grundfragen der theologischen Erkenntnislehre auf den Plan ruft und eine prinzipielle Reflexion auf die Zuordnung von Offenbarung, Tradition, Schrift und Lehramt anregt, hat der angehende Konzilstheologe Joseph Ratzinger auch in seinem Vortrag vor den deutschsprachigen Bischöfen am Vorabend des Konzils am 10. Oktober 1962 im Zusammenhang seiner Kritik am Schema „De fontibus revelationis" angesprochen, wie aus dem soeben publizierten Volltext des Vortrags hervorgeht.[32] Ratzinger kritisiert die dem Historismus verhaftete Bestimmung von Tradition und Schrift als „Offenbarungsquellen". Die eine Quelle der Offenbarung ist, so Ratzinger, vielmehr das Fleisch gewordene Wort, die geschichtlich ergangene Offenbarungswirklichkeit (= fons essendi). Tradition und Schrift dagegen seien als Funktionen der Kirche Medien der Offenbarungsvermittlung (= fontes cognoscendi).[33] Gegen eine Bestimmung der mündlichen Tradition als Offenbarungsquelle in demselben Sinne und neben der Schrift führt Ratzinger als Beispiel die nur wenige Jahre zurück liegende Dogmatisierung der Assumptio Mariens an: „Nach 1950 war keine Auskunft beliebter als zu sagen, dieses Dogma sei ein typisches Beispiel eines nur durch die Tradition zu beweisenden Satzes. In Wirklichkeit ist gerade in diesem Fall mit einer solchen Auskunft gar nichts gewonnen, sie ist im Grunde eine Flucht, keine Erklärung. Denn auch die Überlieferung weiß bekanntlich vor dem 5. Jahrhundert von der assumptio corporalis der Gottesmutter nichts und es ist historisch vollständig klar, dass es sich bei den ersten schließlich auftauchenden Nachrichten keineswegs um verspätete Niederschriften einer bisher nur mündlich weitergegebenen Nachricht handelt, sondern um eine Erkenntnis, die eben erst neu ans Licht drängt, um deren Verständnis dann ein jahrhundertelanges

32 Jared Wicks, Six texts by Prof. Joseph Ratzinger as peritus before and during Vatican Council II. In: Gregorianum 89 (2008), S. 233-311. Die deutsche Urfassung des Vortrags vom 10. Oktober 1962, dessen Text Wicks aus dem Nachlass des Konzilstheologen Pieter F. Smulders SJ ediert, steht auf den Seiten 295-309. Einige Tippfehler sind im Zitat oben stillschweigend korrigiert.

33 Vgl. Rudolf Voderholzer, Dogmatik im Geiste des Konzils. Die Dynamisierung der Lehre von den Loci theologici durch die Offenbarungskonstitution „Dei Verbum". In: Trierer Theologische Zeitschrift 115 (2006), S. 149-166, bes. S. 149-153.

Ringen anhebt und von der schließlich 1950 die Kirche erklärt hat, dass es eine Erkenntnis im Heiligen Geiste war, die zum Grundbestand der Offenbarung zu rechnen ist. Die Tradition als ein eigenes Materialprinzip kann man gerade von hier aus nicht beweisen, sondern wiederum erscheint sie als der Vorgang der geistigen Aneignung und Entfaltung des Christusgeheimnisses in der geschichtlichen Mühsal der Kirche."[34] Die Herausstellung der Bedeutung der Kirche als Subjekt der Offenbarungsnahme und -Weitergabe und in diesem Sinne als Trägerin der Tradition – eine Sichtweise, die dann in der Offenbarungskonstitution „Dei Verbum" zumindest ansatzhaft ihren Niederschlag gefunden hat – gehört zu den wichtigsten theologischen Leistungen des jetzigen Papstes.

Angesichts der Zweifel an der Opportunität einer Definition zum damaligen Zeitpunkt stellt sich allerdings trotzdem die Frage, welche Absichten, welche zusätzlichen Bedeutungen mit einer Definition ausgerechnet im Jahr 1950 verbunden gewesen sein könnten, bestand doch nicht die Notwendigkeit, wie bei den Konzilsentscheidungen der frühen Kirche, eine Häresie im eigentlichen Sinne des Wortes abzuwenden.

c) Die „indirekte" Botschaft

Joseph Ratzinger erinnert im Rahmen einer Predigt zum 15. August 1968 an die mit dem Dogma von der Assumpta verbundenen Interpretationen: Er spricht von einem Hymnus auf den Leib; einem Hymnus auf die Erde; einem Hymnus auf die Zukunft; einem Hymnus schließlich auf die Gleichheit aller Menschen, insofern nicht von einer mächtigen und reichen Person, sondern von der einfachen Frau Maria gesagt wird, dass sie bei Gott vollendet ist: „Damals waren wir, d. h. die Menschen, die aus dem Glauben und Denken der Kirche zu leben versuchten, begeistert, dass eben diese Kirche in einer Zeit, die den menschlichen Leib, seine Schönheit, seine Größe, seine Würde ganz neu und mit einer manchmal eher beunruhigenden Leidenschaft entdeckt hat, auf diesen Vorgang nicht antwortete mit einer Verdammung des Leibes, ja, dass sie auch nicht mit vorsichtigen Unterscheidungen dies Neue gleichsam herunterzuspielen und zu vermindern versuchte, sondern dass sie ant-

[34] Ratzinger, bei Wicks, texts (wie Anm. 32), S. 300.

wortete mit einem Hymnus auf den menschlichen Leib, mit einer Lobpreisung des Leibes, die kühner und größer und weitgehender ist als alles, was Menschen außerhalb des Glaubens zu sagen wagen würden. Wir waren begeistert, dass in einer Zeit, die die Materie — die körperlichen Dinge - und diese unsere Erde neu entdeckt hat, die keine Flucht ins Jenseits mehr kennen will, sondern die Erde liebt, sich an ihr festklammert, ihre Kostbarkeit gewinnen und von ihr leben will, dass in einer solchen Zeit die Kirche wiederum nicht mit einem Anathem geantwortet hat; sie hat stattdessen einen Hymnus auf die Erde und ihre Unvergänglichkeit angestimmt; sie hat so wiederum größer und lauter von der Herrlichkeit der Erde gesprochen, als wir selbst es gewagt hätten. Wir waren begeistert, dass in einer Zeit, die die Zukunft neu entdeckt hat, die vom Glauben an den Fortschritt erfüllt ist, die sich nicht an die Vergangenheit binden und an der Vergangenheit messen lassen will, die nicht zurückschauen möchte, als läge das Entscheidende schon hinter uns: in der uns vielmehr der Mensch als ein noch zukünftiges Wesen erscheint, dessen Möglichkeiten noch längst nicht ausgeschöpft sind - dass in einer solchen Zeit die Kirche nicht zum Zurückschauen in die Vergangenheit rief, wie man es von ihr erwarten würde. Sie verwies uns selbst auf die Zukunft, indem sie nun gerade von ihrem Glauben her den Menschen als das noch kommende Wesen, als das Wesen mit der unendlichen Zukunft deutete, das nur im Voran schreiten sich selbst wahrhaft gewinnen kann. Wir waren endlich begeistert, dass in einer Zeit, in der es auch außerhalb des marxistischen Raumes allenthalben so etwas wie eine Revolution des Proletariates, der bisher Vergessenen und Verachteten gibt, in einer Zeit, in der wir keine Ständeunterschiede mehr kennen wollen, in der wir nicht mehr bereit sind, die alten Unterschiede der Klassen und der Schichten zu akzeptieren, sondern jeden Menschen nur als Menschen gewürdigt sehen möchten, dass in dieser Zeit die Kirche wiederum dieses Gleiche nachdrücklich und laut gesagt hat, indem sie auf jene Frau hinwies, die sich selbst eine geringe Dienstmagd genannt hat: In ihr verkündet sie, ganz unabhängig von Herkunft und Stand, die ganze Größe dessen, was Menschsein heißen kann, als verwirklicht und erfüllt.“ [35]

[35] Joseph Ratzinger, Predigt zu Mariä Himmelfahrt [1968]. In: Ders.: Dogma und Verkündigung. München 1973, S. 415-420, hier S. 415 f.

Romano Guardini unterscheidet eine „direkte" und eine „indirekte" Bedeutung des Dogmas und benennt als indirekte vor allem den Appell an die Bedeutung der Weiblichkeit in einer zunehmend maskulin dominierten Welt. Im Zusammenhang seiner Lektüre von Léon Bloys „Vie de Mélanie" notiert er in seinem Tagebuch am 28.9.1954:

> „Das Dogma wird sehr tiefe Wirkung tun. Nicht so sehr von seinem ersten Inhalt her; der war ja immer geglaubt – es sei denn, dass er scheidend wirkt und jene, die nicht ganz der Kirche vertrauen können, sich abwenden. Aber durch seine indirekte Bedeutung. Einmal macht es ganz klar, dass Träger und Norm des Glaubensinhalts nicht die Schrift ist, sondern die Kirche. Und die Schrift in der Hand der Kirche. Ich habe nie anders gedacht. Die Kirche ist Prophet. Sie lehrt und verbürgt. Ihr muss man vertrauen. Alles andere ist halb und macht die Position unecht. Und das andere: der elementare Appell an die Macht der heiligen Weiblichkeit. Die Welt geht am Maskulinen zugrunde, buchstäblich. Hier antwortet die Kirche der tiefsten Not des Menschen heute. Die Glaubensbotschaft ist zugleich geschichtliche Botschaft."[36]

Aber die Apostolische Konstitution „Munificentissimus Deus" formuliert selbst die Erwartungen, die mit der Dogmatisierung verknüpft sind. Josef Kreiml hat mit Recht darauf hingewiesen, dass der Dogmatisierungstext ausdrücklich Bezug nimmt auf die Zeitumstände, in die hinein das Dogma verkündet wird.[37]

Es lasse sich in einer Zeit, in der „die Irrlehren des Materialismus und die daraus folgende Verderbnis der Sitten das Licht der Tugend zu ersticken und durch die Entfesselung von Kampf und

[36] Romano Guardini, Wahrheit des Denkens und Wahrheit des Tuns. Notizen und Texte 1942-1964. Aus nachgelassenen Aufzeichnungen hrsg. v. Felix Messerschmid. Paderborn u. a. 1980, S. 92. Eine auch in diese Richtung gehende, allerdings vom christlichen Standpunkt inakzeptable Interpretation hat auch der Schweizer Psychoanalytiker Carl Gustav Jung mit dem Dogma verbunden. In seinem Buch „Antwort auf Hiob" (Zürich 1952) deutet er das Geschehen im Licht seiner Psychologie und Archetypenlehre und er feiert es geradezu als einen Sieg des kollektiv Unbewussten, dass nun die weibliche Fürbitterin und Mediatrix ihren Platz in der Trinität eingenommen habe (ebd., 156 f.).

[37] Josef Kreiml, Maria die Vorerlöste und Vollerlöste. Eine gnadentheologische Besinnung über den Lebensbeginn und die Vollendung der Gottesmutter. In: Klerusblatt (2005), S. 93-96, 128-131.

Krieg so viele Menschenleben zu vernichten drohen, erwarten, dass die Wahrheit der Himmelfahrt Marias allen in klarem Lichte zeige, für welch erhabenes Ziel wir nach Leib und Seele bestimmt sind"[38]. Und so kann man mit gutem Recht sagen, dass die Dogmatisierung dieses von der Kirche schon seit langem geglaubten Mysteriums ausgerechnet fünf Jahre nach dem Ende des II. Weltkriegs die Antwort der Kirche war auf eine bis dahin nicht gekannte Entwürdigung des Menschen gerade auch in seiner Leiblichkeit, man denke an die Millionen von Opfer in den Konzentrationslagern des nationalsozialistischen Deutschland, an die Millionen von Soldaten, die auch lieber in ihren Betten zu Hause gestorben wären, an die Millionen von zivilen Opfern in den Städten oder auf der Flucht, denen oft nicht einmal ein würdiges Begräbnis zuteil werden konnte.

[38] Der Passus mit dem ausdrücklichen Gegenwartsbezug in Munificentissimus Deus, Nr. 42, lautet: „Wir, die Wir Unser Pontifikat unter den besonderen Schutz der Allerseligsten Jungfrau stellten, zu der Wir in so vielen traurigen Geschehnissen Unsere Zuflucht genommen haben; Wir, die Wir ihrem unbefleckten Herzen die gesamte Menschheit öffentlich und feierlich weihten und ihren wirksamen Schutz immer und immer wieder erfuhren: Wir hegen das feste Vertrauen, diese feierliche Verkündigung und Definition der Aufnahme Marias in den Himmel werde nicht wenig zum Wohl der menschlichen Gesellschaft beitragen. Sie gereicht ja zum Ruhm der Heiligsten Dreifaltigkeit, mit der die jungfräuliche Gottesmutter durch ganz besondere Bande verknüpft ist. Sie begründet die Hoffnung, dass sich alle Gläubigen zu einer innigeren Andacht zur himmlischen Mutter angespornt fühlen; dass in allen, die sich des Namens Christi rühmen, das Verlangen lebendig werde, an der Einheit des Mystischen Leibes Jesu Christi teilzuhaben und ihre Liebe zu mehren zu der, die für alle Glieder dieses erhabenen Mystischen Leibes das Herz einer Mutter hat. Es ist auch zu hoffen, dass durch die Betrachtung des herrlichen Beispiels Maria mehr und mehr die Einsicht wächst, welch hohen Wert das menschliche Leben hat, wenn es vollkommen dafür eingesetzt wird, den Willen des himmlischen Vaters zu erfüllen und für das Wohl der Mitmenschen zu wirken. Und ferner lässt sich in einer Zeit, in der die Irrlehren des Materialismus und der daraus folgende Verfall der Sitten das Licht der Tugend zu ersticken und durch die Entfesselung von Kampf und Krieg so viele Menschenleben zu vernichten drohen, erwarten, dass die Wahrheit von der Himmelaufnahme Marias allen in klarem Lichte zeige, für welch erhabenes Ziel wir nach Leib und Seele bestimmt sind. Letztlich wird der Glaube an die leibliche Aufnahme Marias in den Himmel den Glauben auch an unsere Auferstehung stärken und zu tatkräftigem Handeln führen."

Die Antwort der Kirche auf die Verbrechen der gottlosen Menschen ist die Rühmung Gottes angesichts der Berufung und Vollendung einer einfachen Frau, deren Vollendung in ihrer gesamten geschichtlichen Gestalt, d. h. mit Leib und Seele. Diese Antwort der Kirche stellt niemanden bloß, klagt niemanden an, fordert nicht neues Unrecht oder Widerspruch heraus, sondern macht alle zu Siegern, weil sie eine grenzenlose Hoffnungsperspektive aufzeigt.

Andreas Heinz

Maria in Liturgie und Frömmigkeit des Marianischen Jahrhunderts

„Maria ist nicht nur katholisch; sie ist auch evangelisch. Protestanten vergessen das leicht.“ Dieser Satz steht im „Evangelischen Erwachsenen-Katechismus“.[1] Der katholische Leser liest es mit Genugtuung. Denn für ihn ist es eine ausgemachte Sache, dass man Christus nicht richtig glauben und bekennen kann, ohne die Tatsache mit zu bedenken, dass er, wie Paulus sagt, „geboren wurde von einer Frau und dem Gesetz untertan war“ (vgl. Gal 4,4). Diese Frau ist Maria. Sie ist keine katholische oder orthodoxe Zugabe zur Substanz des christlichen Glaubens. Sie hat im Christusmysterium von Anfang an und für alle Zukunft einen hervorragenden Platz. Das 3. Konzil von Ephesus (431) hat den orthodoxen Christusglauben prägnant in dem Maria zuerkannten Namen „Theotokos“ definiert:[2] Sie darf „Gottesmutter“ heißen, weil sie durch den Heiligen Geist ihren Sohn empfangen hat, der wahrer Sohn Gottes ist und der gleichzeitig aus ihr Mensch unter Menschen geworden ist.

Die Definition von Ephesus ist nicht ohne Echo in Liturgie und Frömmigkeit geblieben. Es ist hier nicht der Ort, dem seit dem fünften Jahrhundert in Ost und West immer breiter werdenden Strom der Mariendevotion nachzugehen. Der Historiker weiß, dass es in diesem Entfaltungs- und Wachstumsprozess Intensivphasen gab,

[1] Evangelischer Erwachsenenkatechismus. Kursbuch des Glaubens. Im Auftrag der Katechismuskommission der Vereinigten Evangelisch-Lutherischen Kirche Deutschlands, hrsg. v. Werner Jentsch, Hartmut Jetter, Manfred Kießig und Horst Reller. Gütersloh 1975, S. 382.

[2] Vgl. Heinrich Denzinger, Enchiridion symbolorum definitionum et declarationum de rebus fidei et morum. Kompendium der Glaubensbekenntnisse und kirchlichen Lehrentscheidungen. Lateinisch-Deutsch hrsg. v. Peter Hünermann. Freiburg [37]1991, Nr. 251. Zu vorephesinischen Zeugnissen der Marienverehrung vgl. Hans Förster, Früheste Zeugnisse der Marienfrömmigkeit in Ägypten. In: Peter Leander Hofrichter (Hrsg.), Auf der Suche nach der Seele Europas. Marienfrömmigkeit in Ost und West. Studientagung der PRO ORIENTE-Sektion Salzburg aus Anlass ihres 20-jährigen Bestehens 7. und 8. Oktober 2005. Innsbruck/Wien 2007, S. 25-41.

aber auch Perioden der Abkühlung, ja der Unterkühlung. Eine solche marianische Rezessionsperiode war die Aufklärung[3], die in ihren gemäßigten katholischen Ausläufern heranreicht bis an die Schwelle jener Epoche, für die sich der Name „Marianisches Jahrhundert" eingebürgert hat.

I. Das „Marianische Jahrhundert"

Es war der bekannteste ultramontane französische Publizist Louis Veuillot, der nach der Verkündigung des Dogmas der „Unbefleckten Empfängnis Marias" 1854 ein „siècle de Marie", den Anbruch eines „Marianischen Zeitalters", prophezeite. Er war überzeugt, dass dieses die glaubensfeindliche Epoche Voltaires und der Enzyklopädisten überwinden und ablösen würde.[4]

Wenn wir versuchen, dieses „Marianische Jahrhundert" näher einzugrenzen, so können wir als Grenzlinien die Mitte des 19. und die Mitte des 20. Jahrhunderts ausmachen. Am Anfang und am Ende steht jeweils ein Mariendogma: Am 8. Dezember 1854 verkündigte Papst Pius IX. (1846-1878) das Dogma von der „*Immaculata Conceptio*" und am Allerheiligenfest 1950 erfolgte die Verkündigung des Glaubenssatzes von der leiblichen Aufnahme Marias in den Himmel durch Papst Pius XII. (1939-1958). So etwas wie ein Nachhall dieses Höhepunktes war das „Marianische Jahr" 1954.[5] Dazwischen fallen die kirchlich anerkannten Marienerscheinungen von Lourdes (1858) und Fatima (1917). Es ist die Zeit, in der in Deutschland die Maiandacht heimisch wird. Papst Leo XIII. (1878-1903) gab der Marienverehrung neue Impulse durch die Förderung

[3] Für den Trierer Raum vgl. etwa Joachim Schiffhauer, Das Wallfahrtswesen im Bistum Trier unter Joseph von Hommer (1824-1836). In: Festschrift für Alois Thomas. Trier 1967, S. 345-358; Bernhard Schneider, Entwicklungstendenzen rheinischer Frömmigkeits- und Kirchengeschichte in der ersten Hälfte des 19. Jahrhunderts. In: Archiv für mittelrheinische Kirchengeschichte 48 (1996), S. 157-195, bes. S. 178-191.

[4] Vgl. Andreas J. Kotulla, Nach Lourdes. Der französische Marienwallfahrtsort und die Katholiken im Deutschen Kaiserreich (1871-1914). München 2006, S. 32.

[5] Vgl. zusammenfassend über Marienlehre und Marienverehrung im 19. und 20. Jahrhundert bis zum Zweiten Vatikanischen Konzil: Georg Söll, Maria in der Geschichte von Theologie und Frömmigkeit. In: Wolfgang Beinert/Heinrich Petri (Hrsg.), Handbuch der Marienkunde. Regensburg 1984, hier S. 209-223.

des Rosenkranzgebets. In nicht weniger als sechszehn Enzykliken warb der Papst für den Rosenkranz der Jungfrau Maria. Er machte den Oktober zum „Rosenkranzmonat". Am 10. Dezember 1883 fügte er der Lauretanischen Litanei eine neue Anrufung hinzu: „Königin des heiligen Rosenkranzes – *Regina sacratissimi Rosarii*".[6] Das Bild der „Unbefleckt Empfangenen" verband sich mit dem der Rosenkranzkönigin. Die 1901 eingeweihte Rosenkranzbasilika in Lourdes ist ein Stein gewordenes Zeugnis dafür.[7] Im „Marianischen Jahrhundert" erfuhr die Marienlitanei zwei weitere Ergänzungen. Benedikt XV. (1914-1922) ließ unter dem Eindruck der Schrecken des Ersten Weltkriegs die Anrufung: „*Regina pacis* – Königin des Friedens" hinzufügen. Das Dogma von 1950 führte zu der Anrufung: „*Regina in coelum assumpta* – Königin, aufgenommen in den Himmel."[8] Zwischen den Eckpunkten des „Marianischen Jahrhunderts" wurden nicht weniger als vier neue Marienfeste eingeführt.[9]

Wenn wir fragen, wie die gesteigerte Mariendevotion jener Epoche sich Ausdruck verschafft hat, liegt es nahe, zwei engstens verbundene, aber doch sachlich zu unterscheidende Bereiche getrennt in den Blick zu nehmen. Es geht um Maria in der Liturgie und es geht um Maria in der Frömmigkeit.

Mit Liturgie meinen wir den amtlich geregelten Gottesdienst der Kirche. An sich gibt es Liturgie auch innerhalb der katholischen Grenzen nur in der Mehrzahl, in der Pluralität der von der Kirche anerkannten unterschiedlichen Riten in Ost und West.[10] Wir dürfen in den folgenden Ausführungen trotzdem zutreffend von Maria in der Liturgie (in der Einzahl) sprechen, da wir allein die römische Liturgie meinen. Das „Marianische Jahrhundert" ist nämlich ein typisch westkirchliches Phänomen, eine marianische Intensivphase in der Lebensgeschichte der römisch-katholischen Kirche.

6 Vgl. Remigius Bäumer, Art. Leo XIII. In: Marienlexikon Bd. 4, S. 96 f.

7 Zum Bau der Basilika vgl. Kotulla, Lourdes (wie Anm. 4), S. 83-87.

8 Vgl. Walter Dürig, Art. Lauretanische Litanei. In: Marienlexikon Bd. 4, S. 33-42, hier S. 40-42.

9 Vgl. Bruno Kleinheyer, Maria in der Liturgie. In: Handbuch (wie Anm. 5), S. 404-439, hier S. 430 f.

10 Vgl. Liturgiekonstitution des Zweiten Vatikanums (SC), Art. 4; dazu: Balthasar Fischer, Liturgie oder Liturgien? In: Trierer Theologische Zeitschrift 90 (1981), S. 265-275.

Was den Bereich der Frömmigkeit betrifft, werden wir uns – allein schon aus zeitökonomischen Gründen – nicht auf das uferlose Meer aller erdenklichen Formen volksfrommer Marienverehrung hinauswagen. Wir werden uns auf liturgienahe Ausdrucksformen beschränken, die das Zweite Vatikanische Konzil in seiner Liturgiekonstitution als „*pia populi christiani exercitia* – als fromme Andachtsübungen des christlichen Volkes" bezeichnet hat und die es erhalten sehen möchte, sofern sie mit der Liturgie kompatibel sind (SC 13).

II. Maria in der Liturgie

Die Frage nach Maria in der Liturgie ist in erster Linie eine Frage nach den Marienfesten.[11] Warum die Kirche im Kreislauf des Jahres, wenn sie „die Mysterien Christi" (SC 103) feiert, mit besonderer Aufmerksamkeit Maria ehrt, begründet das Zweite Vatikanum damit, dass „Maria, die selige Gottesgebärerin [...] durch ein unzerreißbares Band mit dem Heilswerk ihres Sohnes verbunden ist" (SC 103). Diese untrennbare Verbundenheit zeigt sich besonders im Kontext des Inkarnationsgedächtnisses, etwa beim ältesten römischen Marienfest, das am Oktavtag von Christi Geburt der Frau gedenkt, die ihn geboren hat, ferner am Fest der Darstellung des Herrn (2. Februar), früher Mariä Lichtmess, und beim Verkündigungsfest am 25. März. Es wurde in der Vergangenheit durchweg zu den Marienfesten gezählt, seit 1960 heißt es „Verkündigung des Herrn" und gilt als Herrenfest.[12]

1. Marienfeste an der Schwelle des „Marianischen Jahrhunderts"

Um die Entwicklung während des „Marianischen Jahrhunderts" auf diesem Sektor richtig einschätzen zu können, müssen wir uns die Ausgangslage klarmachen. Wir können uns dabei auf die rö-

[11] Vgl. den in Anm. 9 nachgewiesenen Beitrag von Bruno Kleinheyer. Siehe auch Adolf Adam, Das Kirchenjahr mitfeiern. Freiburg i. Br. 1979, S. 172-183; ferner Gerhard Voss OSB, Die Marienfeste im Jahreskreis der westlichen Kirche. In: Hofrichter, Marienfrömmigkeit (wie Anm. 2), S. 197-207.

[12] Vgl. Hansjörg Auf der Maur, Feiern im Rhythmus der Zeit I. Gottesdienst der Kirche. Handbuch der Liturgiewissenschaft 5. Regensburg 1983, S. 190-194.

misch-tridentinische Liturgie konzentrieren, die in der fraglichen Zeit praktisch zur Einheitsliturgie der lateinischen Kirche geworden war. Die drei deutschen Diözesen, die am längsten dem Sog der tridentinischen Einheitsliturgie widerstanden hatten, Köln, Münster und Trier, sind in der zweiten Hälfte des 19. Jahrhunderts zum sogenannten reinen römischen Ritus übergegangen.[13] In Trier wurden das „Tridentinische Messbuch" und das Römische Brevier am 1. Januar 1888 verpflichtend eingeführt.[14]

Die Bücher der „Tridentinischen Liturgie" sind bekanntlich im Auftrag des Konzils von Trient von Papst Pius V. (1566-1572) herausgegeben worden, 1568 das Brevier und 1570 das Messbuch.[15] Hinsichtlich der Marienfeste zeigen die Erstausgaben eine erstaunliche Zurückhaltung. Es wurden nur die vier alten, im Osten zuerst gefeierten Marienfeste des ersten Jahrtausends berücksichtigt: Lichtmess, Verkündigung, Aufnahme in den Himmel und Geburt. Aufgenommen wurden ferner zwei unter dem Einfluss der franziskanischen Spiritualität im Hoch- und Spätmittelalter aufgekommene und zur Zeit des Tridentinums bereits allgemein rezipierte Feste: Mariä Heimsuchung am 2. Juli und Mariä Empfängnis am 8. Dezember, wobei zu beachten ist, dass dem Titel des letzteren erst 1708 der Zusatz „unbefleckt" hinzugefügt wurde.

13 Vgl. Andreas Heinz, Die Bedeutung von Bischof Johann Georg Müller (1844-1847 Weihbischof von Trier; 1847-1870 Bischof von Münster) für die trierische und münstersche Diözesanliturgie. In: Benedikt Kranemann/Klemens Richter (Hrsg.), Zwischen römischer Einheitsliturgie und diözesaner Eigenverantwortung. Altenberge 1997, S. 127-166, bes. S. 156 f.; Nachdruck in: Andreas Heinz, Liturgie und Frömmigkeit. Beiträge zur Gottesdienst- und Frömmigkeitsgeschichte des (Erz-)Bistums Trier und Luxemburgs zwischen Tridentinum und Vatikanum II. Trier 2008, S. 283-310; für Köln vgl. Albert Gerhards/Andreas Odenthal (Hrsg.), Kölnische Liturgie und ihre Geschichte. Studien zur interdisziplinären Erforschung des Gottesdienstes im Erzbistum Köln. Münster 2000.

14 Vgl. Andreas Heinz, Im Banne der römischen Einheitsliturgie. Die Romanisierung der Trierer Bistumsliturgie in der zweiten Hälfte des 19. Jahrhunderts. In: Römische Quartalschrift 79 (1984), S. 37-92; Nachdruck in: Heinz, Liturgie (wie Anm. 13), S. 243-282.

15 Vgl. Winfried Haunerland, Einheitlichkeit als Weg der Erneuerung. Das Konzil von Trient und die nachtridentinische Reform der Liturgie. In: Martin Klöckener/Benedikt Kranemann (Hrsg.), Liturgiereformen. Teil I: Biblische Modelle und Liturgiereformen von der Frühzeit bis zur Aufklärung. Münster 2002, S. 436-465.

Die tridentinische Reform des Heiligenkalenders war strenger als die nach dem Zweiten Vatikanum.[16] Es dauerte allerdings nicht lange, bis der zugunsten der Feier des Herrenjahres drastisch reduzierte Heiligenfestkalender (Sanktorale) wieder aufgefüllt wurde bis hin zu einer unerträglichen Aufblähung, der die Reform Pius X. (1903-1914) 1911 Einhalt gebot. Was die Marientage betrifft, machte schon Sixtus V. (1585-1590), der zweite Nachfolger Pius V., die Eliminierung eines Festes rückgängig, das im Franziskanerorden, aus dem er kam, von jeher hoch geschätzt war: „*Praesentatio Mariae* – Mariä Darstellung im Tempel" am 21. November.[17] Seine Tilgung hatte wegen des legendären Festinhalts unmittelbar vor dem Zweiten Vatikanum der Trierer Liturgiewissenschaftler Balthasar Fischer († 2001) zusammen mit seinem Kollegen, dem Exegeten Franz Mußner, gefordert.[18] Vergeblich. Die Reform hat das Fest lediglich umbenannt. Es erhielt den unverfänglichen Titel „Unsere Liebe Frau in Jerusalem" und muss sich nun mit dem niedrigen Rang eines Gebotenen Gedenktags begnügen.[19]

Ohne im Einzelnen auf die Entwicklung des Sanktorale in nachtridentinischer Zeit einzugehen, springen wir sofort ins 19. Jahrhundert und schauen auf die Präsenz des Marianischen in den römisch-tridentinischen Liturgiebüchern an der Schwelle des „Marianischen Jahrhunderts". Wir stellen die zwischenzeitliche Aufnahme von nicht weniger als sechs zusätzlichen Marientagen fest[20], im Vergleich zum ursprünglichen Bestand der „Tridentinischen Liturgie" eine Zunahme um 100 %. Im Einzelnen handelt es sich um das Fest der „Sieben Schmerzen Mariä". Das in der spätmittelalterlichen Passionsfrömmigkeit beheimatete Motiv erlebte in der Barockzeit eine Renaissance, die liturgische Konsequenzen hatte: Benedikt XIII. (1724-1730) führte 1727 den so genannten „Schmerzensfreitag" ein, am letzten Freitag der Fastenzeit, so dass nun an der

[16] Vgl. Philipp Harnoncourt, Der Kalender. In: Auf der Maur, Feiern II/1(wie Anm. 12), Regensburg 1994, S. 9-63, hier S. 49 f.

[17] Vgl. Kleinheyer, Maria (wie Anm. 9), S. 429.

[18] Vgl. Balthasar Fischer, Was wird bei einer Kalenderreform aus dem Fest Praesentatio BMV (21.11.)? In: Trierer Theologische Zeitschrift 70 (1961), S. 170-181.

[19] Vgl. Kleinheyer, Maria (wie Anm. 9), S. 435.

[20] Vgl. ebd., S. 429 f.

Schwelle der Heiligen Woche ein Gedächtnis der „Schmerzhaften Muttergottes" stand. Benedikt XIII. (1724-1730) kam aus dem Dominikanerorden, der als Hüter des Rosenkranzes eine stark marianisch geprägte Spiritualität pflegte. Es mag damit zusammenhängen, dass dieser Papst schon ein Jahr zuvor (1726) ein marianisches Ordensfest in den Kalender der Gesamtkirche aufgenommen hatte, das so genannte „Skapulierfest" am 16. Juli. Das Fest „Unsere Liebe Frau vom Berge Karmel", so sein offizieller Titel, erinnert an die legendäre Skapulierspende Marias an den Ordensgeneral der Karmeliter Simon Stock am 16. Juli 1251.[21] Skapulierbruderschaften hatten das Skapulier als Zugehörigkeitszeichen zu Maria auch in Laienkreisen bekannt gemacht. Das Fest passt in die Welt der gesteigerten nachtridentinischen Mariendevotion.

Die übrigen vier neu aufgenommenen Marienfeste haben sämtlich einen kirchenpolitischen Hintergrund. Sie sind marianisch formulierte Dankfeste für die Rettung der Kirche aus existenzbedrohlichen Situationen. Drei beziehen sich auf Siege über die Türken. Das vierte, ein Fest „der Schmerzen Marias", wurde zum Dank für die Befreiung Papst Pius VII. (1800-1823) aus napoleonischer Gefangenschaft 1814 eingeführt. Es war kein völlig neues Fest. Im Servitenorden wurde am Tag nach „Kreuzerhöhung" (14. September) schon vorher der „Schmerzen Marias" gedacht. Dieses Mariengedächtnis war fortan von der ganzen Kirche am dritten Sonntag im September zu begehen. Das verstärkte die marianische Prägung des Septembers, die durch „Mariä Geburt" am 8. des Monats schon vorprogrammiert war.

Papst Innozenz XI. (1676-1689), dem es durch Vermittlung eines Bündnisses zwischen dem Polenkönig Jan Sobieski und Kaiser Leopold I. gelungen war, die Entsetzung Wiens am 12. September 1683 zu erreichen und durch den Sieg am Kahlenberg die akute Türkengefahr von Zentraleuropa abzuwenden, führte noch im gleichen Jahr das Fest „Mariä Namen" ein. Es bekam seinen Platz am Sonntag in der Oktav von Mariä Geburt. Auch Innozenz XII. (1691-1700) versuchte die europäischen Mächte für die weiter bestehende Türkengefahr zu sensibilisieren. Vor diesem Hintergrund ist es zu erklären, dass er das Marienfest eines mittelalterlichen Ritterordens,

[21] Vgl. Silke Egbers, Art. Skapulier. In: Marienlexikon Bd. 6, S. 184 f.

der Mercedarier, zu einem Fest der Gesamtkirche machte. Am 24. September 1696 wurde das Fest „*Beata Maria Virgo de Mercede*“ dem römischen Kalender eingefügt. Maria wird an diesem Tag geehrt als Beschützerin eines Ordens, der Christen freikaufte aus der Gefangenschaft der „Ungläubigen“, womit die Muslime gemeint waren. In den damaligen Türkenkriegen auf dem Balkan hatte das alte Ordensziel neue Aktualität gewonnen.

Mit dem Abwehrkampf gegen die Türken hängt unmittelbar ein Marienfest zusammen, das im „Marianischen Jahrhundert“ seine Glanzzeit erlebte: das Rosenkranzfest. Der aus dem Dominikanerorden kommende und schon deshalb dem Rosenkranz sehr zugetane Papst Pius V. war nicht nur der Papst der „Tridentinischen Liturgie“; er war auch der Papst der Seeschlacht von Lepanto. Dort hatte die christliche Flotte unter Führung von Juan d' Austria am 7. Oktober 1571 wider Erwarten die Türken besiegen können. Rosenkranzgebet in den Straßen Roms hatte die Schlacht begleitet. Zum Dank für den glücklichen Ausgang erlaubte Pius V. die Feier eines Festes „Maria vom Sieg (*Sancta Maria de Victoria*)“, das 1573 sein Nachfolger Gregor XIII. (1572-1585) unter dem Namen Rosenkranzfest in allen Kirchen und Kapellen obligatorisch machte, in denen sich eine Rosenkranzkapelle oder ein Rosenkranzaltar befand. Nach dem entscheidenden Sieg von Prinz Eugen über die Türken bei Peterwardein in Ungarn am 5. August 1716 wurde das Rosenkranzfest noch im gleichen Jahr gesamtkirchlich verpflichtend. Es sollte fortan immer am ersten Oktobersonntag gefeiert werden, wodurch es stark aufgewertet wurde.

2. Marienfeste resistent in den Feiertagsreduktionen der Aufklärung

Als Ergebnis unseres Blicks auf den kirchlichen Festkalender präsentiert sich uns ein Fest-Kranz von mehr als 12 Sternen (vgl. Offb 12,1). Er hat durch die Feiertagsreduktionen der Aufklärung kaum an Glanz eingebüßt. Selbst die rigoros zusammengestrichene französische Feiertagsordnung der napoleonischen Zeit, die außer den auf den Sonntagen fallenden Festen nur mehr vier Feiertage übrig ließ, nämlich Weihnachten, Christi Himmelfahrt, Mariä Himmelfahrt und Allerheiligen, beeinträchtigte die liturgische Marienverehrung kaum. Da „Mariä Namen", das Rosenkranzfest und das Fest der „Schmerzen Mariä" an einem Sonntag gefeiert wurden, waren sie von der Reduktion nicht betroffen. Doch die alten Marienfeste waren nunmehr bloß gewöhnliche Werktage. Das provozierte Widerstand im Volk. Der liturgisch bedenkliche, aber pastoral willkommene Ausweg bestand darin, diese Feste auf den jeweils folgenden Sonntag zu verlegen. So erbat und erhielt beispielsweise der Trierer Bischof Charles Mannay (1802-1816) für sein Bistum die Erlaubnis, dass von 1805 an Mariä Lichtmess, Verkündigung, Geburt und Unbefleckte Empfängnis jeweils am Sonntag gefeiert werden durften.[22]

Im Fall von Mariä Himmelfahrt war eine solche Verlegung nicht nötig, da der 15. August in der napoleonischen Feiertagsordnung als gebotener Feiertag erhalten geblieben war, nicht aus Verehrung für Maria, sondern aus Devotion für den Franzosenkaiser.[23] Dieses in Frankreich von jeher besonders hervorgehobene Fest wurde nämlich im Sinn der Staatsraison umfunktioniert zum alljährlichen Danktag für die Wiederherstellung der Religion in Frankreich durch den gottgesandten „Erretter des Vaterlandes.", Napoleon I. Das Marienfest wurde zum Napoleonsfest. Man hielt es nämlich für eine Fügung der Vorsehung, dass Napoleon am 15. August geboren war, dass er am 15. August zum Ersten Konsul gewählt worden war und dass Papst Pius VII. am Fest Mariä Himmelfahrt in Rom den Abschluss des Konkordats mit Napoleon offiziell bekannt gegeben hatte. 1806 gab Rom sogar dem Drängen des Kaisers nach und verband mit dem marianischen Hochfest das Fest des hl. Napoleon, eines völlig unbekannten

[22] Vgl. zur Entwicklung der neuzeitlichen Feiertagsordnung im rheinischen Raum Eduard Hegel, Eine neue westdeutsche Feiertagsreduktion im Lichte historischer Entwicklung. In: Trierer Theologische Zeitschrift 61 (1952), S. 79-93; die Verordnung von 1805 im Wortlaut bei Johann Jakob Blattau, Statuta Synodalia, ordinationes et mandata archidioecesis Trevirensis, 9 Bde. Trier 1844-1859, hier Bd. 6, S. 242 f.; vgl. Andreas Heinz, Die sonn- und feiertägliche Pfarrmesse im alten Landkapitel Bitburg-Kyllburg der Erzdiözese Trier von der Mitte des 18. bis zur Mitte des 19. Jahrhunderts. Trier 1978, S. 79-82.

[23] Zu den „Napoleonsfesten" und der Verzweckung des Religiösen im Sinn der Staatsraison vgl. Andreas Heinz, Waffensegen und Friedensgebet. Zur politischen Dimension der Liturgie. In: Trierer Theologische Zeitschrift 99 (1990), S. 193-216, hier S. 198-205.

ägyptischen Märtyrers, der nun als Namenspatron des Kaisers zu höchsten Ehren kam. Auch wenn der Klerus angehalten wurde, in der Predigt Kaiser Napoleon an seinem Geburts- und Namenstag gebührend zu feiern, dürfen wir doch davon ausgehen, dass das Marianische am 15. August nicht zu kurz kam.

Ab 1828 bis 1912 galt in weiten Teilen Deutschlands die mit Rom ausgehandelte preußische Feiertagsordnung. Sie gab den fünf „klassischen" Marienfesten ihren Charakter als gebotene Feiertage wieder zurück.[24] Das war mehr als der CIC 1917 vorschrieb, der gesamtkirchlich nur mehr Mariä Himmelfahrt und Mariä Unbefleckte Empfängnis als gebotene Feiertage beibehielt (can. 1247 § 1).

3. Die Entwicklung im Marianischen Jahrhundert

Die nachtridentinische Entwicklung hat um die Mitte des 19. Jahrhunderts dem Marianischen im Festkalender der Kirche ein solches Gewicht gegeben, wie es bis dahin noch nie der Fall gewesen war. Dass wir uns verhältnismäßig lange dabei aufgehalten haben, war deshalb gerechtfertigt, weil alle diese Feste das ganze „Marianische Jahrhundert" hindurch die liturgische Basis der Marienverehrung geblieben sind.

Diese an sich schon sehr breite Basis erfuhr in der Folgezeit nach der Devise „*Numquam satis de Maria* – Von Maria nie genug!" einen weiteren Ausbau. Es kamen noch vier Marienfeste dazu.[25] Das erste 1907. Mittlerweile waren 50 Jahre vergangen seit den Ereignissen in der Grotte von Massabielle. Lourdes war zum Weltwallfahrtsort avanciert. Pius X. machte zum Goldenen Jubiläumsjahr der Erscheinungen das der Diözese Lourdes bereits 1890 gestattete Fest der „Erscheinung der Unbefleckten Jungfrau Maria (*Apparitio BMV immaculatae*)" zu einem Fest der Gesamtkirche; als Festtermin wurde der 11. Februar bestimmt, der Tag der ersten Erscheinung 1858.[26]

[24] Vgl. die entsprechende Einführungsverordnung für das Bistum Trier bei Blattau (wie Anm. 22), Bd. 8, S. 190-193.

[25] Vgl. Kleinheyer, Maria (wie Anm. 9), S. 430 f.

[26] Vgl. Kotulla, Lourdes (wie Anm. 4), S. 92-101, bes. S. 200; Adam, Kirchenjahr (wie Anm. 11), S. 178.

Ein anderes marianisches Jubiläum veranlasste ein weiteres Marienfest. 1931 waren es 1500 Jahre her, seit das Konzil von Ephesus Maria den Titel „Gottesmutter" zuerkannt hatte. Pius XI. (1922-1939) nahm das zum Anlass, das Fest „Mariä Mutterschaft (*Maternitas BMV*)" einzuführen, das am 11. Oktober seinen Platz im Kalender erhielt.

Der Pontifikat Pius XII. (1939-1958) darf als Höhepunkt des „Marianischen Jahrhunderts" gelten und ist zugleich sein Abschluss. Das erste herausragende marianische Datum dieser zwei Jahrzehnte ist die Weihe der Welt an das Unbefleckte Herz Marias mit der Bitte um Beendigung des Krieges am 31. Oktober 1942. Im Hintergrund stehen die Visionen der Kinder von Fatima (1917), nach deren Aussagen Maria diese Weihe gefordert hatte. Als liturgische Konsequenz wurde das Fest „*Immaculatae Cordis BMV*" eingeführt und als Festtermin der 22. August, der Oktavtag von Mariä Himmelfahrt, festgelegt.[27] Dieses alte Marienfest erhielt neuen Glanz durch die Dogmatisierung der leiblichen Aufnahme Marias am Allerheiligenfest 1950; neue liturgische Texte feierten den präzisierten Festinhalt.[28] 1954 wurde die Säkularfeier der Verkündigung des Dogmas der „Unbefleckten Empfängnis" begangen. Das war der Anlass, das Fest „Maria Königin" einzuführen und es durch den Ansatz am 31. Mai zum krönenden Abschluss des „Marienmonats" Mai zu machen.[29]

Demgegenüber fallen die Rangerhöhungen einzelner Marienfeste weniger ins Gewicht. Pius IX. (1846-1878) erhob 1850 zum Dank für seine Rückkehr nach Rom aus der Gefangenschaft in Gaeta „Mariä Heimsuchung" in den Rang eines Duplexfestes zweiter Klasse.[30] Die gleiche Rangerhöhung verfügte Leo XIII. 1887 hinsichtlich des Rosenkranzfestes, das gleichzeitig mit einem neuen Offizium ausgestattet wurde.[31]

27 Vgl. Kleinheyer, Maria (wie Anm. 9), S. 431; Adam, Kirchenjahr (wie Anm. 11), S. 179; Heinrich M. Köster SAC, Art. Herz Mariä. In: Marienlexikon Bd. 3, S. 163 f.

28 Vgl. Adam, Kirchenjahr (wie Anm. 11), S. 175 f.

29 Vgl. ebd., S. 180.

30 Vgl. Kleinheyer, Maria (wie Anm. 9), S. 429; Adam, Kirchenjahr (wie Anm. 11), S. 181.

31 Vgl. Suitbert Bäumer, Geschichte des Breviers. Freiburg i. Br. 1895, S. 594 f.

Die Anfänge der Liturgischen Bewegung des 20. Jahrhunderts, aus der die Reformen des Zweiten Vatikanischen Konzils hervorgegangen sind, werden zutreffend im Pontifikat Pius X. (1903-1914) angesetzt. Dieser Papst hatte eine umfassende Liturgiereform initiiert, die aber nur bruchstückhaft verwirklicht werden konnte.[32] Im Bereich des liturgischen Kalenders ging es vor allem darum, das heillos überfrachtete Sanktorale zu reduzieren und dem Herrenjahr wieder den Vorrang zu geben, der ihm gebührt. Um die Sonntage von der Überlagerung durch Heiligenfeste zu befreien, wurden die Feste „Mariä Namen", „Schmerzen Mariä" sowie das Rosenkranzfest auf ihre ursprünglichen Kalendertage zurückverlegt, also: 12. September, 15. September, 7. Oktober. Es wurde aber kein Marienfest getilgt.

Rückblickend auf das „Marianische Jahrhundert" wird man Andreas Kotulla zustimmen, der in seiner Dissertation über Lourdes bemerkt: „Im liturgischen Jahres- und Tagesablauf war die Gottesmutter durch die zahlreichen Marienfeste und das tägliche Angelusgebet allgegenwärtig [...]."[33].

Des Weiteren ist Folgendes zu bedenken: Die zur Zeit der Türkenkriege eingeführten Marienfeste wurden im „Marianischen Jahrhundert" nicht nur deshalb pietätvoll gefeiert, weil sie nun einmal im liturgischen Kalender standen. Sie bekamen vielmehr in den damaligen Zeitverhältnissen neue Aktualität und Lebenskraft. Wie in der Vergangenheit gegen die Türken sollte sich Maria in den neuen Bedrohungen der modernen Zeit abermals als „Helferin der Christen" und „Siegbringerin" erweisen. Im Hintergrund steht das biblische Motiv von der Frau, die der Schlange den Kopf zertritt (vgl. Gen 3,15 in der Vulgata-Fassung). Die traditionelle Auslegung hat diese Stelle, das Protoevangelium, vielfach marianisch gedeutet. Die katholische Frömmigkeit identifizierte infolgedessen diese Frau mit Maria. Sie ist deshalb die Vorkämpferin, von der sich die Christen zur Abwehrfront im Kampf gegen das Böse und die Feinde der Kirche sammeln lassen, um unter Marias „Schutz und Schirm" sieg-

32 Vgl. Bertrand Ponsard C.M., Réforme et liturgie sous Pie X (1903-1914). In: Martin Klöckener/Benedikt Kranemann (Hrsg.), Liturgiereformen. Teil II: Liturgiereformen seit der Mitte des 19. Jahrhunderts bis zur Gegenwart. Münster 2002, S. 592-605.

33 Kotulla, Lourdes (wie Anm. 4), S. 29.

reich zu sein. Die anlässlich der Rettung aus gefährlichen Situationen und nach gewonnenen Schlachten gegen die Feinde der Kirche eingeführten Marienfeste des 16. und 17. Jahrhunderts wurden in den neuen Krisenzeiten zu inständigen Bittgebeten der Kirche um Marias erneuten Beistand. Die Feinde der Kirche hatten im „Marianischen Zeitalter“ neue Namen. In der Zeit des preußischen Kulturkampfes galt es dem die Freiheit der Kirche missachtenden Staat entgegenzutreten. In der Zeit des nationalsozialistischen Kirchenkampfes stärkte die liturgische Erinnerung an die durch Marias Hilfe errungenen Siege die katholischen Reihen gegen die Übergriffe des kirchenfeindlichen Regimes. Auch der Gedanke des Loskaufs der Gefangenen (*BMV de Mercede*) bekam im Pontifikat Leos XIII. neue Aktualität, als die Christen Geld spendeten, damit die katholischen Missionare Afrikaner aus der Sklaverei frei kaufen konnten.[34]

4. Der Verkündigungsgehalt der neuen Marientage

Es ist im knappen Rahmen dieses Beitrages nicht möglich, näher auf die neu eingeführten Marienfeste einzugehen und den Inhalt der neu redigierten beziehungsweise überarbeiteten Formulare zu analysieren. Was den 8. Dezember und den 15. August angeht, übertragen die nach 1854 beziehungsweise 1950 neu gestalteten Texte die verkündigten Dogmen in die Gebetssprache der Liturgie. Dem Anlass der Festeinführung entsprechend bewegen sich die Mess- und Stundengebetstexte des Festes „Mutterschaft Mariens“ (11. Oktober) im Motivkreis des adventlich-weihnachtlichen Inkarnationsgedächtnisses. Das von Papst Leo XIII. eingeführte neue Offizium des Rosenkranzfestes ist durch die dem Dominikanerbrevier entnommenen Hymnen reicher ausgestattet[35], bietet inhaltlich aber nichts Neues. Es transportierte noch immer die legendäre Überlieferung, dass der hl. Dominikus, der Gründer des Dominikanerordens, den Leben-Jesu-Rosenkranz von Maria selbst empfangen und danach im Volk verbreitet habe.[36]

[34] Vgl. die Enzyklika *In plurimis* Leos XIII. vom 5. Mai 1888.

[35] Vgl. Bäumer, Geschichte (wie Anm. 31), S. 595.

[36] Zur Genese des heutigen Rosenkranzes vgl. Andreas Heinz, Die Entstehung des Leben-Jesu-Rosenkranzes. In: Urs-Beat Frey/Fredy Bühler (Hrsg.), Der

Wirklich neu und neuartig sind die drei Marienfeste, die direkt oder indirekt durch die Marienerscheinungen von Lourdes und Fatima veranlasst wurden. Das erste, von Pius X. 1907 mit einem verhältnismäßig hohen Rang (Duplex majus) gesamtkirchlich eingeführte Fest der Erscheinung in Lourdes stellt in seiner Textausstattung weitgehend eine Dublette des Festes der „Unbefleckten Empfängnis" dar. Doch die historische Brevierlesung des nächtlichen Stundengebets schildert affirmativ die Erfolgsgeschichte von Lourdes. Das Tagesgebet setzt voraus, dass sich die Gläubigen versammelt haben, um die Erscheinung der Jungfrau Maria zu begehen.[37] Dabei handelt es sich bei den Erlebnissen der Seherin Bernadette Soubirous nach der gesunden Lehre des nach wie vor in diesem heiklen Bereich des Visionären maßgeblichen Werks von Kardinal Prospero Lambertini, dem späteren Papst Benedikt XIV. (1740-1758), über die Heilig- und Seligsprechungen[38] um eine Privatoffenbarung. Kein Katholik ist verpflichtet, daran zu glauben. Doch die bewusste kirchliche Förderung von höchster Warte und die Erhöhung in die Sphäre des offiziellen Gottesdienstes der Gesamtkirche machten die Ereignisse von Lourdes de facto zu einer Glaubenssache, wie es die historische Brevierlesung auch deutlich zu verstehen gibt, wenn sie sagt – „jeder verständige und fromme Christ werde leicht einsehen, dass dort der Finger Gottes am Werk sei."[39]

Rosenkranz. Andacht. Geschichte. Kunst. Bern 2003, S. 23-47; Ders., Der Rosenkranz – Das immerwährende Jesus-Gebet des Westens. In: Liturgisches Jahrbuch 55 (2005), S. 235-247, bes. S. 244 f. Die Dominikus-Legende blieb bis zur Reform des Zweiten Vatikanums in der Brevierlesung des Rosenkranzfestes. Erstmals hat sie Paul VI. in seinem Apostolischen Schreiben „Marialis Cultus" (1974) nicht mehr erwähnt.

37 *Deus qui per immaculatam Virginis Conceptionem dignum Filio tuo habitaculum praeparasti: supplices a te quaesumus; ut, ejusdem Virginis Apparitionem celebrantes, salutem mentis et corporis consequamur. Per eundem* ... Die Schott-Übersetzung lautet: „O Gott, du hast in der unbefleckt empfangenen Jungfrau deinem Sohn eine würdige Wohnung bereitet; wir feiern die Erscheinung der heiligen Jungfrau und flehen zu dir: Schenke uns Heil für Seele und Leib. Durch unseren Herrn ...".

38 De Servorum Dei Beatificatione et Beatorum Canonisatione, 4 Bde. Pavia [2]1743.

39 Vgl. Breviarium Romanum ex decreto Concilii Tridentini restitutum summo-

Die Weihe an das Herz Mariä und die gesamtkirchliche Einführung des entsprechenden Festes im Kriegsjahr 1942 durch Papst Pius XII. geht – auch wenn die offiziellen Dokumente das nicht sagen – auf die von den Seherkindern in Fatima mitgeteilten Botschaften Marias zurück. Diese gehören ebenfalls in den Bereich der Privatoffenbarung. Nach dem bekannten Grundsatz, dass die „*lex orandi*" die „*lex credendi*" ist, werden sie aber durch ihre Verankerung in der Liturgie faktisch zu einer Glaubensangelegenheit, der ein papsttreuer Katholik dann kaum mehr seine Zustimmung versagen kann.

Charakteristisch und problematisch ist ferner das, was man die Emanzipation des Marianischen nennen könnte. Optisch zeigt sie sich darin, dass die Madonna von Lourdes und die von Fatima für sich allein, d. h. ohne das Christuskind, dargestellt wird. In der abendländischen Kunst ist das nicht ganz neu, war aber bis ins 19. Jahrhundert eher die Ausnahme.[40] Bei den Immaculata-Statuen der Barockzeit hat Maria immer das Kind auf dem Arm. So ist es beispielsweise bei der Darstellung der „Unbefleckten Empfängnis" auf dem Votivaltar vor dem ehemaligen Trierer Jesuitenkolleg. Dagegen ist die nach der Dogmatisierung von 1854 geschaffene Immaculata-Figur auf der Trierer Mariensäule nach dem Vorbild der Lourdes-Madonna ohne Kind.

Die „Wundertätige Medaille" steht am Anfang der isolierten Mariendarstellungen des 19. und 20. Jahrhunderts.[41] In den liturgischen Texten wird dagegen der optisch fehlende Christusbezug durchweg gebührend ins Wort gebracht. Er fehlt eigentlich nur im Tagesgebet an „Maria Königin", wo der Festinhalt exklusiv marianisch formuliert ist und als „Feier der seligen Jungfrau Maria, un-

rum pontificum cura recognitum. Editio juxta typicam, 2 Bde. Romae (1960), Bd. 1, S. 1138: Nachdem das Mädchen Bernadette versichert hatte, dass sie mehrfach die unbefleckt empfangene Gottesmutter gesehen hatte (*se immaculatam Dei Genetricem conspexisse assereret*), „*tot et tanta mirabilia facta sunt, ut digitum Dei ibi esse prudens quisque et pius Christi fidelis facile intellegeret*".

40 Vgl. Wolfgang Speyer, Der Verfall des Marienbildes in der westlichen Kunst der Neuzeit. In: Hofrichter, Marienfrömmigkeit (wie Anm. 2), S. 219-237.

41 Bis 1842 wurden schätzungsweise 100 Millionen Stück in Umlauf gebracht, bis 1876 eine Milliarde. Die Prägemedaille zeigt Maria als die ohne Erbsünde Empfangene; vgl. Kotulla, Lourdes (wie Anm. 4), S. 30 f.

serer Königin" bestimmt wird.[42] Wir werden am Ende sehen, dass die Liturgiereform des Zweiten Vatikanums diese Defizite erkannt und Gegenmaßnahmen ergriffen hat.

III. Maria in der Frömmigkeit

Wenn wir uns nun im zweiten Teil der so genannten Volksfrömmigkeit zuwenden, kann das trotz der bereits angekündigten Beschränkung auf liturgienahe Ausdrucksformen nur schwerpunktmäßig geschehen. Ich greife zwei Schwerpunkte heraus: die Marienlieder und die Maiandacht.

1. Die Marienlieder des 19. Jahrhunderts

Am strengen Maßstab des nachtridentinischen Liturgiebegriffs (vgl. CIC 1917, can. 1257) gemessen, war das deutsche Kirchenlied vor dem Zweiten Vatikanum kein Teil der Liturgie selbst. Es begleitete und umrahmte die Liturgie und gehörte insofern in den Bereich der liturgieergänzenden Volksfrömmigkeit. Das deutsche Sprachgebiet hat auf diesem Sektor ein besonders reiches Erbe aufzuweisen. In der vierbändigen Dokumentation „Das katholische deutsche Kirchenlied in seinen Singweisen" von Wilhelm Bäumker[43] ist der vierte Band dem 19. Jahrhundert gewidmet.[44] Die darin mit Abstand umfangreichste Sparte ist die der Marienlieder.[45] Bei den aufgenommenen 79 Gesängen handelt es sich allerdings teilweise um Nachträge aus früheren Epochen. Als eigentliche Neuschöpfungen des 19. Jahrhunderts können wir etwa 40 Marienlieder ausmachen.

[42] Vgl. Breviarium (wie Anm. 39), Bd. 1, S. 1272: *Concede nobis, Domine: ut, qui solemnitatem beatae Mariae Virginis Reginae nostrae celebramus; eius muniti praesidio, pacem in praesenti et gloriam in futuro consequi mereamur. Per Dominum ...*

[43] Freiburg i. Br. 1883-1911 (Nachdruck Hildesheim 1962).

[44] Das katholische deutsche Kirchenlied in seinen Singweisen. Vierter und letzter Band mit Nachträgen zu den drei ersten Bänden. Aufgrund handschriftlicher und gedruckter Quellen bearbeitet von Wilhelm Bäumker. Nach dem Tode des Verfassers hrsg. v. Joseph Gotzen. Freiburg i. Br. 1911 (Nachdruck Hildesheim 1962).

[45] Vgl. ebd., Nr. 189-252.

Insofern erweist sich das „Marianische Jahrhundert" im Bereich der Lieddichtung durchaus als eine besonders fruchtbare Epoche.

In einem Vortrag beim Internationalen Mariologischen Kongress 1987 in Kevelaer habe ich eine Periodisierung der Marienlieder des 19. Jahrhunderts in drei Gruppen vorgeschlagen: 1. Marienlieder im Geist der späten Aufklärung, 2. Marienlieder der Restauration und 3. Marienlieder neuer marianischer Andachtsformen.[46] Charakteristisch für die zweite Jahrhunderthälfte und damit relevant für das „Marianische Jahrhundert" ist die dritte Gruppe. Die dominanten neuen marianischen Andachtsformen jener Zeit waren 1. Verehrung der Mutter Jesu unter dem Titel „Unbefleckte Empfängnis", 2. die Maiandacht und 3. der von höchster Warte nachdrücklich empfohlene Rosenkranz.

Ehe wir uns diesen verschiedenen Ausprägungen der Marienverehrung im geistlichen Liedgut der Zeit zuwenden, müssen wir uns kurz den Wurzelboden anschauen, auf dem dieses Liedgut aufgeblüht ist. Das Stichwort „Romantik" charakterisiert ihn.[47] In unserem Kontext genügt die generelle Feststellung: Maria war für die Dichter der Romantik nicht bloß ein Gelegenheitsthema. Es gab eine allgemeine Marienbegeisterung.[48] Sogar namhafte protestantische Dichter wie Ernst Moritz Arndt, Friedrich Hebbel, Friedrich Hölderlin, Friedrich Rückert, Ludwig Uhland haben überraschend „affirmative Marientexte" (Kuschel) hinterlassen. Zu den charakteristischen Merkmalen der marianischen Poesie des 19. Jahrhunderts gehört nach Karl-Josef Kuschel an erster Stelle „die Akzentuierung dichterischer Subjektivität".[49] Der Dichter möchte davon singen und sagen, wie seine „Seele" (Novalis) Maria erblickt und wie die hohe Frau ihm ganz persönlich „im Gemüte steht". Wegen dieser extremen Subjektivität hat es die Mariendichtung der Romantik

[46] Vgl. Andreas Heinz, Der Verkündigungsgehalt deutscher Marienlieder des 19. Jahrhunderts. In: De culto Mariano saeculis XIX-XX. Acta congressus Mariologici – Mariani Internationalis in Kevelaer (Germania) 1987. Vol. VII. De cultu Mariano saeculis XIX-XX usque ad Concilium Vaticanum II in litterarum studiis et in arte christiana. Rom 1991, S. 63-85.

[47] Vgl. den Beitrag von Prof. Dr. Herbert Uerlings in diesem Buch.

[48] Vgl. Karl-Josef Kuschel, Maria in der deutschen Literatur des 20. Jahrhunderts. In: Handbuch (wie Anm. 5), S. 664-718, bes. S. 665-672.

[49] Ebd., S. 666.

schwer, als Kirchenlied anerkannt zu werden. Vor den „Gotteslob-Experten“ haben die typischen Marienlieder des 19. Jahrhunderts denn auch keine Gnade gefunden. Es hieß: Das im Gottesdienst gesungene Marienlied muss ein Wir-Lied sein, in dem der überindividuelle Glaube der Kirche und die von allen geteilte Verehrung für die Gottesmutter ihren Ausdruck finden.[50] Aber wo ein Pfarrer es geschehen lässt, singen die Gläubigen noch immer „Maria, Maienkönigin, dich will der Mai begrüßen!“ oder: „O Maria, Gnadenvolle, schönste Zier der Himmelsau'n“.

a) Marienlieder im Umfeld des Dogmas von der Unbefleckten Empfängnis Mariens

Damit sind bereits zwei typische Marienlieder des 19. Jahrhunderts genannt. Einige ihrer bekanntesten sind inspiriert vom Mariendogma des Jahres 1854. In der Volksfrömmigkeit hat dem Dogma den Weg bereitet die hoch geschätzte, seit 1830 in Umlauf gebrachte „Wundertätige Medaille“.[51] Sie ist nach den Angaben der Ordensschwester Katharina Labouré, die durch eine Marienerscheinung in der Rue du Bec in Paris am 17. November 1830 dazu angeregt worden war, gestaltet. Die Medaille zeigt das Bild der Immaculata mit der Umschrift: „O Maria, ohne Erbsünde empfangen, bitte für uns, die wir zu dir unsere Zuflucht nehmen.“ Was sodann 1858 in Lourdes geschah, wurde als himmlische Bestätigung des neuen Dogmas empfunden. Im Jahr seiner Verkündigung dichtete der damalige Kardinal von Köln, Johannes von Geissel (1845-1864), ein lateinisches Lied auf die Immaculata, das bald in verschiedenen deutschen Versionen verbreitet wurde.[52]

Im Umfeld der Dogmenverkündigung von 1854 wird das im Stammteil des heutigen katholischen Einheitsgesangbuchs „Gotteslob“ unbeachtet gebliebene, aber in 19 Diözesananhänge aufge-

[50] Vgl. Andreas Heinz, Marienlieder des 19. Jahrhunderts und ihre Liturgiefähigkeit. In: Trierer Theologische Zeitschrift 97 (1988), S. 106-134, bes. S. 125-134.

[51] Vgl. Alfonsa Richartz, Art. Labouré, Katharina. In: Marienlexikon Bd. 3, S. 699 f.; Söll, Maria (wie Anm. 5), bes. S. 210-223.

[52] *Virgo virginum praeclara*; vgl. Bäumker-Gotzen, Kirchenlied IV (wie Anm. 44), Nr. 250.

nommene „Wunderschön prächtige"[53] sehr populär. Seine heutige Textgestalt mit der Immaculata-Strophe „Schuldlos Geborene, Einzigerkorene" geht auf Johannes Geissel zurück, 1837-1842 Bischof von Speyer und ab 1842 Koadjutor, ab 1845 Erzbischof von Köln. Er hat auch eine allerdings wenig verbreitete deutsche Nachdichtung des in Italien beheimateten, gefühlvollen lateinischen Grußliedes „*O sanctissima, o piissima, dulcis virgo Maria*" verfasst, dessen Melodie durch das Weihnachtslied „O du fröhliche" allgemein bekannt ist. Es war erstaunlicherweise ein Protestant, Johann Gottfried Herder (1744-1803), Hofprediger in Weimar und Zeitgenosse Goethes, der in seiner Volksliedersammlung „Stimmen der Völker in Liedern" dieses „sicilianische Schifferlied an die Madonna" in das deutsche Sprachgebiet vermittelt hat.[54] Das Marienprädikat „*intemerata* – unbefleckt" machte es zum Bekenntnislied des *Immaculata*-Dogmas und sicherte ihm einen Platz in fast allen deutschen Diözesangesangbüchern seit der Mitte des 19. Jahrhunderts. Das gilt auch für das seit 1832 verbreitete Lied „Es lebt ohne Makel".[55] In der Variante „Wie bist du so heilig, so rein und jungfräulich" wurde es beispielsweise in die 1871 erschienene Neuausgabe des Trierer Diözesangesangbuchs übernommen, wo es sich bis in die letzte Ausgabe von 1955 behauptete.[56] Aus dem Umkreis des Dogmas von 1854 stammt das Lied „O unbefleckt empfangnes Herz, Herz Mariä".[57] Es ist 1855 erstmals in Münster nachzuweisen, dann in Einsiedeln (1861), Luxemburg (1862) und Köln (1880). Das Bistum Trier nahm das Lied 1891 in sein Gesangbuch auf.[58] Diesem Beispiel folgten Posen (1895), Mainz (1900), Straßburg (1900), Brünn (1907) und Metz

[53] Vgl. ebd., Nr. 242; K. Th. Dumont (Hrsg.), Schriften und Reden von Johannes Cardinal von Geissel, Erzbischof von Köln, Bd. 2. Köln 1869, Nr. 124, S. 311; dazu jetzt die Monographie von Christiane Schäfer, Wunderschön prächtige. Geschichte eines Marienliedes. Tübingen 2006.

[54] Vgl. Bäumker-Gotzen, Kirchenlied IV (wie Anm. 44), Nr. 199-201; Heinz, Liturgiefähigkeit (wie Anm. 50), S. 122.

[55] Vgl. Bäumker-Gotzen, Kirchenlied IV (wie Anm. 44), Nr. 224.

[56] Vgl. Martin Persch, Das Trierer Diözesangesangbuch von 1846 bis 1975. Ein Beitrag zur Geschichte der Trierer Bistumsliturgie. Trier 1987, S. 227, Anm. 1315.

[57] Vgl. Bäumker-Gotzen, Kirchenlied IV (wie Anm. 44), Nr. 223.

[58] Vgl. Persch, Diözesangesangbuch (wie Anm. 56), S. 291, Anm. 1584.

(1908).[59] Das 1942 allgemein eingeführte Herz-Mariä-Fest sicherte das Überleben des Liedes in mehreren Gesangbüchern der Nachkriegszeit. Nach der Einführung des „Gotteslob“ 1975 steht es allerdings in keinem Diözesananhang mehr.

b) Lieder zur Maiandacht

Eine ähnlich starke Zeitgebundenheit wie bei dem zuletzt angeführten Beispiel konstatieren wir bei den Liedern zur Maiandacht. Wie wir noch sehen werden, war das „Marianische Jahrhundert“ die hohe Zeit der Maiandacht. Nicht zuletzt die typischen „Mailieder“ gaben ihr die stimmungsvolle Atmosphäre, die Alt und Jung anzog. Eines der beliebtesten, „Kommt, Christen, kommt zu loben, der Mai ist froh erwacht“, taucht erstmals im Rottenburger Gesangbuch 1865 auf.[60] Zwei Jahre zuvor entstand im Bistum Passau das in den Maiandachten gern gesungene „O Maria, Gnadenvolle, schönste Zier der Himmelsau’n“.[61]

Die meisten Lieder zur Maiandacht haben einen spätromantischen Dichter zum Verfasser. Er heißt Guido Görres und ist der am 28. Mai 1805 in Koblenz geborene Sohn des bekannten, ultramontanen Publizisten und Münchener Professors Joseph Görres.[62] Man sagt ihm nach, dass er die katholischen Ideale seines Vaters, die dieser in der Diktion der Denker und politischen Propheten verbreitet hatte, in die Sprache des einfachen Volkes übersetzt habe. Guido Görres gab 1843 in München sein Büchlein „Marienlieder zur Feier der Maiandacht“ heraus. Er widmete es seinem Koblenzer Landsmann und verstorbenen Freund Clemens Brentano.[63] Für

[59] Vgl. oben Anm. 57.

[60] Vgl. Bäumker-Gotzen, Kirchenlied IV (wie Anm. 44), Nr. 256; vgl. zu den folgenden Ausführungen Heinz, Liturgiefähigkeit (wie Anm. 50), S. 119-123.

[61] Vgl. Bäumker-Gotzen, Kirchenlied IV (wie Anm. 44), Nr. 264.

[62] Vgl. den biografischen Abriss und die Übersicht über seine Schriften bei Wilhelm Kosch, Das katholische Deutschland. Biographisch-bibliographisches Lexikon, 2 Bde. Ansberg 1933-1937, Bd. 1, S. 1057 f.; Joh. Meyers, Guido Görres. Beiträge zur Geschichte seines Lebens und Wirkens. Luxemburg 1986; Bernd Wacker, Art. Görres 2. In: Lexikon für Theologie und Kirche[3] Bd. 4, Sp. 842.

[63] Vgl. Guido Görres, Marienlieder. München [2]1844, S. 3. Zu Görres als Lieddichter vgl. auch Irmgard Scheitler, Poesie der Unschuld. Geistliche Lieder von Guido Görres. In: Dies. (Hrsg.), Geistliches Lied und Kirchenlied im 19.

jeden Maitag enthält das Bändchen ein Mariengedicht. Die meisten sind Literatur geblieben. Aber einige haben den Weg zum Herzen des Volkes gefunden, allen voran „Maria, Maienkönigin“[64]. Gern gesungen wird noch immer, obwohl es in keinem offiziellen Gesangbuch mehr steht, „Es blüht der Blumen eine auf ewig grüner Au“[65]. Das Mailied „Geleite durch die Wellen das Schifflein treu und mild zur heiligen Kapelle, zu deinem Gnadenbild“[66] ist zum Wallfahrtslied von Bornhofen am Rhein geworden. In einem 1862 in Luxemburg erschienenen Schüler-Gesangbuch finden wir zwei weitere, heute vergessene Görres-Lieder: „O Palme sonnenklare“ und „Wir ziehen zur Mutter der Gnade“.[67]

Mit der Maiandacht kamen aus Italien die Marienlieder des heiligen Alfons Maria von Liguori († 1787), des Gründers der Redemptoristen und großen Marienverehrers. Fünf davon hat das erste Luxemburger Diözesangesangbuch von 1846 rezipiert, darunter das bis heute gesungene „Glorreiche Königin, himmlische Frau. Milde Fürsprecherin, reinste Jungfrau, wende, o heilige Mittlerin, du, deine barmherzigen Augen uns zu“[68].

Wie dieser Text zeigt, singt man zur Maiandacht Lieder mit viel Gefühl. Die Dichter lassen ihr Herz sprechen. Und es quillt über von

Jahrhundert. Tübingen/Basel 2000, S. 233-254, hier bes. S. 242-249.

64 In den „Marienliedern“ von Görres ist das Lied für den 3. Mai vorgesehen; vgl. ebd., S. 14 f.; zu den verschiedenen Vertonungen vgl. Bäumker-Gotzen, Kirchenlied IV (wie Anm. 44), Nr. 257-259. Die heute gesungene Melodie stammt von dem angesehenen Schweizer Choralforscher Anselm Schubiger OSB (1815-1888); vgl. Michael Klaper, Art. Schubiger, Anselm. In: Lexikon für Theologie und Kirche[3] Bd. 9, Sp. 272.

65 Görres, Marienlieder (wie Anm. 63), S. 11-13; Bäumker-Gotzen, Kirchenlied IV (wie Anm. 44), Nr. 265. Auch zu diesem Text schrieb A. Schubiger (vgl. Anm. 64) die Melodie.

66 Görres, Marienlieder (wie Anm. 63), S. 63-65; Bäumker-Gotzen, Kirchenlied IV (wie Anm. 44), Nr. 263.

67 Görres, Marienlieder (wie Anm. 63), S. 127 f. und 31 f.; das Lied „Wir ziehen zur Mutter der Gnade“ vertonte A. Schubiger OSB (vgl. Anm. 64).

68 Vgl. Bäumker-Gotzen, Kirchenlied IV (wie Anm. 44), Nr. 238; zum Gesangbuch „Himmelsharfe“ vgl. ebd., S. 207 f. Die starke Berücksichtigung von Marienliedern im Luxemburger Diözesangesangbuch findet ihre Erklärung in der Wallfahrt zur „Trösterin der Betrübten“ in der Kathedrale von Luxemburg; vgl. Andreas Heinz, Die Wallfahrt zu Maria, der Trösterin der Betrübten in Luxemburg. In: Ders., Liturgie und Frömmigkeit (wie Anm. 13), S. 107-122.

grenzenloser Verehrung, von kindlicher Hingabe, vom Verlangen nach mütterlicher Zuwendung, vom Vertrauen auf Mariens Mittlerschaft, von überschwänglichem Lob für die Himmelskönigin, die ihrer „Liebe milde Pracht" (Eichendorff) in die Herzen scheinen lässt und ihre Hände schützend und Segen spendend über ihren Kindern ausbreitet.

c) Rosenkranz-Lieder

Der Rosenkranz ist keine Schöpfung des „Marianischen Jahrhunderts". Seine Anfänge reichen bis ins 13. Jahrhundert zurück.[69] Seit dem ausgehenden 15. Jahrhundert haben die Dominikaner, ausgehend vom Leben-Jesu-Rosenkranz des Trierer Kartäusers Dominikus von Preußen († 1460)[70], die heutige Form mit 15 Gesätzen verbreitet. Von Anfang an förderten die Päpste das Gebet. Keiner tat dies nachdrücklicher als Leo XIII. (1878-1903). Von seinen 16 Rosenkranz-Enzykliken und der Einrichtung des „Rosenkranz-Monats" Oktober war bereits die Rede. In diesem Kontext einer neu entfachten Begeisterung für den Rosenkranz ist das Lied „Rosenkranzkönigin, Jungfrau voll Gnade" entstanden.[71] Der Herausgeber des einflussreichen Gesangbuchs „Cantate", der Mainzer Gymnasialdirektor Heinrich Bone, schuf ein an der Drei-Einheit des „freudenreichen", „schmerzhaften" und „glorreichen" Rosenkranzes orientiertes Rosenkranzlied, das 1897 in das Diözesangesangbuch von Münster aufgenommen wurde. Über das Gesangbuch „Psälterlein"

69 Vgl. als Erstinformation zur Entwicklung des Leben-Jesu-Rosenkranzes: Andreas Heinz, Art. Rosenkranz. In: Theologische Realenzyklopädie, Bd. 29, S. 403-407; Ders., Art. Rosenkranz III. In: Lexikon für Theologie und Kirche^3 Bd. 8, Sp. 1303-1305; ausführlich Ders., Entstehung (wie Anm. 36).

70 Vgl. Rainer Scherschel, Der Rosenkranz – das Jesusgebet des Westens. Freiburg u. a. 1979, ^{2}1982.

71 Das Lied ist bei Bäumker-Gotzen (wie Anm. 44) nicht erfasst. Der Text stammt von Joh. Bapt. Taftratshofer, die Melodie von Michael Haller (1901). Es findet sich bis in die Gegenwart in den Diözesananhängen zum „Gotteslob" folgender Bistümer: München (Nr. 859), Passau (Nr. 932), Regensburg (Nr. 903), in Österreich außer Wien in allen Diözesen; vgl. Paul Nordhues/Alois Wagner (Hrsg.), Redaktionsbericht zum Einheitsgesangbuch Gotteslob. Paderborn/Stuttgart 1988, S. 1027.

des Jesuiten Joseph Mohr erreichte das Lied eine weite Verbreitung.[72]

Ich breche die Bestandsaufnahme hier ab. Sie ist nicht lückenlos. Aber sie genügt, um einen Eindruck von der Art des Marienlobs jener Epoche zu vermitteln. Seine Ausgrenzung im „Gotteslob" hat manche zur „Selbsthilfe" greifen lassen. Es gibt Privatsammlungen und „Pfarranhänge" zum „Gotteslob", die dafür sorgen, dass die Marienlieder des 19. Jahrhunderts, von denen nicht wenige ausgesprochene Lieblinge des Volkes sind, weiter gesungen werden. In traditionalistischen Kreisen werden sie mit einem fast sektiererischen Eifer gepflegt.[73]

2. Die Maiandacht

In aller Kürze soll abschließend noch ein Wort zu einer Andacht gesagt werden, deren Blütezeit im deutschen Sprachgebiet mit dem „Marianischen Jahrhundert" zusammenfällt: die Maiandacht. Kurt Küppers hat diesem Thema eine große Studie gewidmet.[74] Die Maiandacht ist unter südlichem Himmel entstanden und zuerst aufgeblüht. Aus Italien, hauptsächlich auf dem Umweg über Frankreich und Belgien, ist sie ins deutsche Sprachgebiet gelangt. 1842 hören wir von der ersten Maiandacht in Aachen.[75] Ein ausstrahlendes Zentrum der neuen Andacht wurde die bayerische Hauptstadt. Nachdem die aus Frankreich gekommenen Schwestern vom Guten Hirten in ihrer Niederlassung Haidhausen bei München 1841 die ihnen von zuhause vertraute Marien-Maiandacht erstmals gefeiert

[72] Vgl. Kurt Küppers, Diözesan-Gesang- und Gebetbücher des deutschen Sprachgebietes im 19. und 20. Jahrhundert. Münster 1987, S. 158.

[73] Viele sind enthalten in dem Gesangbuch „Marienlob" (359 S.), das in der Verlagsdruckerei Josef Kral als Manuskript gedruckt wurde und zu dem der frühere Bischof von Regensburg, Rudolf Graber, am 8. Dezember 1978 ein empfehlendes Vorwort geschrieben hat: Marienlob. Lieder- und Gebetbuch für das pilgernde Gottesvolk, hrsg. v. der ACTIO MARIAE in Zusammenarbeit mit dem Institutum Marianum e. V. Regensburg. Abensberg o. J.

[74] Vgl. Kurt Küppers, Marienfrömmigkeit zwischen Barock und Industriezeitalter. Untersuchungen zur Geschichte und Feier der Maiandacht in Deutschland und im deutschen Sprachgebiet. St. Ottilien 1987.

[75] Vgl. ebd., S. 127-135.

hatten[76], wurde die neue Andacht zwei Jahre später in München mit großem Aufwand eingeführt. Ernst August Graf von Reisach, damals Bischof von Eichstätt und später Erzbischof von München und Freising und Kardinal, hielt am Vorabend des 1. Mai 1843 die Predigt zur Eröffnung der Maiandachten.[77] Im gleichen Jahr ließ – wie erwähnt – Guido Görres die Sammlung seiner Mailieder erscheinen. Er hatte sie ein Jahr zuvor in Rom gedichtet, wo er die gefühlvollen italienischen Maiandachten mitgefeiert hatte.

Die verdienstvolle Arbeit von Küppers hat bei der Spurensuche nach den Anfängen der Maiandacht in Deutschland nach meinem Eindruck die Mittlerfunktion einer Landschaft an der Nahtstelle zwischen dem deutschen und französischen Sprachgebiet unterschätzt. Lothringen hat bei der Übernahme eine Pionierrolle gespielt. Einer der ersten und wichtigsten Förderer der Maiandacht in Frankreich war der aus dem lothringischen Longwy im alten Erzbistum Trier stammende Jesuit Pierre Doré (1733-1816).[78] Er hat das italienische Standard-Gebetbuch für die Feier von Maiandachten von Francesco Lalomia SJ (1727-1789) ins Französische übersetzt und es in Nancy drucken lassen. Dort erlebte das Buch mit dem Titel „Mois de Marie ou le Mois de Mai" nach 1787 über 60 Auflagen. In Lothringen wurde die Maiandacht also zuerst heimisch, ehe sie wenige Jahrzehnte später schon in allen Pfarreien Frankreichs gefeiert wurde.

Die Trierer Kirchenprovinz, zu der Nancy als Suffraganbistum gehörte, bestand seit 1801 zwar nicht mehr. Aber die Austauschbeziehungen mit Lothringen brachen nicht ab. Für die Rezeption der Maiandacht im Trierer Raum war von Bedeutung, dass zu Beginn des 19. Jahrhunderts unter Bischof Charles Mannay (1802-1816) lothringische Ordensschwestern sich im Bistum Trier niederließen: die Borromäerinnen aus Nancy. Sie kamen 1810 nach Saarlouis und Trier, 1826 ließen sich auch in Koblenz nieder.[79] Von der spä-

76 Vgl. ebd., S. 115-117.

77 Vgl. ebd., S. 118-121.

78 Vgl. ebd., S. 85-87; Andreas Heinz, Vom Wettersegen im Mai zur Marien-Maiandacht. Wandlungen eines Volksgebetes im Bereich des alten Erzbistums Trier. In: Kurtrierisches Jahrbuch 39 (1999), S. 323-341, bes. S. 333 f.; jetzt auch in: Ders., Liturgie und Frömmigkeit (wie Anm. 68), S. 225-242.

79 Vgl. dazu und zu den folgenden Ausführungen Heinz, Marien-Maiandacht (wie Anm. 78), S. 336-338.

teren ersten Provinzial-Oberin des Trierer Mutterhauses, Sr. Xaveria Rudler[80], wissen wir, dass die Schwestern in diesen deutschen Niederlassungen die aus Lothringen mitgebrachte Maiandacht gefeiert haben. In Berlin, wo die Borromäerinnen 1846 das St. Hedwigs Krankenhaus eröffneten und Sr. Xaveria erste Oberin wurde, erfahren wir von ihr selbst, dass schon im folgenden Jahr in der Krankenhauskapelle die Maiandacht gefeiert wurde.

Sr. Xaveria Rudler hat darüber einen begeisterten Bericht nach Nancy geschickt. Darin finden wir schon fast alle Gestaltungselemente genannt, welche die Maiandacht für viele so anziehend machten: Eine eigens aufgestellte und mit Blumenschmuck umgebene Marienstatue, die gefühlvollen Marienlieder, die während des Maimonats auch die ganze Messe hindurch gesungen wurden, marianische Betrachtungstexte und -gebete speziell für den Maimonat, als krönender Abschluss der Andacht jedes Mal der Eucharistische Segen. In der Regel wurde die Lauretanische Litanei gesungen, auch das ein emotionaler Höhepunkt.

Die Rezeption der Maiandacht auf pfarrlicher Ebene setzt auf breiter Front ein nach der Verkündigung des Dogmas der „Unbefleckten Empfängnis“ 1854. Sie empfängt von daher auch eine starke inhaltliche Prägung. Im Zuge einer nach 1880 im deutschen Sprachgebiet einsetzenden Welle der Lourdes-Rezeption entstehen zahlreiche Nachbildungen von Lourdes-Grotten[81], die dann auch bevorzugte Feierorte von Maiandachten im Freien werden. Die fabrikmäßig in großer Stückzahl hergestellten Lourdes-Madonnen sind fortan in vielen Kirchen der Mittelpunkt des „Maialtars“; auch auf dem häuslichen „Maialtärchen“ steht in der Regel eine Replik der *Immaculata*-Statue von Lourdes.

Man hat im Blick auf das 19. Jahrhundert von einer „Feminisierung“ der Frömmigkeit gesprochen, wofür die ausgeprägte Marienverehrung ein klares Indiz zu sein scheint.[82] Doch die Maian-

80 Vgl. Franz Hamm (Hrsg.), Mutter Xaveria Rudler. Erste Generaloberin der Barmherzigen Schwestern vom hl. Karl Borromäus (Trier) 1811-1886. Trier ^{2}1927.

81 Vgl. Kotulla, Lourdes (wie Anm. 4), S. 245-258.

82 Vgl. Bernhard Schneider, Feminisierung der Religion im 19. Jahrhundert. Perspektiven einer These im Kontext des deutschen Katholizismus. In: Trierer Theologische Zeitschrift 111 (2002), S. 123-147.

dacht war nicht nur Sache der Frauen und Kinder. Schon der oben angeführte Bericht aus Berlin hebt die regelmäßige Teilnahme von Soldaten eigens hervor.[83] Zehn Jahre später heißt es in einem Bericht aus Berlin, dass in den Maiandachten in der St. Hedwigskirche (1858) „Tausende [...] Kopf an Kopf gereiht [...]" dicht die Kirche füllten.[84] Das waren nicht nur Frauen. Noch fehlen seriöse Untersuchungen zum Teilnehmerkreis der Maiandachten. Es sei aber wenigstens hingewiesen auf die gesellschaftspolitische Relevanz dieser Andacht in der Zeit des nationalsozialistischen Kirchenkampfes und auf ihre hohe Akzeptanz in der katholischen Jugendbewegung. Wie die Maiandacht in Frankreich nach 1800 als katholische Gegendemonstration gegen die kirchenfeindliche Revolution erlebt wurde[85], sammelte und stärkte sie in der Zeit des Dritten Reiches die Katholiken gegen die Nazi-Propaganda.

Als die deutsche Reichsregierung 1933 den 1. Mai zum Nationalfeiertag erklärte, eröffnete sie damit ungewollt die Möglichkeit, den Marienmonat Mai mit Feiertagsgottesdiensten zu eröffnen.[86] Darin überwogen zunächst noch staatsbejahende Töne. Als die kirchenfeindliche Grundeinstellung des Regimes sich immer deutlicher zeigte, erfuhr die Maiandacht zunehmend eine Umgestaltung zu einer partei- und staatskritischen Demonstration. Aus der Eifelpfarrei Gillenfeld im Kreis Daun haben wir ein zufälliges, aber gut dokumentiertes Beispiel. Dort wurde am 2. Maisonntag (10. Mai) 1936 eine große Lourdes-Grotte auf dem „Kirchberg" in der Mitte des Ortes eingeweiht.[87] Wenige Monate später wurde der Ortspfarrer, Dr. Wilhelm Keller, der den örtlichen Parteigrößen als notorischer Gegner des Nationalsozialismus seit langem ein Dorn im Auge war, von der Bistumsleitung aus der Schusslinie genommen und nach Kripp am Rhein versetzt.[88]

83 Vgl. Heinz, Marien-Maiandacht (wie Anm. 78), S. 337.

84 Vgl. Küppers, Marienfrömmigkeit (wie Anm. 74), S. 278.

85 Vgl. ebd., S. 86.

86 Vgl. ebd., S. 253 f.

87 Vgl. Gillenfelder Pfarrbote, hrsg. v. kath. Pfarramt Gillenfeld. Ostern 1936, Nr. 17, S. 111; August 1936, Nr. 18, S. 109.

88 Vgl. Der Weltklerus der Diözese Trier seit 1800, hrsg. v. Diözesanarchiv. Trier 1941, S. 174.

Ideologisch vorbereitet hatte Pfarrer Keller die Feier durch einen Artikel in der „Mariä-Himmelfahrt-Ausgabe“ 1935 seines Pfarrbriefs (Nr. 15).[89] Er wies darin geistreich und unerschrocken die Angriffe der „als Unglauben“ angeprangerten braunen Propaganda gegen die katholische Marienverehrung in die Schranken. Er krönte seine Zurückweisung mit zwei Erfolgsberichten: Trotz schikanöser Behinderungen hatte die traditionelle Gillenfelder Klausen-Wallfahrt am Dreifaltigkeitssonntag 1935 als triumphale Glaubensdemonstration stattgefunden.[90] Zudem war einen Monat davor Gillenfeld mit einer 60 Mann starken Abordnung bei der diözesanen Männerwallfahrt vertreten gewesen, zu der Bischof Bornewasser nach Klausen eingeladen hatte; dem Aufruf waren an jenem zweiten Maisonntag etwa 20.000 Männer gefolgt.[91]

Die Einweihung der Lourdes-Grotte war eine festliche Maiandacht unter freiem Himmel[92], wobei der Wortlaut der traditionellen Marienlieder im Kontext der Zeit oft einen vom Veranstalter gewiss intendierten Aktualitätsbezug bekam, etwa wenn in „Maria, breit den Mantel aus“ Mariens Schutz erbeten wurde, „bis alle Stürm vorüber gehn“. Besonders die heute aus den Gesangbüchern verschwundene vierte Strophe wurde damals mit Inbrunst gesungen: „Wenn alle Feind zusammen stehn, wenn alle grimmig auf uns gehn, bleib du bei uns, biet du uns Schutz, so bieten wir dem Feinde Trutz!“ Als die Gemeinde nach dem Segen mit dem Allerheiligsten „Wunderschön prächtige“ sang, wurden die Worte „Gut, Blut und Leben will ich dir geben“ wie eine kollektive Marienweihe erlebt, die völlig quer stand zu den damals vom Staat zelebrierten Treueversprechen. Das wurde noch offenkundiger in dem an zentraler Stelle der Feier eingebauten „Weihechor der Jugend an Maria“. Darin ist vom „Schwur unserer Treue“ die Rede. Die Jugendlichen stellen sich Maria zur Verfügung als ihre „Garde“, die entschlossen ist, in geeinter Front, „mutig und kraftvoll für (sie) zu streiten“ und sich von ihr leiten zu lassen.

89 Vgl. Gillenfelder Pfarrbote, hrsg. v. kath. Pfarramt Gillenfeld. Mariä Himmelfahrt 1935, Nr. 15, S. 101 f.

90 Vgl. ebd., S. 102 f.

91 Vgl. ebd., S. 105 f.

92 Vgl. Gillenfelder Pfarrbote, hrsg. v. kath. Pfarramt Gillenfeld. August 1936, Nr. 18, S. 109.

Als nach dem Zusammenbruch der Nazi-Herrschaft sich die verbotenen katholischen Jugendverbände wieder formierten und in der Öffentlichkeit präsentierten, geschah das im Bistum Trier in Form einer Jugendwallfahrt zu den regionalen Marienwallfahrtsorten. Termin war der erste Maisonntag (5. Mai) 1946.[93] Die Klausener Wallfahrtskirche, wo die Jugend aus dem Raum Trier zusammenströmte, war dem Andrang bei Weitem nicht gewachsen. Die nachmittägliche Marienfeier erschien einem qualifizierten Augenzeugen, dem damaligen Trierer Generalvikar Heinrich von Meurers, als eine Kundgebung ungebrochener Glaubensfreude. Eine Woge von Gefühlen bestimmte die Atmosphäre dieser Maiandacht. Die Jugendlichen sangen mit Hingabe die Marienlieder des 19. Jahrhunderts und die überschwänglichen „Grüssauer Marienrufe". Von dem sogenannten Altenberger Marienlied „Nun Brüder sind wir frohgemut", 1935 von Georg Thurmair gedichtet und versteckt gegen den damaligen Feind gerichtet, wurde keine Strophe ausgelassen.[94] Auch der mit Bitten in den Nöten der Zeit angereicherte Rosenkranz hatte einen festen Platz in dieser Maifeier der katholischen Jugend.

IV. Rückkehr zur Normalität

Auf die Hoch-Zeit der liturgischen und volksfrommen Marienverehrung im „Marianischen Jahrhundert" folgte unerwartet rasch eine Rezession. Sie wird vielfach mit dem Zweiten Vatikanischen Konzil und seiner Liturgiereform in Verbindung gebracht, setzte aber tatsächlich schon in den 50er-Jahren ein.

[93] Vgl. Andreas Heinz, Evangelisierung durch die Liturgie. Jugendgottesdienste in Trier zur Zeit des NS-Kirchenkampfes und in den Nachkriegsjahren. In: Andreas Heinz u.a (Hrsg.), Wege der Evangelisierung. Trier 1993, S. 147-165, bes. S. 162-164.

[94] Vgl. Kirchenlied. Eine Auslese geistlicher Lieder, Berlin und Freiburg i. Br. 1938, Nr. 96, S. 115 f.; Nachdruck in Görres, Marienlob (wie Anm. 73), Nr. 91, S. 235 f. Zur regimekritischen Funktion von Kirchenliedern vgl. Barbara Stambolis, Die Reihen ... fest geschlossen in hohem Glaubensmut. Zur Rolle von Kirchenliedern unter den Bedingungen des Dritten Reiches und im Zweiten Weltkrieg. In: Jürgen Bärsch/Bernhard Schneider (Hrsg.), Liturgie und Lebenswelt. Studien zur Gottesdienst- und Frömmigkeitsgeschichte zwischen Tridentinum und Vatikanum II. Münster 2006, S. 491-515.

Der an sich höchst erfreuliche ökumenische Aufbruch nach dem Zweiten Vatikanum hat sodann die im Dialog mit den Protestanten noch immer als Hindernis empfundene katholische Marienfrömmigkeit manchen als inopportun erscheinen lassen. Der frühere Regensburger Bischof Rudolf Graber sprach diesbezüglich sogar von einer „marianischen Eiszeit". Tatsache ist, dass die schon vor dem Konzil einsetzenden Schwunderscheinungen sich im Zuge der Rezeption der Liturgiereform verstärkten. Die Maiandacht, die in den meisten Jahren mit der Osterzeit zusammenfällt, erschien zunehmend suspekt, weil sie in Konkurrenz trat mit der aufgewerteten 50-tägigen Osterfeier.[95] Im nachkonziliaren Einheitsgesangbuch „Gotteslob" von 1975 wurde das marianische Liedgut des 19. Jahrhunderts ausgegrenzt.

Der Liturgiereform als solcher kann man keinen marianischen Minimalismus vorwerfen.[96] Entsprechend der Weisung des Konzils (vgl. bes. SC 34 und 111) wurden angesichts der ungebührlich hohen Zahl von verpflichtenden Marientagen lediglich Doppelungen beseitigt; der Vorrang des Herrenjahres wurde wiederhergestellt; ordensspezifische oder bloß regional relevante Gedenktage wurden „der Feier in den einzelnen Teilkirchen, Nationen oder Ordensgemeinschaften überlassen" (SC 111). Dabei ist man aus Pietät gegenüber der volksfrommen Mariendevotion eher nicht konsequent genug verfahren. So ist die Feier von „Mariä Namen" zwar jetzt nur noch im deutschen Sprachgebiet vorgesehen. Dagegen steht die Feier des Skapulierfestes der Karmeliter weiterhin im Kalender der Gesamtkirche, wenn auch bloß als nichtgebotener Gedenktag.

Auf diesen niedrigsten Rang, der die tatsächliche Feier frei stellt, wurden fast alle neuzeitlichen Mariengedächtnisse reduziert. Datumsänderungen sorgten für eine organischere Einordnung der Marienfeste in das Herrenjahr. Die Texte wurden so gefasst, dass der Verdacht einer liturgischen Anerkennung von Privatoffenbarungen nicht mehr aufkommen kann und der vom Konzil im 8. Kapitel seiner Kirchenkonstitution unterstrichene Christusbezug Marias klar ausgesprochen wird.

95 Vgl. Andreas Heinz, Maiandacht gegen Osterfeier? Wenn die Osterzeit und der Marienmonat zusammenfallen. In: Klerusblatt 81 (2001), S. 97 f.

96 Vgl. Kleinheyer, Maria (wie Anm. 9), S. 431-439.

Wenn der Vorwurf einer unterkühlten Mariendevotion in den Jahrzehnten unmittelbar nach dem Zweiten Vatikanum zutreffen sollte, so ist seit einiger Zeit aber deutlich eine gegenläufige Bewegung festzustellen. Der neuerliche Wallfahrts-Boom zeigt sich auch an den Marienwallfahrtsorten. Das Beispiel des pilgernden Papstes Johannes Paul II.[97], der als erster Papst Lourdes und Fatima besucht hat, hat ebenfalls zum „Klimawandel" beigetragen. Auch wenn niemand im Augenblick genau sagen kann, welche Lieder im neuen „Gotteslob" stehen werden, sicher ist, dass das Liedgut des 19. Jahrhunderts nicht mehr übergangen wird. Insofern das in Vorbereitung befindliche Gebet- und Gesangbuch nicht nur Gottesdienst-, sondern auch „Hausbuch" sein möchte, wird es neben den „liturgiefähigen" Marienliedern auch dem liturgieergänzenden marianischen Volkslied Raum geben. Mir scheint, dass wir nach der Hoch-Zeit des „Marianischen Jahrhunderts" und der Abkühlung nach dem Zweiten Vatikanum im Bereich der Marienverehrung gegenwärtig zu einer gesunden Normalität zurückkehren.

[97] Vgl. Peter Leander Hofrichter, Papst Johannes Paul II. an den großen Wallfahrtsorten Europas. In: Ders. (Hrsg.), Marienfrömmigkeit (wie Anm. 2), S. 167-179.

Herbert Uerlings

Maria in der Literatur der deutschen Romantik. Eine (Wieder)-Entdeckung?

Es ist gesagt worden, für die Mariendichtungen sei die Zeit der deutschen Romantik, die Zeit also zwischen dem letzten Drittel des 18. und der Mitte des 19. Jahrhunderts, eine „Brachzeit"[1] gewesen. Das ist falsch. Es gibt in diesen rund 70 Jahren nicht nur ‚Maria in der Dichtung', sondern auch zahlreiche ausgesprochene Mariendichtungen, und zwar sowohl von katholischer wie von protestantischer Seite, darunter durchaus anspruchsvolle und beeindruckende Werke. Damit ist das Fragezeichen hinter dem Titel dieses Beitrags bereits beantwortet: Ja, es gibt in der Romantik zahlreiche Dichtungen, in denen Maria eine mehr oder minder große Rolle spielt, und ‚Maria' war für die deutsche Literatur eine ‚Wiederentdeckung'. Viele dieser Dichtungen wurden von prominenten Autoren verfasst, die Reihe reicht von Herder über Schiller, Goethe, Wackenroder, August Wilhelm und Friedrich Schlegel, Novalis, Hölderlin, Brentano, Eichendorff, Arndt, von Schenkendorf, Uhland, Schwab, Kerner, Rückert bis zu Hebbel, und sie umfasst darüber hinaus zahlreiche heute unbekanntere Namen. Viele dieser Dichtungen sind allerdings wenig bekannt, selbst die gelungenen Werke, und das liegt vor allem daran, dass sie den konfessionellen Liebhabern der Literatur zu freigeistig und den freigeistigen Liebhabern der Literatur zu konfessionell waren.[2]

1 Heinrich M. Köster S.A.C., Die Frau, die Christi Mutter war Bd. 1. Aschaffenburg 1961, S. 154.

2 Die romantische Wiederentdeckung Marias geht zurück auf einen protestantischen Theologen: Herder hatte im 70. Humanitätsbrief (1795) das Verhältnis der modernen zur griechischen Kunst unter Hinweis auf Maria bündig als Fortentwicklung eines unerschöpflichen Keims bestimmt: „Man humanisierte seine Religionsbegriffe; und so trat vor allen andern die gebenedeiete Jungfrau, die Mutter des Weltheilandes in einer eignen Idee hervor, zu der ihr die griechischen Musen nicht halfen." Hans Dietrich Irmscher (Hrsg.), Johann Gottfried Herder. Briefe zur Beförderung der Humanität. Frankfurt/M. 1991; Martin Bollacher u. a. (Hrsg.), Johann Gottfried Herder. Werke in zehn Bänden Bd. 7. Frankfurt/M. 1991, S. 389. Inbegriff dieser Darstellung sind für ihn „Raphaels Marien" – „gewiß die höchsten und reinsten ihrer Art" (ebd. S.

Die Frage nach der „Wiederentdeckung“ zielt natürlich nicht nur auf die Quantität, sondern auch und in erster Linie auf die Qualität. Warum gab es in der Romantik Mariendichtungen, ja sogar eine Renaissance der Mariendichtung? Und: In welchem Sinne handelt es sich dabei um ‚Mariendichtungen‘? Gibt es Besonderheiten romantischer ‚Mariendichtungen‘? So zu fragen, bedeutet sich zu konzentrieren auf das Neue und Spezifische. Es bedeutet auch, sich auf ‚Mariendichtungen‘ um 1800 zu konzentrieren. Das aber bedeutet: es wird vor allem um protestantische Mariendichtung gehen, denn wenn protestantische Dichter, und dabei handelt es sich um die Crème de la Crème der deutschen Literatur um 1800, wenn also protestantische Dichterphilosophen plötzlich Mariendichtungen verfassen, dann darf man erwarten, dass diese Mariendichtungen als Antworten auf eine wirklich durchdachte Problemlage, eine philosophisch-religiös interpretierte Problemlage zu verstehen sind.

I. Krise und Kairos

Warum also ‚Mariendichtungen‘ um 1800? Die Mariendichtungen sind Teil einer religiösen Aufladung der deutschen Literatur um 1800 durch die Romantik. Diese religiöse Aufladung ist aus der Sicht der Romantiker die Antwort auf eine Krisensituation. ‚Krise‘ wird dabei im medizinischen Sinne verstanden: als Zustand, in dem sich die Dinge zuspitzen und sich entscheidet, ob eine Entwicklung einen guten oder einen schlechten Verlauf nimmt. Vor allem bis 1800 ist deshalb mit ‚Krise‘ häufig zugleich ‚Kairos‘ gemeint.

Als Zeit der ‚Krise‘ gilt die eigene Zeit, insofern sie als ‚Moderne‘ verstanden wird, als Beginn von etwas grundlegend Neuem. Das wird einerseits positiv bewertet, hier ist Romantik durchaus ganz Aufklärung: ‚Moderne‘ bedeutet für die Romantiker die Erfahrung

390), denn hier verband sich für Herder Göttliches und Menschliches, Geistigkeit und Sinnlichkeit auf eine anschauliche, gleichwohl aber die Differenz festhaltende Art und Weise. Damit ist vor allem die Sixtina gemeint: „Jene Glorreiche selbst, die, das Kind im Arm, über den Wolken schwebet, kennet sich selbst nicht und ist in einer sanften Verwunderung über die Hoheit, die ihr zu Teil wird.“ (ebd.) Herders Ausführungen stehen am Beginn der romantischen Raffael-Begeisterung.

der Dynamisierung und Beschleunigung aller Lebensverhältnisse, die Entdeckung der Geschichte, die Verzeitlichung auch aller Prozesse der Normbegründung, ‚Moderne' bedeutet Entdeckung der Subjektivität und Individualität, ‚Moderne' bedeutet die Befreiung der Künste, der Wissenschaften, der Religion, der Philosophie, der Politik und des Alltagslebens von längst unhaltbar gewordenen Ordnungsstrukturen – mit einem Wort: Moderne bedeutet Freiheit und Autonomie. Dem stehen jedoch als nicht minder gravierend empfundene Verluste gegenüber, die an der ‚Legitimität' der Neuzeit zweifeln ließen. Als zentrales Problem gilt die fehlende Einheit angesichts der Ausdifferenzierung gesellschaftlicher Teilbereiche: in der Politik deligitimierte die Trennung von Moral und Politik politisches Handeln und politische Strukturen, die Französische Revolution hatte nicht unbedingt die Demokratie als eine Staatsform empfohlen, unter der sich Wahrheit und Moralität oder auch nur politische Stabilität leichter durchsetzen ließ, und dem von den Koalitionskriegen geschüttelten Europa fehlte ein Weg zu einer dauerhaften Friedensordnung; in den Wissenschaften gab es zwar eine explodierende Fülle neuer Einzelbeobachtungen, aber keine Vorstellung mehr von der Einheit der Natur, in der Ökonomie drohte die Behandlung aller Gegenstände nur noch als Waren den eigentlichen Zweck, die ‚Beförderung der Kultur', vergessen zu machen, die Philosophie mühte sich vergeblich, die Kluft zwischen theoretischer und praktischer Vernunft zu schließen, zwischen Religion und Philosophie war der Konflikt zwischen Vernunft und Offenbarung entbrannt u. a. m. – kurzum: die Moderne war nicht nur unvermeidlich und unverzichtbar, sondern sie hatte auch Kehrseiten, ohne deren Lösung, wie Friedrich von Hardenberg (Novalis) einmal sagt, die Krise permanent bleiben würde. Die Aufgabe bestand darin, einen Begriff von „ächte[r] Freiheit"[3] zu entwickeln, der es erlaubte, Einheit und Vielheit zu verbinden.

Eben dies ist mit ‚Romantik' gemeint: „ächte Freiheit". Das ist

[3] Richard Samuel (Hrsg.), Novalis. Schriften. Die Werke Friedrich von Hardenbergs Bd. 3. Stuttgart u. a. ^{3}1993, S. 524. Weitere Zitatnachweise aus dieser Ausgabe im Folgenden im fortlaufenden Text unter der Sigle „N" nach dem Muster „(N Bandzahl, Seite: Nr. einer Aufzeichnung)"; zitiert wird nach der dritten Aufl. (Bd. 1: 1977, Bd. 2: 1981, Bd. 3: 1983), Bd. 4 wird nach der 2. Aufl. 1998 zitiert.

natürlich, wie schon die Diagnose der ‚Krise', Fortführung der europäischen Aufklärung: Steuerung von Geschichte und Gesellschaft durch die Idee der Freiheit, eine Idee der Vernunft. Durch ihre ‚Romantisierung' sollten die im Prozess der Moderne nicht nur ausdifferenzierten, sondern auch voneinander isolierten gesellschaftlichen Teilbereiche Kunst, Philosophie, Religion, Wissenschaft, Politik, Geschichte und Alltagswelt in eine lebendige Beziehung zueinander gesetzt, re-integriert werden.

Die zentralen theoretischen Texte der Frühromantik, Friedrich Schlegels Rede über die Mythologie, Friedrich von Hardenbergs Europa-Rede, Hölderlins Urtheil und Seyn, das in der Handschrift Hegels überlieferte Aelteste Systemprogramm des deutschen Idealismus etc. kreisen alle um diesen Punkt: die Verbindung von Einheit und Freiheit im Zeichen einer ‚Neuen Mythologie', einer Mythologie der Vernunft.

Als die beiden ‚ausgezeichneten' Medien, denen eine solche Re-Integration zugetraut wurde, galten die Kunst und die Religion, und hier vor allem das Christentum. Die Romantik konstituiert sich ja wesentlich dadurch, dass sie sich in einem mit dem Mittelalter beginnenden europäisch-christlichen Traditionszusammenhang sieht, den sie immer wieder von der Antike abgrenzt: Mit dem Christentum sei etwas Neues in die Welt gekommen. An die Stelle des antiken Nebeneinanders von Göttern und Menschen sei mit Christus, dem für die Menschen leidenden Gottessohn und Mittler, die Auffassung von der Gottebenbildlichkeit des Menschen getreten, die Entdeckung des Unendlichen im Menschen. Außerdem verbanden die Frühromantiker mit dem Christentum eine Dynamisierung der Geschichte, die es erlaubte, die eigene Gegenwart als Zeit zwischen einem verlorenen und einem wiederzugewinnenden Paradies aufzufassen. Die behauptete Überlegenheit einer romantisch-christlichen Epoche wird deshalb im Kern damit begründet, dass erst die nachantike Religion Grunderfahrungen der Moderne (vor allem die Aufwertung des Subjekts) zum Ausdruck bringe.

Denn die Frühromantiker waren Aufklärer auch darin, dass sie versuchten, Religiosität im Anschluss an Positionen der Aufklärung (Lessing, Kant) auf dem Reflexionsstand der 1790er Jahre neu zu denken. Die Herausforderung lag in der transzendentalphilosophischen Kritik am traditionellen Modell der Offenbarung, das zum preußischen Religionsedikt von 1788, zur Zensur von Kants Religionsschrift (1793), zum Atheismusstreit und zur Entlassung Fichtes aus dem Universitätsdienst geführt hatte. Das Grundproblem, die Unvereinbarkeit zwischen Offenbarung und Vernunft, also moralischer Freiheit, wird dahingehend zu lösen gesucht, dass Religiosität primär als Selbsterfahrung des Unbedingten im eigenen Ich gedeutet wird. Den von Kant der Erfahrung gezogenen Grenzen wird dadurch Rechnung zu tragen gesucht, dass die Romantiker diese Selbsterfahrung nicht allein aus der Vernunft, sondern auch aus der Phantasie herleiteten, die es mit eigenen Setzungen und Bildern des Unbedingten zu tun habe. Vor diesem Hintergrund konnten dann auch die positiven Religionen bzw. die überlieferten Offenbarungstexte als Ausdruck des Wegs der Menschheit zum Begreifen der eigenen Subjekthaftigkeit verstanden werden.

Friedrich von Hardenberg entwickelt diese Zusammenhänge in seiner Europa-Rede. Zum gezielt idealisierenden Bild des Frühmittelalters, das der Sprecher der Rede entwirft, gehört eine als Volksfrömmigkeit lebendige Mittlerreligion, die sich als Verehrung von Reliquien, Märtyrern und Heiligen manifestierte, vor allem aber als Marienverehrung, als allgegenwärtige „Liebe zu der heiligen, wunderschönen Frau der Christenheit, die mit göttlichen Kräften versehen, jeden Gläubigen aus den schrecklichen Gefahren zu retten bereit war“ (N III, 507). Diese Mittlerreligion antizipiert die als Antwort auf die Krise um 1800 geforderte neue Religion, diese aber soll zugleich etwas enthalten, was das Christentum bislang noch nicht enthielt „ächte Freiheit“ (N III,524). Erst ein frühromantisch interpretiertes Christentum, bei dem grundsätzlich alles geheiligt oder, wie der romantische terminus technicus lautet, ‚romantisiert‘ werden kann, – erst ein so verstandenes Christentum genügt dann nach frühromantischer Überzeugung den Anforderungen einer Religion unter den Bedingungen der Moderne.

In diesem Sinne wird bereits in der Europa-Rede reger Gebrauch von der „ächte[n] Freiheit“ gegenüber der theologischen Orthodoxie gemacht, vor allem bei der abschließenden bündigen Bestimmung dessen, was denn das Christentum eigentlich sei: „Das Christenthum ist dreifacher Gestalt. Eine ist das Zeugungselement der Religion, als Freude an aller Religion. Eine das Mittlerthum überhaupt, als Glaube an die Allfähigkeit alles Irdischen, Wein und Brod des ewigen Lebens zu seyn. Eine der Glaube an Christus, seine Mutter und die Heiligen. Wählt welche ihr wollt, wählt alle drei, es ist gleichviel, ihr werdet damit Christen und Mitglieder einer einzigen, ewigen, unaussprechlich glücklichen Gemeinde" (N III,523).

Bei dieser dreifachen Gestalt des Christentums handelt es sich in Wahrheit um eine frühromantisch inspirierte Zukunftsreligion, bei der das Mittlerprinzip im Zentrum steht, d. h. bei der grundsätzlich alles Irdische geheiligt – oder wie der poetologische terminus technicus lautet: ‚romantisiert' – werden kann. Novalis spricht in seinen Randbemerkungen zu Friedrich Schlegels ‚Ideen' von einer „heiligen Revolution" (N III,493), darin gehe es um einen „Messias im Pluralis" (N III,493), der „in tausend Gliedern zugleich" (N III,519) empfangen werden soll. Die Abgrenzung des Christentums von den übrigen Religionen wird aufgelöst, und die christliche Religion als „symbolische Vorzeichnung einer allgemeinen, jeder Gestalt fähigen, Weltreligion" (an Just, 26.12.1798; IV,272) bezeichnet. Dadurch wird – auch innergesellschaftlich – die Möglichkeit eines religiösen Pluralismus eröffnet, und es wird deutlich, warum und inwiefern die Frühromantiker dem Christentum eine zentrale Rolle einräumen: Es geht nicht nur um den Bekanntheitsgrad der christlichen Mythologie, d. h. die Tatsache, dass es sich um eine bereits etablierte und deshalb für eine Gemeinschaftsstiftung besonders gut geeignete Kollektivsymbolik handelt, sondern es geht vor allem darum, dass das Christentum, jedenfalls ein frühromantisch interpretiertes, nach Hardenbergs Überzeugung wie keine zweite Religion wesentliche Prinzipien der Moderne verkörpert: Selbstreflexivität, geistige Freiheit, unendliche Perfektibilität und die Relativität der dogmatischen und institutionellen Form. Das sind Kriterien moderner Religiosität, die, aus der Sicht der Frühromantiker, in den philosophisch-theologischen Debatten der 1790er Jahre entwickelt wurden und an denen sich die historischen Gestalten und Formen des Christentums wie jede andere Form von Religiosität messen lassen muss. Zur Modernität des Christentums gehört aus frühromantischer Sicht, dass es seine historische Gestalt überschreitet und neue Religionen und neue Offenbarungen hervortreibt.

Die frühromantische Mittlerreligion ist also eine Antwort auf die religiöse Situation der 1790er Jahre, d. h. den Streit um das Verhältnis von Vernunft und Offenbarung, und der Versuch einer modernen Antwort auf die Säkularisierung. Die Mittlerreligion vermittelt geistige Autonomie mit Transzendenz, indem sie im Bewusstsein hält, dass die symbolische Vergegenwärtigung des Absoluten nicht dessen Real-Präsenz bedeutet und deshalb unendlich viele Offenbarungen möglich sind.

Die Mittlerreligion und ihre ‚Neue Mythologie' sind aber auch zu verstehen als Lösungsvorschlag für Probleme der zeitgenössischen (Natur-)Wissenschaften. Der frühromantische Vorschlag, den von der Metaphysik nicht zu lösenden Konflikt zwischen rationalem Deismus und Pantheismus dadurch zu lösen, dass die Erscheinungen als Vermittlung von Transzendenz und Immanenz verstanden werden, erfolgte unter Rückgriff auf die platonistische Auffassung von der „großen Kette der Wesen", die mit der Vorstellung von der „unendlichen Perfektibilität" verbunden wurde.[4]

Das wichtigste Medium einer so verstandenen religiösen Darstellung und Erfahrung aber wird die Kunst. Sie tritt insofern an die Stelle der Religion, als sie selbst Vergegenwärtigung des Unbedingten in der Phantasie, poetische Konstruktion der Einheit von Immanenz und Transzendenz, Darstellung der Erscheinung des Absoluten in Natur und Geschichte ist. Diese Systemkonkurrenz von Kunst und Religion lässt die etablierten Offenbarungsreligionen nicht unberührt: „Das Xstenthum ist durchaus historische Religion, die aber in die Natürliche der Moral, und die Künstliche der Poesie, oder die Mythologie übergeht" (N III,667:607).[5] Von Mythologie kann Novalis sprechen, weil es um die Versinnlichung von Ideen

[4] Vgl. Arthur O. Lovejoy, Die große Kette der Wesen. Geschichte eines Gedankens [1933]. Frankfurt/M. 1993; Panajotis Kondylis, Die Aufklärung im Rahmen des neuzeitlichen Rationalismus. München 1986, und, prägnant zusammenfassend und auf die Fortsetzung der Aufklärung hinweisend, Ludwig Stockinger, Die Auseinandersetzung der Romantiker mit der Aufklärung. In: Helmut Schanze (Hrsg.), Romantik-Handbuch. Stuttgart 1994, S. 79-105, hier: S. 95-97.

[5] Vgl. die Aufzeichnungen „Über die mögliche Mythologie (Freyes Fabelthum) des Xstenthums, und seine Verwandlungen auf Erden" (N III,666:604) und „In den Evangelien liegen die Grundzüge künftiger und höherer Evangelien" (N III,669:609).

geht, von ‚neuer' Mythologie ist die Rede, insofern Erscheinung und Idee nicht zusammenfallen, sondern so aufeinander bezogen werden, dass die Erscheinungswelt zum Mittler, zum Symbol oder zur Allegorie wird.

Das ist gemeint mit der anschaubaren Einheit von Erscheinungswelt und Idee in der stetigen Bewegung der Erscheinungen. Während die dichterischen Texte solche Epiphanien des Absoluten inszenieren, wird in der Europa-Rede die historische Religion, das Christentum, poetisiert oder, wenn man so will, romantisiert: Seine Entwicklung, insbesondere die Entstehung des Konfessionsgegensatzes, wird gedeutet als Prozess der Herausbildung einer neuen, frühromantischen Mittlerreligion, die Vernunft und Offenbarung sowie die transzendentalphilosophische Sicherung der Subjektautonomie und die Möglichkeit der Heiligung der gesamten Erscheinungswelt vereinbaren will.

Das aber sind zugleich die Grundstrukturen der frühromantischen Poesie. An ihnen muss sich messen lassen, was als Religion will auftreten können. Nach der Überzeugung der Frühromantiker kann das Christentum sich daran messen, insofern es sich selbst als die ‚ausgezeichnete' Mittlerreligion verstehen lässt. Dennoch gilt die selbstbewusste Vermischte Bemerkung Nr. 108: „Wenn der Geist heiligt, so ist jedes ächte Buch Bibel" (N II,462:108). Das ist die Rechtfertigung der frühromantischen Kunstreligion.

Aus dem bislang Ausgeführten ergeben sich drei Konsequenzen für die (früh-)romantische ‚Wiederentdeckung' Marias: (1.) Bei der Maria der deutschen Romantik handelt es sich nicht einfach um eine Wiederentdeckung, sondern man kann mit gleichem Recht sagen: Die romantische Maria ist eine romantische Erfindung. (2.) Wenn nicht Christentum, sondern Modernität das zentrale Kriterium ist, und ‚Modernität' weniger einen zeitlichen als einen typologischen Index hat, dann können prinzipiell auch nicht-christliche Religionen ‚modern' sein, nicht nur Judentum oder Islam, sondern auch die Antike oder die germanischen Götter. (3.) Die Verbindung von Kunstreligion und Modernität ist eine protestantische Angelegenheit und diese Form von Re-Katholisierung konnte es nur in der genannten Krisensituation geben. Nach 1800, als sich abzeichnete, dass ‚Moderne' die Permanenz implizierte, bedeutete auch ‚Re-Katholisierung‘ etwas ganz anderes. Die folgenden Ausführungen beschränken sich auf die unter (1) und (2) genannten Aspekte. Die Entwicklung nach 1800, und damit auch die Mariendichtungen katholischer Dichter wie Eichendorff oder Maria in Werken anderer protestantischer Autoren wie Goethe oder Kleist, kann hier aus Gründen des Umfangs nicht dargestellt werden.

II. Raffael

Schon die romantische Begründung der Macht der Kunst findet vor einem Bild statt: Mit Blick auf Raffaels Sixtina, die viele Romantiker in Dresden bewundert haben und die im Mittelpunkt zahlreicher Dichtungen steht, vor allem von Wackenroders Herzensergießungen eines kunstliebenden Klosterbruders und August Wilhelm Schlegels Gemälde-Gespräch, bei dem sich an das Gespräch über die Sixtina ein ganzer Zyklus von Mariendichtungen anschließt.[6] Dreh- und Angelpunkt des romantischen Blicks auf Raffaels Gemälde ist die Wirkung, die von diesem Bilde ausgeht. Sie wird als Erscheinung des Göttlichen in der Kunst gedeutet, genauer: als geglückte Auflösung des Problems, in der Kunst Göttliches im Individuell-Menschlichen zur Erscheinung zu bringen.

Den Ausgangspunkt solcher Darstellung des Göttlichen bildet die Selbstanschauung im eigenen Ich.

Das ist der Sinn der romantischen Raffael-Legende, die dieses Bild im 19. Jahrhundert zur Ikone werden ließ, der Topos der übernatürlichen Entstehung des Kunstwerks, wonach Raffael, als er sich um dieses Gemälde mühte, Maria erschienen sei und ihr inneres Bild die Vollendung des äußeren Bildes ermöglicht habe.

Das wird, in absichtsvoller Innigkeit und Schlichtheit, z. B. bei Novalis gestaltet, der sich wie kein zweiter Romantiker mit der Figur Marias auseinandergesetzt hat:

6 Für die erste Hälfte des 19. Jahrhunderts sind 17 Dichter (von 38 insgesamt) bekannt, die die Sixtinische Madonna bedichteten, unter ihnen August Wilhelm Schlegel, Novalis, Theodor Körner, Sophie Mereau-Brentano, Arthur Schopenhauer (Auf die Sixtinische Madonna), Zacharias Werner, in wenigen Versen auch Goethe (Einer hohen Reisenden); vgl. Gisbert Kranz, Gedichte über die Sixtinische Madonna. In: Zeitschrift für Kunstgeschichte 44 (1981), S. 159-170, S. 166.

Ich sehe dich in tausend Bildern,
Maria, lieblich ausgedrückt,
Doch keins von allen kann dich schildern,
Wie meine Seele dich erblickt.
Ich weiß nur, daß der Welt Getümmel
Seitdem mir wie ein Traum verweht,
Und ein unnennbar süßer Himmel
Mir ewig im Gemüthe steht (N I,177).

Das Gedicht ist von prononcierter Schlichtheit, denn es zielt auf unmittelbare Verständlichkeit, Innigkeit, emotionale Bewegtheit des Lesers. Der hier von der Undarstellbarkeit spricht, macht nicht viele Worte, und die wenigen, aus denen das Gedicht geformt ist, erzeugen einen ganz auf Innerlichkeit gestimmten Ton: einfache, an die Prosa angelehnte Syntax, die sich der ebenfalls einfach gebauten Volksliedstrophe einfügt: ein Vierzeiler mit 4hebigem Jambus, Kreuzreim und wechselnder Kadenz. Auch die Wortwahl bleibt schlicht, hier wie auch in anderen ‚Mariengedichten' meidet Novalis die in der katholischen Liturgie geläufigen lobenden und preisenden Wendungen. So gelingt es Novalis in seinen Geistlichen Liedern den „einfachen Ausdruck der Wehmuth und Sehnsucht" (I,214) nach einer erlösenden Gottheit transparent werden zu lassen, die in den Mittlergestalten der Maria, aber vor allem in der Gestalt Christi als messianischem Kind, leidendem Gott und Bräutigam ihre Symbole finden.

‚Schlicht' bedeutet jedoch auch im vorliegenden Gedicht nicht kunstlos, das ließe sich an den Adjektiven ‚lieblich' und ‚süß' zeigen, aber auch die Syntax ist bedeutungsvoll. Das Lied beginnt mit dem Wort „Ich". Das unterscheidet dieses Marienlied vom mittelalterlichen Hymnus, der die Beziehung zwischen der Heiligen Jungfrau und dem Ich (oder dem Wir) in den gebethaften Mittel- oder Schlusspartien zum Ausdruck bringt, und von anderen religiösen Liedern, die, wenn sie denn vom Ich sprechen, sich von diesem weg auf die zu preisende Gottheit zu bewegen. Wenn denn überhaupt eingangs von einem ‚Ich' die Rede ist, so wird es durch eine Inversion abgeschwächt, wie in Luthers „Aus tiefer Not schrei ich zu Dir".

Kurzum: ‚Ich' am Beginn einer Marienhymne ist romantisch-modern.[7]

Romantisch ist hier außerdem die Betonung der Anschauung Gottes als einer inneren Offenbarung des Gefühls, wie sie auch Schleiermacher in seinen Reden über die Religion darlegte – ein Konzept, das, wie bereits erwähnt, die in der Aufklärungstheologie nicht gelöste Antinomie von Vernunft und Offenbarung und die Frage nach der Autonomie des sie erlebenden Subjekts beantworten sollte. Die Frühromantiker – namentlich Novalis, Friedrich Schlegel, Hölderlin, Friedrich Jacobi und der junge Hegel – hatten in der Auseinandersetzung mit Kant und Fichte eine eigene Bewusstseinstheorie entwickelt. Diese entdeckt in der inneren Anschauung des Ichs ein Selbstgefühl, das jeder Reflexion vorausgeht und eine absolute Identität von Subjekt und Objekt offenbart. Nicht Selbstreflexion, sondern Selbstanschauung bildet den höchsten Punkt der Philosophie. Diese Selbstanschauung des Intellekts nannten sie ‚intellektuale Anschauung'. Dieser Vorstellung entspricht, dass im vorliegenden Gedicht die Anschauung des Unendlichen so vollständig in die Innerlichkeit hineingenommen wird, dass sie im Innern des Gemüts (der Gesamtheit der inneren Vermögen) anschaubar und präsent, aber nach außen hin nicht darstellbar ist. In diesem Sinne ist Poesie nicht abbildend-mimetisch, sondern „Gemütherregungskunst" (N III,639:507), sie will keine äußeren Bilder liefern, sondern innere Bilder erzeugen.

Auch Hardenbergs eigenes Gedicht enthält, obwohl der Eindruck eines echten Sehens und eines höheren Bildes entsteht, dieses Bild nicht. Statt dessen wird eine Reihe von Inversionen entworfen: zwischen äußerer und innerer Anschauung, zwischen Welt und Seele, zwischen Endlichkeit und Unendlichkeit, Vergänglichkeit und Ewigkeit, Traum und Wirklichkeit, zwischen Ausdruck und Eindruck, zwischen Sprechen und Verstummen. Das Gedicht selbst wiederholt diese Bewegung, es ist formal geschlossen und will gera-

[7] Das hat schon Maria Bindschedler benannt, ohne es jedoch erläutern zu können: „‚Ich' als selbständiges Wort an solcher Stelle ist deutsch, neuzeitlich und, man darf wohl sagen, romantisch." (Maria Bindschedler, Gedanken zur Marienlyrik des Mittelalters und der Romantik. In: Dies., Mittelalter und Moderne. Gesammelte Schriften zur Literatur. Bern/Stuttgart 1985, S. 355-366, hier S. 362).

de durch seine Geschlossenheit den Leser öffnen, ihn in Bewegung bringen, seine unendlichen Augen öffnen für eine analoge Selbstbewegung, also für den ‚Maria' genannten ‚Himmel' im eigenen Gemüt.

Das alles muss man nicht wissen. Man soll es erfahren. Wir wissen nicht einmal, ob dieses Lied zu den für ein Gesangbuch konzipierten Geistlichen Liedern Hardenbergs gehört oder zu den Fortsetzungsplänen seines Romans Heinrich von Ofterdingen, d. h. in den Kontext einer erfundenen mittelalterlichen Marienfrömmigkeit. Viel wichtiger ist denn auch etwas anderes: dieses Gedicht ist in allen genannten Kontexten unmittelbar verständlich. Das ist das Raffinierte daran. Es ist der geglückte Versuch einer Verbindung alter und neuer, frühromantischer Mythologie.

III. Hymnen an die Nacht

Wesentlich riskanter und spannungsreicher, freilich auch wesentlich erfolgreicher, war eine andere Verbindung von alter und neuer Mythologie: Hardenbergs Hymnen an die Nacht, die bis heute zum Kernbestand der deutschen Romantik gehören.[8] Mit den Hymnen an die Nacht wird der frühromantische Mythos der ‚Nachtbegeisterung' erfolgreich etabliert, jene Mittler-Religion, in der Rauschmittel wie Alkohol, Bittermandelwasser und Opium als eben so „himmelöffnend" (N 135) bezeichnet werden wie die Erotik, die christliche Religion – und eben jener vor allem in der dritten Hymne entworfene Privatmythos, in dem die eigene verstorbene Braut des Dichters, Sophie von Kühn, Mittlerin zum Absoluten wird. In der zuletzt genannten Analogiebildung liegt denn auch die eigentliche Provokation dieser Hymnen. Novalis hat sie kurz und treffend auf die Formel gebracht: „Xstus und Sophie" (N IV,48).

‚Mutter Nacht' ist bei Novalis die Sphäre, die alles mit allem verbindet. In ihr wird die Analogie (wenn nicht Gleichsetzung) von Maria und Geliebter, Spiritualität und Erotik gestiftet, die zu einer Sakralisierung der Erotik und einer Erotisierung des Sakralen und

[8] Die Hymnen an die Nacht werden im Folgenden zitiert nach dem Druck in N I,130-157.

damit zu einer In-Beziehung-Setzung, Vertauschung und Auflösung auch aller anderen Oppositionen führt und so das Grundprinzip romantischen Dichtens realisiert: „Indem ich dem Gemeinen einen hohen Sinn, dem Gewöhnlichen ein geheimnißvolles Ansehn, dem Bekannten die Würde des Unbekannten, dem Endlichen einen unendlichen Schein gebe so romantisire ich es – Umgekehrt ist die Operation für das Höhere, Unbekannte, Mystische, Unendliche – dies wird durch diese Verknüpfung logarythmisirt“ (N II,545:105).

Bereits zu Beginn wird die personifizierte ‚Mutter Nacht‘ über die Madonna mit der christlichen Mythologie verbunden:

> Abwärts wend ich mich zu der heiligen, unaussprechlichen, geheimnisvollen Nacht. […] Hast auch du ein Gefallen an uns, dunkle Nacht? Was hältst du unter deinem Mantel, das mir unsichtbar kräftig an die Seele geht? Köstlicher Balsam träuft aus deiner Hand, aus dem Bündel Mohn. Die schweren Flügel des Gemüths hebst du empor (N I,131).

Dieses Bild der ‚heiligen, unaussprechlichen, geheimnisvollen‘ Nacht enthält zum einen eine Reminiszenz an das antike Bild der Göttin Nacht und ihre beiden Söhne Schlaf und Tod. Die „dunkle Nacht“ erscheint aber zugleich als ‚heilige Nacht‘, im Bild der Schutzmantelmadonna, und die vom Ich der Hymnen erfahrene Initiation offenbart das Zugleich von Mutter und Geliebter:

> Dunkel und unaussprechlich fühlen wir uns bewegt – ein ernstes Antlitz seh ich froh erschrocken, das sanft und andachtsvoll sich zu mir neigt, und unter unendlich verschlungenen Locken der Mutter liebe Jugend zeigt (N I,133).

Die Prosaverse werden – unauffällig, aber wirksam – durch den Kreuzreim mit wechselnder Kadenz strukturiert, der auch das oben zitierte Marienlied des Novalis geformt hatte (erschrocken/ Locken, neigt/ zeigt). Es ist gut möglich, dass außerdem das „ernste Antlitz“ eine Reminiszenz an den Gesichtsausdruck der Sixtina enthält. Auch kehrt die vor dem Bilde erfahrene Initiation wieder: „die unendlichen Augen, die die Nacht in uns geöffnet“ sehen einen zuvor verborgen gebliebenen „höheren Raum“.

Die Offenbarung wird zugleich als erotische Szenerie dargestellt: Die als „Weltkönigin“ apostrophierte „Mutter Nacht“ habe dem Ich der Hymnen eine „zarte Geliebte – [eine] liebliche Sonne der Nacht“ gesandt, mit der der Sprecher erotisch verschmelzen möchte: „du hast die Nacht mir zum Leben verkündet – mich zum Menschen gemacht – zehre mit Geisterglut meinen Leib, daß ich luftig mit dir inniger mich mische und dann ewig die Brautnacht währt“ (I,133).[9]

Diese erotisch-religiöse Grundkonstellation wird in den folgenden Hymnen weiter ausgearbeitet, d. h. die Spannung zwischen dem zeitlosen Augenblick der Offenbarung und der Zeitlichkeit des Lebens, zwischen Nacht- und Tagwelt kommt zu Geltung, ebenso die zwischen privater Offenbarung und überlieferter Offenbarungsreligion, zwischen Tod und Eros; verstärkt wird aber durch strukturelle Parallelen und Analogiebildung deren Austauschbarkeit und die Tendenz zur Allvermischung bis hin zum Beginn der letzten Strophe, an dem Sophie, Maria und Jesus austauschbar werden („Hinunter zu der süßen Braut, / Zu Jesus, dem Geliebten – / Getrost, die Abenddämmrung graut / Den Liebenden, Betrübten“, N I,157). Das letzte Ziel solcher Allvermischung ist die Überwindung des Todes, eine Auferstehung bzw. Neugeburt. Deshalb ist der transzendente Gott der Fluchtpunkt der von ‚Mutter Nacht‘ initiierten Bewegung, und die Hymnen enden mit den Versen „Ein Traum bricht unsre Banden los/ Und senkt uns in des Vaters Schooß“ (N I,157).

Der Sinn dieser Analogie von Privatreligion und christlicher Überlieferung ist der einer wechselseitigen Beglaubigung im Rahmen einer zugleich geschichtsphilosophisch-religiösen Perspektive. Im Hintergrund steht dabei die heilsgeschichtliche Perspektive im Zeichen der Wiederkehr Jerusalems. „Weit und ermüdend ward mir die Wallfahrt zum heiligen Grabe, drückend das Kreutz“ (N I,137), klagt der Sprecher der Hymnen, und auch der Heinrich von Ofterdingen ist als „Wallfahrt zum heiligen Grabe“ (N I,199), als Jerusalem-Roman angelegt. Auch Friedrich Schlegels Gedicht Klagelied der Mutter Gottes[10] endet in Übereinstimmung mit der mittelalter-

[9] In der handschriftlichen Fassung ist die erotische Fassung noch deutlicher: „Wir sinken auf der Nacht Altar/Aufs weiche Lager –/Die Hülle fällt/Und angezündet von dem warmen Druck/Entglüht des süßen Opfers/Reine Glut“ (I,132).

[10] Friedrich Schlegel, Klagelied der Mutter Gottes. In: Ernst Behler (Hrsg.), Friedrich Schlegel. Kritische Friedrich-Schlegel-Ausgabe Bd. 5: Dichtungen.

lichen Tradition mit der Darstellung Marias als himmlischer Burg und Pforte zu Gott.[11]

In den Hymnen an die Nacht wird dieser Zusammenhang in der 5. Hymne entfaltet. Die historisch weit zurück greifende Darstellung folgt hier der romantischen Triade von paradiesischem Ursprung, Zerfall und Erneuerung. Als vergangene glückliche Zeit wird die Antike beschrieben. Dabei greift Novalis auf Hesiods Mythos des goldenen Zeitalters zurück: In der Antike habe eine mythologische Deutung allem einen „menschlichen Sinn" verliehen. Dabei sei aber das Problem dieser Deutung verborgen geblieben: die unzureichende Integration des Todes. Sie führte in einer zweiten Phase, die in der Spätantike angesiedelt wird, zur vollständigen Herrschaft der (rationalistischen) Götterferne.[12] Mit Christi Geburt beginnt schließlich ein neues, drittes Zeitalter:

> Im Volk, das vor allen verachtet zu früh reif und der seligen Unschuld der Jugend trotzig fremd geworden war, erschien mit niegesehenem Angesicht die neue Welt – In der Armuth dichterischer Hütte – Ein Sohn der ersten Jungfrau und Mutter – Geheimnißvoller Umarmung unendliche Frucht (N I,145).

Diese frohe Botschaft will zugleich, das Adjektiv ‚dichterisch' macht es deutlich, als frühromantisch-poetische Botschaft verstanden werden. Den Kern bildet die Entdeckung der inneren Unendlichkeit und damit die Integration des Todes in das Leben: „Im Tode ward das ewge Leben kund, / Du bist der Tod und machst uns erst gesund" (N I,147). Beglaubigt wird dies durch Christi Auferstehung – aber auch durch die Himmelfahrt Mariens: „Die Mutter eilte bald dir nach – in himmlischem Triumf – Sie war die Erste in der neuen Heymath bey dir" (N I,149). Diese Hervorhebung Christi und Marias, aber auch, in anderen Texten, der Heiligen und des Reliquien-

München/Paderborn/Wien 1962, S. 411-421.

11 Vgl. Achim Geisenhanslüke, Aspekte der Marienlyrik um 1800: Schlegel – Novalis – Hölderlin [2002]. In: Goethezeitportal. URL: http://www.goethezeit-portal.de/db/wiss/romantik/geisenhanslueke_marienlyrik.pdf (13.03.2008), S. 11.

12 Auf diese Zeit, nicht auf die eigene Gegenwart, zielt im Übrigen der viel zitierte Satz: „Wo keine Götter sind, walten Gespenster" (N III,520).

kults und anderer Zeichen mittelalterlicher Volksfrömmigkeit, ist auch in den Hymnen an die Nacht zugleich Teil der Debatte über die Legitimität der Neuzeit, der christlichen Moderne. In Schillers moderne-kritischem Gedicht „Die Götter Griechenlandes“, auf das die 5. Hymne antwortet, steht der eine abstrakte Gott, dem die bunte Vielfalt der antiken Götter geopfert werden musste, im Zentrum einer zwar vernünftigen, aber ‚seelenlosen‘ Moderne. Bei Novalis dagegen steht nicht der Vatergott, sondern Christus, das weltlich-göttliche Doppelwesen, der Gott auf Erden im Mittelpunkt, und mit und neben ihm andere Mittler, vor allem Sophie und Maria. Nur deshalb kann hier die Erscheinung Christi als Wiederkehr des antiken Todes-Jünglings und der gesamten antiken Götterherrlichkeit gedeutet werden. Das Christentum setzt auf höherer Ebene die Antike fort. Schillers Gedicht dagegen blendet Christus und Maria völlig aus; nur deshalb konnte dort der Eindruck entstehen, das Christentum sei der vollständige Bruch mit der Antike und habe zur endgültigen Trennung zwischen Immanenz und Transzendenz geführt. Kein Wunder, dass Schiller sich gegen das Missverständnis wehren musste, mit seinem ‚Zerrbild‘ habe er tatsächlich das Christentum gemeint.

In Wahrheit haben Schiller und Novalis mit Rationalismus und Deismus denselben Gegner und sehen beide in der Kunst bzw. in einer ästhetischen Behandlung der Beziehung von Immanenz und Transzendenz den einzig möglichen Weg, den fundamentalen Mangel einer ‚entgötterten Moderne‘ zu beheben. Denn auch bei Novalis wird ja die christliche Religion in die frühromantische ‚Neue Mythologie‘ überführt. Sie ist der systematische Ort der frühromantischen Inszenierungen Christi, der Madonna, der Göttin Isis (in dem Romanfragment Die Lehrlinge zu Sais) und der vielen anderen Mittlerfiguren, allen voran der eigenen Braut Sophie von Kühn. Nicht nur die Madonna, sondern, was hier nicht näher ausgeführt werden kann, auch Christus erscheint in den Hymnen als romantische Mittlerfigur und seine ‚Frohe Botschaft‘ als romantischer Text. Er hat für die Menschheit die Funktion, die für den Sprecher der 3. Hymne die Geliebte und für Novalis Sophie hatte.

Die religionsgeschichtlichen Hinweise sind, das ist offenkundig, nicht eigentlich historisch zu verstehen. Den großen Bruch, der strukturell immer derselbe bleibt, hat Novalis in anderen Texten im Herbst des Mittelalters, in der Reformation oder in der Aufklärung angesiedelt. Das hat mindestens so sehr einen typologischen wie einen zeitlichen Charakter und lässt sich auf den Gegensatz von gottnaher und gottferner Zeit bringen. Dem liegt tendenziell, wie von Novalis in seiner Europa-Rede entwickelt, das Modell der Geschichte als ‚fortschreitend sich vergrößernder Evolutionen' zugrunde, so dass auch die Zeiten der Götterferne ihre Funktion haben: Sie dienen nicht nur der Ausbildung der Vernunft, sondern auch der Verinnerlichung des Gottesbezuges und damit der Entwicklung des ‚heiligen Sinns'.

Trotz aller einschlägiger Rhetorik verbindet sich damit nicht eigentlich eine heilsgeschichtliche Perspektive. Novalis legt vielmehr dar, dass es sich bei seiner poetischen Sprache um eine „rhetorische Gewalt des Behauptens" (N III,269:153) handele, die nicht heilsgeschichtlich, sondern im Zusammenhang der von Kant vorgenommenen Säkularisierung der Heilsgeschichte zum ‚philosophischen Chiliasmus' zu verstehen sei, der weiß, dass die ‚goldne Zeit' nie kommen wird, aber eben deshalb eine unendliche Aufgabe, ein Postulat ist (vgl. II,269:564 und 565).

IV. Hölderlin

Auf den ersten Blick gibt es überhaupt keine Gemeinsamkeiten zwischen Novalis und Hölderlin. Zwar liegt auch dem religions- und geschichtsphilosophischen Denken Hölderlins die romantische Triade zugrunde, aber bei ihm gilt die Antike als erfüllte Zeit, auf deren Wiederkehr zu hoffen ist. Der Gegensatz von Hellas und Hesperien strukturiert sein Werk, Christus war nur ein Nachklang der herrlichen antiken Götter. Was Hölderlin mithin von den übrigen Romantikern trennt, ist das Fehlen einer Vorstellung vom christlichen Mittelalter als einer erfüllten Zeit und von der eigenen Zeit als eines Kairos. Zwar war auch Hardenbergs Mittelalter eine – ebenso kalkulierte wie plausibilitätsgestützte – Erfindung und konnte an seine Stelle als positives Gegenbild zur eigenen Zeit auch die Antike treten, aber diese Gegenbilder hatten eben den Index, das ihnen die „ächte Freiheit" gefehlt habe.

Bei Hölderlin dagegen gilt die Antike ohne Abstriche als ideale Zeit der Gegenwart des Göttlichen. Das Mittelalter hingegen gilt als Teil jener götterfernen Zeit zwischen den Zeiten, die vom Ende der Antike (oder von Christi Tod und Auferstehung) bis in die Gegenwart reicht; es ist die Zeit der Nacht zwischen dem vergangenen griechischen und dem erhofften hesperischen Göttertag. In diesem Rahmen bleibt auch die verstärkte Hinwendung zu christlichen Motiven im Spätwerk, d. h. in den Hymnen Brod und Wein (mit der Gleichsetzung von Christus und Dionysos) und Patmos.

Auch bei Hölderlin geht es dann aber – gewissermaßen gut frühromantisch – darum, die eigene Zeit semantisch aufzuladen und sie, wo nicht zum ‚Kairos' zu stilisieren, so doch als Zeit der Vorbereitung auf eine kommende Erlösung zu deuten und letztere auf diese Weise vorzubereiten.

In diesen Zusammenhang gehört auch sein Gedicht An die Madonna, ein später, unvollendet gebliebener, aber dennoch eindrucksvoller Hymnen-Entwurf.[13] Eindrucksvoll ist vor allem das spürbare Ringen um den Bezug zum Absoluten. Das ist in Novalis' Hymnen an die Nacht nicht weniger ausgeprägt, aber Novalis hatte, ausgehend von Zweifeln und Verzweiflung (und auch von ‚Schwermut', denn am Anfang heißt es von ‚Mutter Nacht': „Die schweren Flügel des Gemüts hebst du empor") und hier immer wieder neu ansetzend, letztlich ein dichtes Netz von Mittlern und Vermittlungen des Höchsten entdeckt (oder eben erfunden), so dass seine Hymnen an die Mutter Nacht (oder eben an die Mutter Gottes / eine romantische Maria) eine einzige große Hymne an eine rauschhafte Transzendenzerfahrung wurden.

Das ist in Hölderlins An die Madonna ganz anders. Hier bleibt bis zum Schluss der eigentliche Adressat, den man sich in der Bilderwelt des Gedichts als Vatergott vorzustellen hat, entzogen; jedenfalls wird er nicht Gegenstand unmittelbarer Erfahrung, einer

[13] Der hymnische Entwurf wird auf 1801 oder (neuerdings) 1804/1805 datiert; der Titel stammt nicht von Hölderlin, sondern von dem Herausgeber der Stuttgarter Ausgabe, Friedrich Beißner. Der Text wird im Folgenden zitiert nach der Ausgabe: Jochen Schmidt (Hrsg.), Friedrich Hölderlin. Gedichte. Frankfurt/M. 1992; Jochen Schmidt, Friedrich Hölderlin. Sämtliche Werke und Briefe, 3 Bde. Bd. 1. Frankfurt/M. 1992, S. 385-390. Zitatnachweise im Folgenden im fortlaufenden Text unter der Sigle H.

den Sprecher überwältigenden Offenbarung oder rauschhafter Allvermischung. An seine Stelle, das ist der poetische Grundeinfall dieser Hymne, tritt die Madonna. Sie vertritt in götterferner Zeit die Himmlischen auf der Erde, bis sie wieder sichtbar wirken.

Der Grund für die Hinwendung zur Mutter ist also die Abwesenheit des Vaters; deshalb steht am Beginn des Gedichts die Schwermut:

Viel hab ich dein
Und deines Sohnes wegen
Gelitten, o Madonna,
Seit ich gehöret von ihm
In süßer Jugend;
Denn nicht der Seher allein,
Es stehen unter einem Schicksal
Die Dienenden auch. [...]

Und manchen Gesang, den ich
Dem höchsten zu singen, dem Vater,
Gesonnen war, den hat
Mir weggezehret die Schwermut.

Doch, Himmlische, doch will ich
Dich feiern [...] (H 385)

Das Leiden an der Ferne des Vaters ist eine Reminiszenz an das Leiden Christi und seiner Mutter, d. h. im Kern an das Passionsgeschehen. Der Entschluss, die Himmlischen dennoch zu feiern, muss sich durchsetzen gegen die unausgesprochene Klage „Mein Gott, mein Gott, warum hast Du mich verlassen".

Die ‚Schwermut', der die Hymnik abgerungen werden muss, meint also mehr die ‚Acedia' als die ‚Melancholie'.[14] Genau genom-

[14] Zum Folgenden vgl. Renate Böschenstein, Hölderlins allegorische Ausdrucksform, untersucht an der Hymne An die Madonna. In: Jenseits des Idealismus.

men, und Hölderlin nimmt es genau, geht es dabei um die Furcht des Sprechers vor der Teilhabe an der Passion, die Furcht vor dem Leiden am Gottesverlust/Transzendenzverlust. „Mit dem Leiden an der Furcht hat aber die Passion des Sprechenden in Wahrheit schon begonnen in einer Form von imitatio."[15] Diese „Furcht" kennt die Madonna nicht, sie wird später „furchtlos" genannt, und durch dieses Vorbild gestärkt, fordert gegen Ende der Hymne der Sprecher, der dann bezeichnenderweise zum „wir" geworden ist, sich und die Seinen ermutigend auf „zu sehr zu fürchten die Furcht nicht!" (H 388) Je mehr die Furcht zurücktritt, desto mehr weitet sich der Blick dafür, dass die Geschichte eine Folge von Kämpfen zwischen Göttlichem und Widergöttlichem ist. Dennoch – oder: eben deshalb – tritt an die Stelle der Furcht Zuversicht. Zum ‚Sehenden' wird der Sänger gleichwohl nicht, aber er wird zum Hoffenden und – in Form der lyrischen Feier der ‚Himmlischen', vor allem Marias – zum zuversichtlich ‚Dienenden'.

Den Ausgangspunkt und den bleibenden Bezugspunkt solcher Zuversicht in götterferner Zeit bildet Maria. Zu ihr sucht das Ich der Hymne gleich zu Beginn auch eine räumliche Nähe:

> Dieweil ich allein
> Zum Felde gehe, wo wild
> Die Lilie wächst, furchtlos,
> Zum unzugänglichen,
> Uralten Gewölbe

Hölderlins letzte Homburger Jahre (1804-1806). Bonn 1988, S. 181-209, außerdem die Deutungen von Geisenhanslüke (wie Anm. 11) sowie: Michael Luhnen, Hölderlins hymnisches Fragment An die Madonna als mythopoetisches Experiment. In: Hölderlin-Jahrbuch 32, 2000/2001 (2002), S. 263-272, und zuletzt: Anke Bennholdt-Thomsen, Alfredo Guzzoni, Die Statthalterin. In: Dies., Analecta Hölderliniana III. Hesperische Verheißungen. Würzburg 2007, S. 179-215. Letztere glauben, dem Gedicht eine dezidiert antichristliche Stoßrichtung entnehmen zu können: Die Madonna vertrete nicht den christlichen Gott, sondern die göttliche Natur. Ob diese scharfe Trennung Hölderlins Auffassung entspricht und den vielfachen Verschränkungen unterschiedlicher Bildsphären im Text angemessen ist, erscheint jedoch fraglich.

15 Böschenstein, Ausdrucksform (wie Anm. 14), S. 195.

Des Waldes,

[...]

und gewaltet über

Den Menschen hat, statt anderer Gottheit, sie,

Die allvergessende Liebe. (H 385)

Die „Lilie“, Sinnbild der jungfräulichen Mutter, wächst „wild“ auf dem „Felde“, d. h. in götterferner Zeit. Zum weiteren Horizont der wildwachsenden Lilie gehört hier der Wald, in dem sich ein „uraltes Gewölbe“ mit einem „Felsen“ befindet. Wahrscheinlich ist dies eine Reminszenz an Leonardos „Felsgrottenmadonna“, die Hölderlin im Louvre betrachten konnte.

Die Gegenwart der Madonna macht dann aber aus der Nacht der Götterferne eine „heilige Nacht“:

und wenn in heiliger Nacht

Der Zukunft einer gedenkt und Sorge für

Die sorglosschlafenden trägt

Die frischaufblühenden Kinder

Kömmst lächelnd du, und fragst, was er, wo du

Die Königin seiest, befürchte.

Denn nimmer vermagst du es

Die keimenden Tage zu neiden,

Denn lieb ist dirs, von je,

Wenn größer die Söhne sind,

Denn ihre Mutter. Und nimmer gefällt es dir,

Wenn rückwärtsblickend

Ein Älteres spottet des Jüngern (H 386).

Die auffallend organische Metaphorik weist darauf hin, dass in den Bedeutungshorizont von Hölderlins Madonna und damit des Göttlichen auch antike und germanische bzw. pagane und naturphilosophische Dimensionen gehören.

Die wildwachsende Lilie verbindet „ein klassisches Mariensymbol mit dem Prinzip naturhaften Wachstums und schlägt so die Brücke zwischen Maria und Gaia“[16]. Hölderlins Madonna ist zugleich die erhöhte „Natur“ oder „Mutter Erde“. Mit der „Wildnis“ in der götterlosen Zwischenzeit, aus der, wie auch im weiteren Verlauf der ‚Hymne‘ noch ausgeführt wird, doch Kräfte für die erfüllte Zukunft kommen, ist die Natur gemeint, „Felsen und Heiden [...] Und dunkle Quellen“ (H 388). Die Natur wurde „im reinen Gesetze“ „göttlichgebaut“ (H 388), so dass trotz der gegenwärtigen „Wildnis“ noch die reinen Kräfte des Ursprungs rettend wirken können.

Der Wald ist aber zugleich der der Hermannsschlacht, der Hölderlin vor allem bei Klopstock begegnet war. Die ‚Himmlischen‘ sind dann auch die heidnischen germanischen Götter, deren Altäre nach Tacitus in den Wäldern der Varusschlacht standen; diese germanischen Götter werden bei Klopstock wiederum in eine Art typologische Korrespondenz zu den römischen gebracht.

Dennoch ist es zweifelsohne die christliche Gottesmutter, an die sich die Hymne richtet und an die sich der Sprecher in seiner Gott-Verlassenheit wendet.

Maria kann diesen Schutz gewähren, weil sie als Mensch die Erfahrung des Sprechers, die Erfahrung der Götterferne, selbst durchgestanden hat. In der Perspektive der Hymne sah Maria Christus und, wovon das Matthäus-Evangelium nichts weiß, Johannes den Täufer sterben, in Hölderlins Wendung sah sie „göttlichtrauernd in der starken Seele sie sterben“ (H 386). ‚Stark‘ ist ihre Seele geworden, weil sie den Tod überwunden hat durch die Liebe – die Liebe zum Göttlichen im Menschen, durch die Fähigkeit, sich von der Fixierung auf die einmalige Gestalt zu lösen.

Das gibt ihr die Kraft zur „Königin“, mit der sie in der Hymne in Opposition zu jenen ‚Königen‘ tritt, die das Gesetz zu ‚scharf‘, „im Zorne“ handhabten: Herodes, aber auch Kreon. Diese ‚Könige‘ gibt es nach wie vor, deshalb ist der Schutz Marias, ihre Stärke, wie sie auch der „Gleichmut“ der christlichen Märtyrer bezeugt hat, heute so nötig wie damals.

16 Böschenstein, Ausdrucksform (wie Anm. 14), S. 197.

Darum beschütze
Du Himmlische sie
Die jungen Pflanzen und wenn
Der Nord kömmt oder giftiger Tau weht oder
Zu lange dauert die Dürre
Und wenn sie üppigblühend
Versinken unter der Sense
Der allzuscharfen, gib erneuertes Wachstum (H 387).

Wenn die Gottesmutter die Kinder – im mythischen Modell und in der gegenwärtigen Geschichtszeit – schützen soll, so übernimmt sie die klassische Funktion der Schutzmantelmadonna. Die Rückprojektion der Schutzmantelmadonna bzw. des Schutzmantels in die antike Mythologie fand sich auch in den Hymnen an die Nacht. Die naturhafte Seite der Mutterfigur entfaltet sich in der fortgeführten Metapher, welche die Kinder als bedrohte Pflanzen sieht.

Wie bei Novalis, dem es um die vielen Mittler ging, gilt auch bei Hölderlin der ‚eine' Gott als Problem. Deshalb ist, wo von Christus gesprochen wird, auch von Johannes dem Täufer die Rede, der „Freundin Sohn", und deshalb rücken beide in eine vergleichbare Position, deshalb auch ist von „dem Sohne, aber den anderen auch" die Rede und von den „Himmlischen".

Mit Johannes kommt zudem ein prophetisch Sprechender ins Spiel, der zu vermitteln scheint zwischen dem Ich des Anfangs, dem die Kraft, „dem höchsten zu singen, dem Vater, [...] weggezehret" war, und dem Ich des Schlusses, das in Gestalt der vorliegenden Hymne seinen Gesang angestimmt hat.

Korrespondenzen bestehen nicht nur zwischen verschiedenen religiös-mythologischen Sphären, sondern auch zwischen Religion und Geschichte. Der „Adler", der, etwa in der Mitte des Hymnen-Entwurfs, den Satz „Nichts ists, das Böse" „begreifen" (H 387) soll, ist sowohl Attribut des Zeus wie des alttestamentarischen Vatergottes als auch Zeichen Christi, durch Klopstock vermittelt aber auch Leitmotiv der Varusschlacht, sowohl als Wodansadler wie als römisches Feldzeichen. Das ‚geistige Wasser' des Waldes der Hermansschlacht verbindet außerdem die Heilquellen und heidnischen Kultstätten mit dem Wasser des Jordan und der Taufe, zwischen Hermann und Christus werden Analogien gestiftet, die nicht weniger gewagt sind als Hardenbergs Korrespondenzen. Im Hintergrund steht bei beiden eine Verneinung der Sünde. Dementsprechend tritt weder bei Novalis noch bei Hölderlin das Ich als reuiger Sünder mit der Bitte um Fürsprache bei Gott vor Maria. „Nichts ists, das Böse" – über die Bezüge zur Hermansschlacht erhält der befreiende Zugriff Christi auf das Böse eine Konnotation von irdischem Befreiungskampf.

Eine Reaktion auf das Problem des ‚einen' Gottes ist, neben der Pluralisierung der Mittler bzw. in Verbindung damit, die Pluralisierung der Erscheinungsformen des Göttlichen. Es erscheint hier als „Halbgott" (Christus), als heidnische Götter, die in Menschengestalt oder „gestaltlos" in der Natur sich zeigen, und als „reiner", „naher", „allgegenwärtiger" (Vater-)Gott.

Als personifizierte Feinde des Göttlichen erscheinen demgegenüber die Titanen, sie werden auf dem Höhepunkt des Gedichts überwunden:

> Was kümmern sie dich
> O Gesang den Reinen, ich zwar,
> Ich sterbe, doch du
> Gehest andere Bahn, umsonst
> Mag dich ein Neidisches hindern (H 389).

Das Attribut der Reinheit bezeichnet in Analogie zum „Angesicht / Des reinen [...], des nahen/ Allgegenwärtigen Gottes" (H 388) den göttlichen Teil des Sängers und des Gesangs. Das Göttliche wird – antwortend, oder das „Angesicht" lesend – im Sprecher selbst gefunden und zum Ausdruck gebracht. Er ist aber nicht damit identisch, denn er ist sterblich, während sein Gesang „andere Bahn" geht. Man mag das mit Renate Böschenstein als Zurückweisung von Hybris deuten, es ist aber vielleicht auch Anzeige eines bleibenden Risses zwischen Leben und Kunst, Immanenz und Transzendenz, einer auch inneren Inkomensurabilität, die sich so bei Novalis nicht findet.

Die „andere Bahn" des Gedichts ist aber nicht der Weg Christi zum Himmel, sondern „der Weg zu den Menschen einer zukünftigen geschichtlichen Epoche, welche nicht etwa ‚Reich Gottes' oder ‚Göttertag' ist, sondern eine Zeit, wo noch Gute und Böse unterschieden werden".[17] Der Sprecher bescheidet sich, er sagt nicht das Bevorstehen einer neuen Götterzeit voraus, sondern seine Botschaft an die Zukünftigen beschränkt sich darauf zu sagen „Wie unsere Tage wohl/ Voll Glücks, voll Leidens gewesen" (H 389). Der Blick wird also nicht auf das Ende aller Tage, sondern auf die Zeit bis dahin, die Geschichte gelenkt.

Sie bleibt, das ist gemeint mit ‚Tagen voll Glücks, voll Leidens', eine Zeit der Bewährung. Die Zeiten, in denen sich die Himmlischen „von selbst" „deuteten" (H 389) – mag man darunter nun göttlich-inspirierte Dichter der Antike oder göttliche Offenbarungen späterer Zeiten verstehen – sind vorbei. Den Modernen ist das Göttliche statt dessen ein Rätsel, das sie lösen müssen, aber auch lösen können:

> Wir aber zwingen
> Dem Unglück ab und hängen die Fahnen
> Dem Siegsgott, dem befreienden auf, darum auch
> Hast du Rätsel gesendet. Heilig sind sie,
> Die Glänzenden, wenn aber alltäglich
>
> Die Himmlischen und gemein
> Das Wunder scheinen will, wenn nämlich
> Wie Raub Titanenfürsten die Gaben
> Der Mutter greifen, hilft ein Höherer ihr (H 390).

Moderne Dichter und Menschen überhaupt müssen dem Unglück der Götterferne ein (in dieser unvollendet gebliebenen Hymne noch nicht formuliertes) Objekt (einen Gesang, eine Erkenntnis, eine Zuversicht) „abzwingen". Die „Fahnen" sind eine erneute Reminiszenz an die Hermansschlacht: hier sind es die von den unterlegenen Titanenfürsten erbeuteten Fahnen. Wie bei Novalis werden die „Titanen", „die Ursöhne der Mutter Erde" (N I,141), zum Bild für das,

[17] Böschenstein, Ausdrucksform (wie Anm. 14), S. 206.

was durch die Neue Mythologie gebändigt werden muss: Rationalismus, Deismus, entgötterte Moderne, kurzum alles, was das ‚Rätsel' nicht löst, es nicht als Zeichen des Absoluten versteht, sondern als opak abtut und das ‚Himmlische', das ‚Wunderbare' gemein erscheinen lässt. Das Ich der Hymne versteht die ‚Rätsel' demgegenüber als Zeichen des Göttlichen, die ausgelegt werden müssen, weil sie nicht mehr unmittelbar verständlich sind.

Auch Hardenbergs geschichtsphilosophische Perspektive findet sich wieder. Die Folge Antike, Christentum, Gegenwart wird im Text markiert durch drei Schlachten und Schlachtorte: den Ossa als Anspielung auf den Streit von Zeus und den Titanen, Golgatha als Auseinandersetzung zwischen Christus und der römischen Welt und Teutoburg als Ort der von Klopstock geschilderten Hermannsschlacht und dem Versuch der Befreiung Germaniens. Hölderlins eigene Dichtung ist vor dem Hintergrund der französischen Revolution, der mit ihr verbundenen Hoffnungen, aber auch der durch sie ausgelösten Gewalt, zu der auch die Koalitionskriege gehörten, zu verstehen. Die Schlussstrophe führt die drei zuvor getrennten geographischen und kulturellen Bereiche Ossa, Golgatha und Teutoburg zusammen. Der „Siegsgott" kann an dieser Stelle Zeus, Christus oder Hermann und vielleicht auch einen neuen, künftigen Befreier Deutschlands meinen.

Das Gedicht endet mit der Zuversicht, dass „ein Höherer", also einer der ‚Himmlischen', der Helferin hilft. Dennoch ist der Abstand zu Novalis unüberhörbar: Die Unterscheidung zwischen Mensch und Gott bleibt. Von einer ‚rhetorischen Gewalt des Behauptens' einer erfüllten Zeit kann keine Rede sein, zumal Dichtung nicht als wirksames Element einer unmittelbar bevorstehenden Zeitenwende konzipiert wird. Dichtung – als Vergegenwärtigung des Göttlichen – ist notwendig, aber der deutende Gesang hilft nicht gegen blinde Gewalt, nicht einmal die Madonna, sondern nur „ein Höherer".

Bei Hölderlin tauchen auch dort, wo er sich dem bilderreichsten Gebiet der christlichen Literatur, der Marienverehrung, zuwendet, zwar noch die überlieferten Bezeichnungen „Himmlische", „Königin", „Mutter" und das alte Mariensymbol der „Lilie" auf. Aber der Name „Maria" wird nicht mehr genannt, und vor allem fügen sich die Bezeichnungen zu keinem geschlossenen Bild mehr zusammen.

Diese Brechung der Tradition ist beabsichtigt; auch darauf verweist die Aussage, die Madonna habe „Rätsel gesendet". Die Zeit der Offenbarungen ist vorbei, auch die Zeit, in der das Göttliche eine feste Gestalt hatte. Es ist auslegungsfähig, aber auch auslegungsbedürftig geworden. Romantische Kunstwerke, frühromantische jedenfalls, bilden deshalb, um erneuter Verdinglichung vorzubeugen, diese Struktur nach und haben die Form der (frühromantischen) Allegorie: Sie sind unendlich auslegungsfähig.

V. Romantische Maria

Das führt zurück auf den Epochenzusammenhang der hier vorgestellten ‚Mariendichtungen'. Zugespitzt lässt sich aus poetologischer Sicht sagen: ‚Maria' ist die Antwort auf ein ‚Darstellungsproblem'. Dieses Problem der angemessenen Darstellung des Höchsten (des Absoluten) ist aber nicht nur Ausdruck einer Suche nach originaler Sprache für ein fest Geglaubtes, es ist auch nicht zureichend verstanden, wenn man es mit negativer Theologie oder mit der mystischen Dialektik von Nichts und Fülle verbindet, sondern das Sprachproblem ist Folge einer tieferen Krise und wird von den Romantikern auch als solches reflektiert, es ist Ausdruck des Festhalten-Wollens an Transzendenzerfahrungen in schwieriger Zeit. Die Gründe dafür, diese Zeit um 1800 als ‚schwierig' zu bezeichnen, liegen, wie angedeutet, im Konflikt von Glauben und Wissen, Vernunft und Offenbarung und in der Frage nach der Legitimität der Neuzeit, aber auch schlicht in einem ‚Ungenügen an der Normalität' und einer daraus entspringenden Sehnsucht nach dem ‚Wunderbaren'.

‚Maria' ist, gemäß den Regeln frühromantischer Rhetorik, eine frühromantische Allegorie; die undogmatische Offenheit dieser Figur wendet sich gegen die Gefahr der Fixierung auf gestalthafte Offenbarung; die rätselhafte Rede hat ihren Grund also in der Unaussprechlichkeit und der (durch Begriffe) nicht zu fixierenden Struktur des Gemeinten: „Wir suchen überall das Unbedingte, und finden immer nur Dinge" (N II,413:1).

Wer ‚Maria' sagt, sagt auch Gott, und zwar Gottvater und Gottsohn. Das ist auch in der Romantik so, auch wenn für den

Gottesbegriff dieselbe Polyvalenz gilt wie für die Marien-Allegorie. Dennoch gibt es in der Romantik nicht nur ein Konzert der Stimmen, sondern auch die individuellen Einzelstimmen.

Für den bleibenden Abstand des Sprechers in Hölderlins Hymne vom Absoluten gibt es sicher unterschiedliche Gründe. Mehr noch als andere Romantiker (Tieck etwa, Wackenroder oder Brentano) hatte Hölderlin Angst vor dem Verlust an Unterscheidung. Ganz im Gegensatz zu Novalis, in dessen Dichtungen der Durchgang durch die Unterscheidungslosigkeit im Wortsinne beseligend ist und eine Neugeburt bedeutet, hatte Hölderlin davor eine auch privat-persönliche Scheu, die sich mit der Angst vor dem Wahnsinn verband. Hölderlins Hymne An die Madonna wurde hier bislang so gedeutet, dass die Maria die ersehnte und (wenn man so will: seelisch überlebensnotwendige) Mittlerin zum Absoluten ist. Das kann man auch umdrehen und sagen: Während bei Novalis der Weg über ‚Mutter Nacht' in des „Vaters Schooß" führt, schützt die Madonna den Sprecher der Hölderlinschen Hymne geradezu vor einer allzu großen Nähe des Vaters. In diesem Sinne notierte Hölderlin auf einem der Blätter, auf denen die Madonnen-Hymne aufgezeichnet ist, die (vielzitierte) Maxime: „Unterschiedenes ist gut".[18]

Darin aber kommt er mit den anderen Romantikern wieder überein: Die romantische Mariendichtung ist Teil der Erfindung einer Sphäre, in der freier gedacht und inniger gefühlt werden darf als in der so genannten wirklichen Welt, einer Erfindung, die darauf zielte, diese Welt um einen Traum zu bereichern und sie dadurch zu verändern.

Die hier vorgestellten frühromantischen Marien-Dichtungen waren Versuche, durch eine neue Mythologie Gemeinschaft zu stiften und so im Modell des poetischen Handelns paradigmatisch geschichtliche Handlungsfähigkeit zu sichern. Dass diese in der Figur Marias versinnlichte Idee einer vernünftigen Vermittlung von Individuellem und Allgemeinem (bestenfalls) eine Idee geblieben ist, ist weder den Frühromantikern anzulasten, noch wäre es für sie ein Grund gewesen, von dieser Idee abzulassen. Im Gegenteil: Es gehört

[18] Friedrich Beißner (Hrsg.), Hölderlin. Sämtliche Werke Bd. 2. Stuttgart 1951, S. 327, vgl. den Hinweis zur Überlieferung ebd. S. 941.

zur Struktur von Vernunftideen, dass sie sich nie ganz realisieren lassen und in diesem Sinne unendliche Aufgaben bleiben.

Anders steht es um die poetologisch-philosophischen Voraussetzungen dieser Dichtungen. Sie bildeten ein Problem für die Rezeption (und ein Ärgernis, das nicht selten, etwa bei der Aufnahme ins Gesangbuch, durch ‚Reinigung' der Texte von erkennbaren Spuren ästhetischer Religiosität gelöst wurde). Paradoxerweise wurden dennoch nicht jene Texte kanonisiert, die an die ‚populäre' christliche Bildlichkeit anschlossen, sondern jene Beispiele einer ‚neuen Mythologie', die neue, unbekannte oder antikisierende Bilderfindungen boten. Letzteres gilt cum grano salis auch für die Hymnen an die Nacht, die nicht wegen, sondern trotz ihrer christlichen Bildlichkeit zum Inbegriff romantischer Lyrik wurden – als Ausdruck einer faszinierenden, weil letztlich rätselhaft-geheimnisvoll bleibenden Nachtbegeisterung. Dennoch: Das Programm einer Mythologie der Vernunft lebt von großen Erwartungen an die Wirkungsmacht zeichenhafter Repräsentation und von der Überzeugung, die poetische Vermittlung von Endlichem und Unendlichem als Paradigma geschichtlichen Handelns (und von Naturprozessen) auszuweisen – Voraussetzungen, die ihre spezifische Raumzeitstelle in der kleinen intellektuellen Elite in Deutschland um 1800 haben.

Ob die in solchen Zusammenhängen entstandenen Marien-Figuren heute noch religiöse Erfahrung vermitteln können, das ist wiederum eine ganz andere Frage. Darüber zu entscheiden, ist Sache der Leser, auch das gehört zu den Grundüberzeugungen dieser ästhetischen Mittlerreligion, denn: „Der wahre Leser muß der erweiterte Autor seyn" (N II,470:125).

2. Teil: Lourdes

Patrick Dondelinger

Lourdes: Bernadette Soubirous und die Erscheinungen 1858

I. Der Stand der Forschung

Wissenschaftliche Untersuchungen zum Geschehen von Lourdes sind eher selten.[1] Neben der abschreckenden interdisziplinären Komplexität der Phänomene, die sich in den Grenzgebieten verschiedenster Fachdisziplinen ansiedeln, wecken die frommen Erzählungen von himmlischem Sichtbarwerden und plötzlicher Heilung als Appell an tiefste menschliche Sehnsüchte oftmals uneingestandene Ängste und Vorurteile, die das heuristische Prinzip einer wohlwollenden Neutralität beim Forschungsobjekt Lourdes so selten machen. Unverständnis, ja Anfeindungen bekommt der um Unvoreingenommenheit bemühte Wissenschaftler dabei zu spüren von all jenen, die Lourdes nur mit affektgeladenen Überzeugungen angegangen sehen wollen, sei es im Namen einer lieb gewonnenen religiösen Verehrung oder einer vermeintlich kritischen Aufgeklärtheit.

Doch inwiefern ist der Boden der Tatsachen bei den Erscheinungen von Lourdes überhaupt abgesichert?

Zwar verfügen wir über eine beeindruckende historisch-kritische Sammlung von zeitgenössischen Quellen[2], doch ist die Exis-

[1] Vgl. die diesem Artikel zugrundeliegende Arbeit: Patrick Dondelinger, Die Visionen der Bernadette Soubirous und der Beginn der Wunderheilungen in Lourdes. Regensburg 2003 (verkürzte, um ein theologisches Nachwort erweiterte Taschenbuchausgabe: Ders., Bernadette Soubirous. Visionen und Wunder. Kevelaer 2007) sowie Ders., Lourdes, Hauptstadt des Rosenkranzes. Ein Pilgerort zwischen Charisma, Kult und Kommerz. In: Urs-Beat Frei/Fredy Bühler, Der Rosenkranz – Kunst der Andacht. Wabern/Bern, 2003, S. 274-293; Ders., Visionäre Extasen. Was sind eigentlich Marienerscheinungen? In: Herder Korrespondenz 58 (2004), S. 244-248.

[2] Vgl. Léonard-Joseph-Marie Cros, Histoire de Notre-Dame de Lourdes d'après les documents et les témoins, 3 Bde. Paris 1925-1927, [2]1957; Ders., Lourdes 1858. Témoins de l'événement. Paris 1957. René Laurentin/Bernard Billet (Hrsg.), Lourdes. Documents authentiques, 7 Bde. Paris 1957-1966; [im Folgenden zitiert als LDA]; René Laurentin, Lourdes. Histoire Authentique, 6 Bde. Paris 1961-1964 [im Folgenden zitiert als LHA].

tenz von Selbstzeugnissen der Seherin kein Garant für einen unmittelbaren Zugriff auf den Ablauf der visionären Erlebnisse Bernadette Soubirous'. Dies veranschaulicht allein schon die Synopse der stets etwas voneinander abweichenden Eigenberichte Bernadettes.[3] Auch wurden die frühesten Selbstzeugnisse der zum Zeitpunkt ihrer Visionen analphabetischen Seherin erst Jahre nach den Ereignissen schriftlich von ihr festgehalten, als sich ihre Erlebnisse bereits zu einem stereotypen Erzählschema weiterentwickelt hatten: „Da die Basis einer solchen Aufarbeitung recht spät erfolgte: von 1861 bis 1866, hat man in den Augen des Psychologen immer nur das Resultat einer Ausgestaltung vor Augen, genauer: das Schema einer durch stete Wiederholung stereotypen Erzählung."[4] Gleiches gilt auch für die Protokolle von Bernadettes Aussagen, von denen das früheste immerhin erst 11 Tage nach dem Ereignis aufgenommen wurde[5] – Zeit genug für Bernadette, unbewusst und ungewollt eine „Fixierung des seherischen Schemas"[6] zu vollziehen.

Liefert also das so genannte Zeugenmaterial keinen unmittelbaren Zugriff auf Inhalt und Sinn der visionären Erlebnisse Bernadettes, so kann der Ablauf der Ereignisse in Lourdes zudem erst durch die Arbeit des Historikers rekonstruiert und sinnvoll präsentiert werden.[7] Wobei es schwer genug fällt, bei der Rekonstruktion der Fakten nicht dieses oder jenes aus den Augen zu verlieren: sei es, dass einer aus dem Quellenmaterial bezeugten Tatsache keine Wichtigkeit zugesprochen wird; sei es, dass die Tatsache der Sichtweise des Schreibers zuwiderläuft und deshalb bewusst oder unbewusst unterschlagen wird. Und gerade die unserer Arbeit zu Grunde liegenden Veröffentlichungen von René Laurentin: Lourdes. Docu-

3 Siehe LHA, S. 1.

4 „Aux yeux du psychologue, les bases d'un tel travail étant de date assez tardive: de 1861 à 1866, l'on a jamais sous les yeux que le résultat d'une élaboration, mieux, le schème d'un récit stéréotypé, à force d'être répété", Xavier Recroix, Essai sur le rôle du facteur social dans le cas de Bernadette Soubirous, Thèse manuscrite, s. l., s. d. [ca. 1959], S. 496, n. 1.

5 Es handelt sich hier um die Notizen, welche Kommissar Jacomet während seines Verhörs der Bernadette am 21. Februar 1858 verfasste, siehe LDA, 1, S. 158-168.

6 Recroix, Essai (wie Anm. 4), S. 501: „fixation du schème visionnel".

7 Zu all diesen Fragen, siehe LHA, S. 1.

ments authentiques (LDA), und viel mehr noch Lourdes. Histoire Authentique (LHA), stellen entgegen allen Beteuerungen ihres Autors doch eine aus dem vorhandenen Quellenmaterial zurechtgeschnittene stark subjektiv gefärbte Version der Erscheinungen dar.[8]

II. Lourdes

Der Ort der Visionen und Auditionen, die dort im Jahre 1858 ein Mädchen namens Bernadette Soubirous im Zusammenspiel mit einer wechselnden Zahl von Teilnehmern erlebt hat, ist eine Grotte außerhalb des in Frankreich an der Grenze zu Spanien gelegenen Pyrenäenstädtchens Lourdes, welches damals rund 4.000 Einwohner zählt. Aufgrund seiner geografischen Lage seit Jahrhunderten von Kriegen und Naturkatastrophen heimgesucht, war Lourdes nach den blutigen Wirren der Französischen Revolution zunehmend verarmt, mit einer sich ständig vergrößernden Kluft zwischen einigen wenigen sich bereichernden Bürgern und einer immer zahlreicher werdenden notleidenden Bevölkerung. Mitte des 19. Jahrhunderts litt denn auch ein Großteil der Bevölkerung von Lourdes chronisch an Hunger und Unterernährung, so dass die seuchenartig auftretenden Infektionskrankheiten ein leichtes Spiel mit den geschwächten Menschen hatten.

Linderung in der Not erfuhren die Leute denn auch eher im kirchlichen Glauben und in religiösen beziehungsweise volksmedizinischen Heilpraktiken als bei der nur den Privilegierten zugänglichen, recht hilflosen Medizin.[9]

8 Vgl. Sandra L. Zimdars-Swartz, Encountering Mary. From La Salette to Medjugorje. Princeton 1991, S. 43: „The extensive edited collection of these sources (…) must themselves be used very carefully, since, as is commun with such collections, the editors have arranged and annotated the materials in accord to their own apologetic assumptions“ [Die umfassende Sammlung dieser Quellen (…) muss ihrerseits sehr bedachtsam verwendet werden, da, wie es normal ist für solche Reihen, die Herausgeber das Material in Übereinstimmung mit ihren eigenen apologetischen Voraussetzungen angelegt und kommentiert haben].

9 Vgl. Annie Quartararo-Vinas, Médecins et médecine dans les Hautes-Pyrénées au XIXe siècle. Tarbes 1982.

Religiös prägend war die seit Jahrhunderten stark verbreitete Marienverehrung, die durch die Leiden der französischen Revolution gerade im 19. Jahrhundert eine beachtliche Erstarkung erfuhr[10], mit vielbesuchten Marienwallfahrtsstätten, nicht in Lourdes selbst, aber in der näheren Umgebung. Hier gab es ein wahres Netz von Marienheiligtümern, welche auf wundersame Marienerscheinungen und das Auffinden von Marienstatuen zurückgehen.[11] Im Zusammenhang der Erscheinungen von Lourdes stechen besonders die naheliegenden Heiligtümer in Garaison[12] und Bétharram[13] hervor, von denen ansatzweise ähnliche Ereignisse erzählt werden, wie sie später Bernadette Soubirous und ihre soziale Gemeinschaft erleben werden.

III. Bernadette Soubirous

Die Familie Soubirous – deren Name anscheinend „Souverän" bedeutet[14] – ist eine alteingesessene Lourder Familie, deren Schicksal sich jedoch in den Jahren unmittelbar vor den Visionen der Bernadette unaufhaltsam verschlechterte.[15] Bernadette Soubirous kam am 7. Januar 1844 zur Welt, als erstes Kind ihrer Eltern, was der Kleinen in der matriarchalischen Gesellschaftsstruktur der Pyrenäen[16] die

10 Vgl. Georges Tavard, La Vierge Marie en France aux XVIIIe et XIXe siècles. Essai d'interprétation. Paris 1998; Xavier Recroix, Un Aspect de la Piété Populaire dans les Pyrénées Centrales: La Dévotion Mariale. In: Revue de Comminges 102 (1989), S. 121-128.

11 Siehe hierzu Ruth Harris, Lourdes. Body and Spirit in the Secular Age. London 1999, S. 32-44 (bes. Karte S. 34-35); Xavier Recroix, Récits d'apparitions mariales (Pyrénées Centrales). In: Revue de Comminges (1986), S. 371-385, 509-522; (1987), S. 35-53, 162-175, 347-361, 503-519; (1988), S. 59-69, 189-204, 401-423.

12 Vgl. Harris, Lourdes (wie Anm. 11), S. 39-40; Recroix, Essai (wie Anm. 4), S. 269 ff.; Ders., Les peintures du Narthex de la Chapelle de Garaison. Pau 1981; Ders., Anglèze de Sagazan et la chapelle de Garaison. Pau 1983.

13 Vgl. Jean Oyenhart, La voyante de Lourdes Sainte Bernadette Soubirous, chez le voyant de Bétharram Saint Michel Garicoïts. Bagnères-de-Bigorres 1988.

14 Vgl. René Laurentin, Vie de Bernadette. Paris 1978, S. 28-29, ohne Beleg.

15 Siehe hierzu LHA, 2, S. 11 ff.

16 Zu diesem Aspekt siehe besonders Harris, Lourdes (wie Anm. 11), S. 45-46.

wichtige Würde einer „héritière“ (Erbin) einbrachte. Einige Monate nach ihrer Geburt – wie auch später immer wieder – wurde Bernadette aus familiärer Not von ihrer Mutter weggenommen und zu anderen Matronen abgeschoben.[17]

Da sich mit den strukturellen makroökonomischen Schwierigkeiten auch noch eine chronische Misswirtschaft paarte, kamen die Müllersleute Soubirous trotz harter Arbeit auf keinen grünen Zweig. Mit der Verwandtschaft zusehends entzweit und von ihr gemieden, suchte der Vater regelmäßig Aufmunterung beim Kartenspiel im Wirtshaus, während die Mutter Stärkung im Wein fand, was ihnen den Ruf von Säufern eintrug.[18] Nach dem Verlust ihrer Mühle und der Dauerarbeitslosigkeit des Vaters lag das Überleben der Familie hauptsächlich auf den Schultern der Mutter, die sich als Wäscherin verdingen musste, sowie auf ihren Töchtern, die dazu wiederverwertbaren Abfall – Lumpen, Knochen, Schrott – und Holz sammelten. Bernadettes Gesundheit verschlechterte sich zusehends, als sie sich während der Choleraepidemie 1855 infizierte: Sie überlebte, jedoch angeschlagen und mit verstärkten Asthmakrisen.[19]

Genau am Tage vor ihrer ersten Schauung, am 10. Februar 1858, fand in Lourdes die feierliche Firmung durch den Bischof von Tarbes, Bertrand-Sévère Laurence, statt. Auch wenn man nicht mit Bestimmtheit weiß, ob Bernadette an dieser höchst eindrucksvollen Zeremonie teilgenommen hat, so kann diese doch ihren Wunsch, zur heiligen Kommunion zugelassen zu werden, nur verstärkt haben.[20] Zugleich muss die sehr strenge Katechismusprüfung, welche Mgr. Laurence bei dieser Gelegenheit öffentlich den Firmlingen abverlangte[21], bei der notorisch katechismusunfähigen Bernadette eine starke Versagensangst hervorgerufen haben. Die Kommunionfeier wurde in der Tat als wichtiger Übergangsritus, mit dem man der Kindheit entrissen wurde, angesehen.[22] Dass sie mit 14 Jahren

17 Vgl. LHA, 2, S. 16-20.

18 Vgl. LHA, 2, S. 76-80.

19 Vgl. LHA, 2, S. 27.

20 Siehe Théodore Mangiapan, Les guérisons de Lourdes. Étude historique et critique depuis l’origine à nos jours, s. l. [Lourdes] 1994, S. 27.

21 Vgl. LDA, 1, S. 152.

22 Zur Wichtigkeit der Kommunion als rite de passage in der damaligen Gesellschaft und Religion, siehe Recroix, Essai (wie Anm. 4), S. 191, 225.

noch in jeder Hinsicht ein Kind war, das viel jünger aussah als es war, das nicht lesen und schreiben konnte, nicht Französisch und auch nicht den Katechismus beherrschte und dazu auch noch wegen ihrer schlechten Gesundheit und eines kümmerlichen Wachstums (1,40 m Körpergröße) selbst jüngeren Kindern körperlich unterlegen war, muss für Bernadette zutiefst unerträglich gewesen sein. Denn sie war somit von der ihr de jure vorgegebenen und auch persönlich sehr geschätzten Vorrangstellung einer „héritière" de facto weit entfernt. Und auch richtig „Soubirous", „souverän" sein, war ihr wie ihrer Familie dramatisch verwehrt. Unmittelbar vor ihren Visionen befand sich Bernadette also in einer ausgeprägten Situation des Scheiterns, in dem tragisch ausweglosen Konflikt zwischen Wunsch und Verpflichtung einerseits und der rauhen Wirklichkeit andererseits.

IV. Die Visionen

Donnerstag, 11. Februar 1858: 1. Vision

Am Morgen des 11. Februar 1858, „Fetter Donnerstag"[23], stellten die Soubirous gegen 11 Uhr fest, dass kein Holz mehr zum Feuermachen für das Kochen vorhanden war. Toinette, Bernadettes 11-jährige kleine Schwester, und ein im Verhältnis zu Bernadette um ein Jahr jüngeres Nachbarskind, die relativ aufmüpfige und unfromme Jeanne Abadie, genannt Baloume, wollten Reisig sammeln gehen. Bernadette, der Ältesten, die während der vorhergegangenen Nacht unter heftigen Asthmaanfällen zu leiden hatte, verbot die Mutter zuerst jeglichen Ausgang an einem solch trüben und nebeligen Tag. Erst nach langem Flehen erlaubte die Mutter schließlich der Ältesten, die Jüngeren auf der Holzsuche zu begleiten; dies jedoch nicht, ohne Bernadette zahlreiche Anweisungen und Ermahnungen mit auf den Weg zu geben, und nicht ohne sich versichert zu haben, dass Bernadette die ihr wegen ihrer Schwäche unabkömmlichen

[23] Vgl. LHA, 2, S. 81-194. Beim „Fetten Donnerstag" handelt es sich um den letzten Donnerstag der Karnevalszeit damit zugleich den letzten vor der Fastenzeit.

Wollsocken auch brav angelegt hatte – während die anderen Kinder barfuß in ihren Holzschuhen daherlaufen konnten.

Doch so schnell wurden die drei Mädchen nicht fündig. Nachdem sie mehrere Male von Erwachsenen schroff verwiesen wurden, mussten sie immer weiter in der peripheren Zone außerhalb der Stadt suchen. Die anderen beiden Kinder hatten inzwischen Holz gefunden, nur Bernadette noch nicht.

Nachdem sie etwa 200 Meter einen Mühlenkanal entlang gelaufen waren, dort, wo dieser in den Gave mündet, erblickten die Mädchen am gegenüberliegenden Ufer, in der Grotte unterhalb des Felsens Massabielle, Reisig nebst einigen ebenso willkommenen Knochen – Strandgut des Gave.

Der Ruf der Grotte von Massabielle, dem Schweinestall der Gemeinde, war nicht der Beste.[24] Des Weiteren sollte es dort spuken[25] – ein Umstand, der nicht nur die ängstlich-fromme Bernadette, welche die Grotte noch nie betreten hatte[26], sondern auch ihre draufgängerischen Begleiterinnen in angstvolles Unbehagen versetzt haben dürfte[27], gesteigert noch durch den überwältigenden Eindruck der düster-schauerlichen Wildnis, die damals noch an der Grotte herrschte.[28]

So war es nicht kindliches Spiel und Abenteuerlust, sondern bitterer Überlebenskampf, der die Kinder zum Aufsuchen der Grotte bewegte. Dazu musste nun aber der Mühlenkanal durchquert werden, der zwar seicht und nur knöcheltief, aber eiskalt war. Nach anfänglichem Zögern wirft Baloume ihre Holzschuhe über den Kanal, den sie mit dem Bündel Reisig auf dem Kopf überquerte, gefolgt von Toinette.

24 Vgl. LHA, 3, S. 9-39.

25 Vgl. LHA, 4, S. 400, die diesbezüglichen Erlebnisse des Herrn Lacrampe; LDA, 1, S. 229; sowie auch Recroix, Essai (wie Anm. 4), S. 351-353; LHA, 3, S. 30-31 und Ruth Harris, Lourdes (wie Anm. 11), S. 53-54. Doch soll es auch eine altertümliche Prophezeiung gegeben haben, an der Grotte werde einmal etwas Wunderbares passieren, vgl. LHA, 3, S. 30.

26 Vgl. Cros, Histoire (wie Anm. 2), Bd. 1, S. 63, 126.

27 Vgl. Recroix, Essai (wie Anm. 4), S. 357.

28 Vgl. LDA, 5, S. 290, den weiter unten zitierten Erlebnisbericht einer zeitgenössischen Pilgerin, Marie-Caroline de Cornulier-Lucinière, über den im wahrsten Sinne des Wortes umwerfenden Eindruck der Grotte selbst auf einen mit Zweifeln anreisenden Pilger.

Hier musste nun die mit schlimmem Asthma, mütterlichen Verboten und Wollsocken gehemmte Älteste vor den Jüngeren zurückstecken, welche sich am anderen Ufer um ihre vom Durchwaten des eiskalten Wassers schmerzenden Füße kümmerten.

Verzweifelt suchte Bernadette nach einer Furt. Als sie keine fand, flehte sie die beiden jüngeren Mädchen an, ihr beim Anlegen einer solchen behilflich zu sein. Doch vergebens. Während die bereitwillige kleine Toinette sich anbot, Bernadette über den Kanal zu tragen, dafür aber zu schwach erscheint, verweigerte die viel kräftigere Baloume solche Hilfe. Und dazu noch mit mannhaftem Gehabe und verletzender Bosheit: "Donnerschlag! Überquere doch so wie wir auch, oder bleib zurück"[29]. Dann sammelte sie fleißig weiter Reisig, und entfernte sich, zusammen mit Toinette, immer weiter den Fluss entlang, weg von der erbärmlich zurückgelassenen Bernadette.

Nachdem sie noch ein letztes Mal vergebens nach einer geeigneten Stelle gesucht hatte, kehrte Bernadette vor die Grotte zurück und fing an, die Schuhe auszuziehen. Doch genau in dem Moment, in dem sie auch die Socken auszog, hatte sie plötzlich eine Vision:

> „Kaum hatte ich den ersten Strumpf ausgezogen, als ich starkes Brausen wie von einem Sturmwind hörte. Ich blickte in die Richtung der Wiese und sah, dass die Bäume dort ganz still waren und sich nicht bewegten. Ich fuhr also fort, meine Strümpfe auszuziehen. Da hörte ich wieder dasselbe Geräusch. Ich hob den Kopf und schaute nach der Grotte. Da erblickte ich eine weißgekleidete Dame; sie trug ein weißes Kleid, einen weißen Schleier, einen blauen Gürtel und auf jedem Fuß leuchtete eine gelbe Rose von derselben Farbe wie die Kette ihres Rosenkranzes. Furcht erfasste mich. Ich glaubte, mich zu täuschen und einer Illusion zu erliegen, und rieb mir die Augen. Ich öffnete sie wieder und sah immer die gleiche Dame. Ich holte meinen Rosenkranz aus der Tasche hervor, dann versuchte ich das Kreuzzeichen zu machen, doch vergebens, ich konnte meine Hand nicht bis zur Stirn führen. Meine Hand fiel mir herab. Die Furcht erfasste mich noch stärker, aber ich lief nicht fort. Die Vision nahm den Rosenkranz, den sie in ihren Händen trug, und machte damit das Kreuzzeichen. Meine Hand erzitterte, ich begann, keine Angst mehr zu haben und fasste erneut meinen Rosenkranz. Dann versuchte ich ein zweites Mal das Kreuzzeichen zu machen, es gelang mir, und darauf hin verschwand sofort meine große

[29] Vgl. LHA, 2, S. 162, für die verschiedenen überlieferten Varianten dieses Ausrufes.

> Ergriffenheit. Ich kniete nieder und betete den Rosenkranz im Angesicht dieser schönen Dame. Die Vision ließ die Perlen des Rosenkranzes durch ihre Finger gleiten, doch ihre Lippen bewegten sich nicht dabei. Als ich mit dem Rosenkranzgebet fertig war, winkte sie mich zu sich heran, aber ich wagte nicht, mich von der Stelle zu rühren. Da verschwand plötzlich die Vision. Ich begann, den andern Strumpf auszuziehen, durchquerte den Bach vor der Grotte und fand meine Gefährtinnen wieder."[30]

Als die befragten Gefährtinnen angeben, nichts gesehen zu haben, gab auch Bernadette an, ihrerseits nichts gesehen zu haben. Das extravagante Beten Bernadettes anstelle des aufgetragenen Holzsammelns, dazu noch die Behauptung, das durchwatete Wasser sei milde gewesen – während die anderen noch immer vor Kälte schnatterten –, und schließlich auch noch die überraschende Kraft und Schnelligkeit, mit der Bernadette sogar ihre kräftigere Schwester überholte – all dies irritierte die Gefährtinnen, die der Seherin verändertes Verhalten nicht ohne Widerstand annehmen wollten, obwohl ja Bernadette nur – ausnahmsweise einmal – ihrer Rolle als Ältesten auch körperlich gerecht geworden war. Den drängenden Gefährtinnen erzählte Bernadette schließlich unter dem Versprechen des Stillschweigens, was sie gesehen habe. Der anfängliche Unglaube im Bezug auf die Vision wurde dann bei Bernadettes Schwester von Angst und Neid abgelöst: Toinette schlägt ihre ältere Schwester mit Ruten und erzählt, zu Hause angekommen, alles der Mutter. Dafür ernten nun beide Kinder Stockschläge und das Verbot, die Grotte zu besuchen. Auf den Verdacht hin, dieses weiße Etwas („aquerò") mit dem schönen Gesicht, das Bernadette gesehen zu haben vorgibt, sei die Seele einer Verwandten aus dem Fegefeuer, ermahnte die Mutter zum Gebet.

Zwei Tage darauf, am 13. Februar, beichtet Bernadette ihre Schauung einem Priester, abbé Pomian, welcher die Sache aber vorerst einmal auf sich beruhen lässt.[31]

30 Übersetzung nach André Ravier, Lourdes. Land der frohen Botschaft. Lourdes, (1965), 1983, S. 15-16. Diese Version, welche wir an Hand der Originaltexte ergänzt haben, ist ein Zusammenschnitt aus fünf Briefen Bernadettes (1861, 1864, 1865, 1866), vgl. die Synopsis in LHA 1, S. 44 ff.

31 Vgl. LHA, 2, S. 201-206.

Sonntag, 14. Februar 1858: 2. Vision

Da sich in der Zwischenzeit Bernadettes Vision herumgesprochen hatte, drängten am Fastnachtssonntag nach der Messe ein Dutzend neugierige Mädchen ihre Gefährtin Bernadette, die Grotte wieder aufzusuchen. Dies entsprach auch dem tiefsten Verlangen der Seherin, welche sich vergewissern wollte, bei ihrer ersten Vision keiner Täuschung erlegen zu sein[32] Vor der Grotte hatte Bernadette nach dem ersten Gesätz des Rosenkranzgebets die gleiche Vision, während keine der Gefährtinnen jedoch im Stande war, irgend etwas wahrzunehmen. Sofort besprengte die Seherin ihre Vision mit mitgebrachtem Weihwasser und beschwor sie, "wenn sie von Gott komme zu bleiben, wenn nicht, so solle sie weggehen. Ich sprengte eifrig Weihwasser weiter gegen sie. Sie fing an zu lächeln, den Kopf zu neigen, und je mehr ich sie besprengte, je mehr lächelte sie und neigte den Kopf, und je mehr sah ich sie ihre Zeichen machen. Vom Schrecken erfasst, besprengte ich sie um so heftiger, bis dass die Flasche [mit Weihwasser] leer war“[33].

Da löste ein von der neidischen Baloume von oberhalb der Grotte hinabgerollter Stein fluchtartige Panik unter den Kindern aus, die sich sowieso schon in höchster Aufregung befanden. Dieser Steinschlag versetzte allerdings Bernadette nach einem Moment des Schreckens in vollendete Verzückung, aus der sie auch herbeieilende Erwachsene, allen Versuchen zum Trotz, nicht herausreißen konnten.[34] Nur mit größten Anstrengungen gelang es, Bernadette in eine nahe gelegene Mühle zu schleppen, wo sie wieder das Bewusstsein erlangte und den Umstehenden von ihrer Vision eines schönen Fräuleins berichtete.

Donnerstag, 18. Februar 1858: 3. Vision

Zwei Bürgersfrauen, Madame Milhet und Antoinette Peyret, waren überzeugt, dass sie es hier mit Erscheinungen der Seele einer ge-

32 Vgl. LHA, 2, S. 207-277.

33 Übersetzung nach LHA, 2, S. 262. Dieser von uns an Hand der Quellen ergänzte Text ist ebenfalls ein Zusammenschnitt aus den Niederschriften Bernadettes aus den Jahren 1864-1866, vgl. LHA, 1, S. 52-53.

34 Vgl. LHA, 2, S. 266.

wissen Elisa Latapie zu tun hätten, eines heiligmäßigen Mädchens, dessen Tod am 2. Oktober des Vorjahres ganz Lourdes tief bewegt hatte. Sie erreichten, dass Bernadette mit ihnen zur Grotte ziehen durfte.[35]

Vor der Grotte trat denn auch prompt nachdem man kniend eine Kerze angezündet und das Rosenkranzgebet begonnen hat, nur für Bernadette sichtbar, das „Etwas" („aquerò") visionär in Erscheinung. „Sie ist hier", ruft Bernadette – „Halt den Mund, wir werden den Rosenkranz beten", entgegneten ihr die Damen[36]. Als die Seherin, wie verabredet, ihrem geschauten Fräulein das Schreibzeug reichen wollte, damit sie den vornehmen Anfragerinnen schriftlich Auskunft erteile, glitt die Vision aus der Nische zu Bernadette hinab, auf gleichen Fuß mit ihr. Mit der ungewohnten Autorität einer entschiedenen Handbewegung verwehrte Bernadette plötzlich ihren beiden flugs sich unterwerfenden herrschaftlichen Auftraggeberinnen jedes weitere Vordringen in die Grotte. Dann stellte die Seherin mit lauter Stimme die aufgetragene Frage, von der die beiden Damen nachher aber nichts gehört haben wollten. Der von der Bernadette dahergesagte Auftrag: "Wollen Sie die Güte haben, Ihren Namen hier aufzuschreiben?", brachte bei der Vision jedoch nur einen Lacher hervor, dann die Antwort[37] „N'ey pas necessari" – „Dies ist nicht notwendig", vorgetragen in einer „feinen und sanften Stimme", die nur die analphabetische Bernadette vernahm. Nun jedoch trug die Vision der Seherin eine Bitte, gepaart mit einem Versprechen, vor; zudem noch in einer so vornehmen Anrede, wie bisher noch niemand das arme Kind angeredet hatte, und dazu nicht in der Herrensprache Französisch, sondern auf „patois" (Platt)[38], und, wie Bernadette später nicht ohne Genugtuung berichtete, sogar im spezifischen Lourder Platt:[39] „Wollen Sie die Güte haben, während vierzehn Tagen nacheinander hierher zu kommen? Ich verspreche Ihnen nicht, Sie in dieser Welt glücklich zu machen, aber in einer anderen."

[35] Vgl. LHA, 2, S. 295-371.

[36] Vgl. Ebd., S. 329: „A peine à genoux, elle nous dit: – Qué iéï [Elle y est !]. Nous lui dîmes: – Tais toi, nous allons réciter le chapelet".

[37] Zur Rekonstruktion von Bernadettes Auditionen, siehe LHA, 2, S. 346-353.

[38] Als assoziativer Gegenbegriff zu „Hochsprache" im Folgenden mit „Platt" – im Sinne von „Dialekt" – wiedergegeben.

[39] Vgl. LHA, 3, S. 231-234.

Die Visions-Quinzaine

Mit Berufung auf die Autorität von Damen der besseren Welt – sowohl der diesseitigen als auch der jenseitigen – durfte Bernadette nun während 14 Tagen weitere Visionen vollziehen.

Allen Widerständen der Zivilautoritäten zum Trotze, entwickelte sich dabei an der Grotte vor ständig steigender Teilnehmerzahl – bis zu 8.000 Menschen – eine regelrechte „Liturgie", bestehend aus gemeinsamen Knien, Kerzenanzünden und Rosenkranzbeten. Im Laufe dieser in der Regel frühmorgendlichen Stelldichein erlebte Bernadette, insofern man sie nicht allzu sehr dabei störte, vom 19. Februar bis zum 4. März 1858 eine Folge von etwa halb- bis zweistündigen Visionen und Auditionen. Überliefert sind: die Übermittlung eines nur für die Seherin bestimmten Geheimnisses und einladende Aufforderungen: Buße, Gebet zu Gott zur Bekehrung der Sünder, bußfertiger Kniefall und Küssen des Bodens, Trinken und Waschen in einer Quelle, die Bernadette in der Grotte freilegte, Essen der Kresse daselbst, den Priestern auftragen, man möge in Prozessionen zur Grotte kommen und eine Kapelle errichten. Zur Erfüllung letztgenannten Anliegens verlangte Dechant Peyramale jedoch ein Zeichen: Die Schauung solle ihren Namen preisgeben und einen Rosenstrauch bei der Grotte zum Erblühen bringen.

Während die Zivilautoritäten noch immer vergebens versuchten, Bernadette einzuschüchtern bzw. durch ärztliche Untersuchungen als Geisteskranke einsperren zu lassen, trachteten hoffnungsvoll Gläubige, unter ihnen auch Kranke, danach, einer heilbringenden Berührung durch Bernadette habhaft zu werden. Die Seherin selbst verwies Heilungssuchende jedoch wo immer möglich auf das Wasser der von ihr auf Geheiß ihrer Vision freigelegten Quelle, von der alsbald schon wunderbare Heilungserfolge berichtet wurden.

Die Abschlussvisionen

Während der folgenden drei Wochen ging Bernadette nicht mehr zur Grotte. Sie war sichtlich glücklicher und entschlossener, konnte aber im Unterricht keine Fortschritte erzielen. „Du tätest gut daran, der Dame, die Du siehst, zu sagen, sie soll Dir ein bisschen Deine

Lektion beibringen. Du verstehst es nicht, etwas zu lernen“[40], so eine Schulschwester zur Seherin.

Am 25. März 1858, dem Fest Mariä Verkündigung, vernahm Bernadette von der erschienenen Dame diese sei die Unbefleckte Empfängnis. Das war die Antwort auf die Bernadette vom Dechanten aufgetragene Frage nach dem Namen der Vision. Das geschah in der Grotte, die inzwischen mit einer Gipsstatue der Unbefleckten Empfängnis und Muttergottesbildern zur Kapelle ausgeschmückt worden war.

Von den beiden darauf folgenden, nun mehr stummen Visionen fand die erste am 7. April 1858 statt, wobei die in Verzückung versunkene Bernadette etwa 10 Minuten lang ihre linke Hand in die Flamme ihrer Kerze hielt, ohne dass die Hand den geringsten Schaden davon trug[41]

Am 3. Juni wird Bernadette endlich zur Kommunion zugelassen.

Die letzte, ebenfalls stumme Erscheinung ereignete sich am 16. Juli 1858 im Verborgenen abseits der Grotte, da diese von der Staatsgewalt zur Aufrechterhaltung der öffentlichen Ordnung verbarrikadiert worden war. In dieser Zeit erlebten in der ganzen Gegend plötzlich außer Bernadette auch zahlreiche andere, bei Volk und Klerus zum Teil beliebtere, Frauen und Kinder Visionen und Auditionen.

V. Das weitere Schicksal Bernadettes

Auf Fürsprache höher stehender Persönlichkeiten wurde Bernadette in das Lourder Hospiz der Schwestern von Nevers aufgenommen.[42]

40 „Tu ferais bien de dire à la dame que tu vois de t'enseigner un peu ta leçon. Tu ne sais rien apprendre“; Mémoire Frère Gérase, 22. April 1881, in LHA, 6, S. 9-18.

41 Dies ist die herkömmliche Überlieferung dieses „Kerzenwunders“, welches aber in der Untersuchung Cros (vgl. Cros, Histoire [wie Anm. 2], Bd. 1, S. 479-499) als unhaltbare Übertreibung dargestelt wird. Für den Versuch einer Widerlegung von P. Cros durch R. Laurentin, siehe LHA, 6, S. 173-201.

42 Zum weiteren Schicksal Bernadettes vgl. LDA, S. 5-7; René Laurentin, Bernadette vous parle, Paris, P. Lethielleux. 2 Bde. Lourdes 1972; Laurentin, Vie (wie Anm. 14).

Trotz ihrer Gebrechlichkeit war Bernadette dort oftmals einem wahren Strom von Besuchern ausgesetzt, denen sie regelrecht vorgeführt wurde: „Sie zeigen mich vor wie einen fetten Ochsen“[43]; „Sie stellen mich zur Schau wie ein exotisches Tier.“[44] Mit allen nur erdenklichen Tricks und Mitteln versuchten die Besucher, eine „Reliquie“ von Bernadette zu erhaschen.

Die von Bernadette angefertigten und massenweise feilgebotenen Photos sollten sie später zur ersten katholischen Heiligen machen, von der man bei lebendigem Leibe aufgenommene Photos besitzt.[45]

Letztendlich wurde Bernadette dank ihres besonderen Status als Seherin und trotz ihrer Armut und Ungebildetheit im Juli 1866 ins vornehme Kloster zu Nevers aufgenommen, wo sie unter dem Ordensnamen Marie-Bernard als Krankenschwester arbeitete. Lourdes und die Grotte sah Bernadette nie wieder: Ob des Massenandrangs und der Veränderungen an der Grotte wollte sie, als man ihr die Gelegenheit dazu anbot, gar nicht mehr zur Grotte zurück.

Die Jahre in Nevers sollten jedoch für Bernadette zu einer Art Kreuzweg werden, verursacht durch die systematischen Demütigungen der Klosterzucht und die sich stets verschlimmernde Erkrankung der Atemwege, zu der dann auch noch tuberkulöser Knochenfraß hinzu kam.[46] Dennoch zeigte die immer wieder überraschend temperamentvolle und schelmische Bernadette ständig eine gewisse Freiheit jenseits aller Konventionen.[47] Bernadette starb unter unsäglichen Qualen am 16. April 1879, im Alter von 35 Jah-

43 „Oh! ma Mère, s'écrie-t-elle, vous me montrez come un bœuf gras“; übereinstimmende Aussage mehrerer Zeugen. In: LDA, 7, S. 76.

44 „Mais, ma chère sœur, laissez-moi partir d'ici. Vous me faites voir comme une bête curieuse“, LDA, 7, S. 76. Vgl. Laurentin, Bernadette (wie Anm. 42), Bd. 1, S. 395; Ders., Vie (wie Anm. 14), S. 189-190.

45 Das früheste Photo eines zukünftigen Heiligen überhaupt ist die 1859, also zwei Jahre vor dem ersten Ablichten Bernadettes, angefertigte Aufnahme des Pfarrers von Ars auf seinem Totenbett. Vgl. René Laurentin, Visage de Bernadette, 2 Bde. Paris 1978.

46 Vgl. Roger Pilon, Le Corps de Bernadette Soubirous dans sa vie, dans sa mort, dans sa béatification. Lourdes 1997, S. 29 ff.

47 Vgl. Bernadettes Aussagen während ihrer Klosterzeit in R. Laurentin/M.-Th. Bourgeade, Logia de Bernadette. Étude critique de ses paroles de 1866 à 1979, 3 Bde. Paris/Lourdes 1971.

ren. Der im Zuge des Seligsprechungsverfahrens 1909, 1919 und 1925 exhumierte Leichnam Bernadettes ist unverwest und fortan in einem Schaukasten in der Klosterkapelle von Nevers hinter Glas sichtbar aufgebahrt.[48] Schließlich wurde Bernadette von Papst Pius X. am 14.6.1925 selig und am 8.12.1933 heilig gesprochen.

VI. Deutung der Visionen

Wie sind nun theologisch die Erscheinungen der Bernadette Soubirous einzuordnen? Hier verlangt, unter der Bezeichnung: „Die anthropologische Struktur der Privatoffenbarungen", Joseph Kardinal Ratzinger als Präfekt der Kongregation für die Glaubenslehre, „vor dem Mühen um die [theologische] Auslegung der Botschaft" der Marienvisionen müsse man „ihren anthropologischen (psychologischen) Charakter etwas aufzuhellen versuchen"[49].

1. Die anthropologische Struktur von Visionen

Eine traditionelle Weltanschauung, in der die heilbringende Erscheinung nicht-menschlicher Wesen in abgeschiedener Wildnis an unschuldige Kinder zur überlieferten Erfahrung zählt, bildet humanwissenschaftlich betrachtet jene anthropologische Struktur, die Visionen als gemeinnützlich akzeptiertes Verhaltensmuster individuell und kollektiv überhaupt erst geschehen lassen kann.

Indem Bernadette eine schöne Dame schaut, tut sie zwar etwas Außergewöhnliches, aber dennoch nichts eigentlich Unordentliches – im Gegenteil. Solche Erscheinungen entsprechen einem mehr oder weniger genau umrissenen Topos einer traditionellen Welterfahrung, die durch viele Jahrhunderte des Christentums zurück bis in heidnische Vorzeiten hinein aufgezeigt werden kann.[50]

[48] Siehe André Ravier, Der Leichnam der heiligen Bernadette nach den Archiven des Klosters von St. Gildard, der Diözese und der Stadt Nevers. Baume-les-Dames 1995.

[49] Joseph Ratzinger, Kommentar zum Geheimnis von Fatima. In: Kongregation für die Glaubenslehre, Die Botschaft von Fatima. 13. Mai 2000. Bonn 2000, S. 37.

[50] Vgl. mit besonderen Bezug auf die Pyrenäen Recroix, Récits (wie Anm. 11); Ders., Aspect (wie Anm. 10).

Sehr trefflich bringt dies ein Verwandter von Bernadette, Schuldirektor Clarens, zum Ausdruck: „Aber: was sieht sie [Bernadette] denn? Unsere Ahnen hätten nicht gefehlt auszurufen, dass die Fee Melusina aus Britannien, oder Banshee aus Irland, oder Ortoli aus Korsika, oder Urgela, oder die weiße Dame, usw., diese Gegend verlassen hätte, um eine bevorzugte Höhle am Fuße unserer Berge zu bewohnen. Aber die große Masse [...] glaubt und verbreitet heute mit soviel Leidenschaft: dass die Jungfrau einem Mädchen erschienen ist, um ihr eine Offenbarung mitzuteilen. Auch wenn man die Leichtfertigkeit, mit welcher die Bevölkerung nach einem Wunder ruft [...] tadeln muss, so kommt man doch nicht umhin, mit großer Genugtuung anzuerkennen, dass die abergläubischen Anschauungen unserer Ahnen im Geiste unserer Zeitgenossen religiösen Sichtweisen Platz gemacht haben“[51], worin der Schuldirektor den „Fortschritt unseres Jahrhunderts“[52] erkennen will.

Genau in dem Sinne des Fortschrittes wird denn auch von den Gläubigen die Tatsache gedeutet, dass die Schauungen der Bernadette eigentlich nur eine Neuauflage von sowohl in ältester – Garaison, Bétharram – als auch in neuester Zeit – Rue du Bac 1830; La Salette 1846 – sich ereignenden Muttergotteserscheinungen sind. Zugleich sind die Erscheinungen in Lourdes dabei trendprägend für die nachfolgenden Visionen in Pontmain (Frankreich 1871)[53], Fa-

[51] „Mais alors, que voit-elle? Nos ancêtres n'auraient pas manqué de s'écrier que la fée Mélusine de Bretagne, ou Banshée d'Irlande, ou Ortoli de Corse, ou Morgane, ou Urgèle, ou la Dame blanche, etc., avaient quitté ces parages pour venir habiter un antre privilégié, à la racine de nos monts. Mais la grande masse (...) croit et propage aujourd'hui avec tant de fureur: que la Vierge avait apparu à une fille pour lui faire quelque révélation. Tout en blâmant la facilité avec laquelle les populations crient au miracle (...), on ne peut s'empêcher de reconnaître, avec une grande satisfaction, que les idées superstitieuses des anciens ont fait place à des idées religieuses dans l'esprit de nos contemporains“; Denkschrift Clarens vom 4.3.1858 an Präfekt Massy. In: LDA, 1, S. 201-202.

[52] „ce progrès de notre siècle!“; Ebd.

[53] Vgl. René Laurentin/Albert Durand, Pontmain. Histoire authentique, 3 Bde. Paris 1970.

tima (Portugal 1917)[54], Beauraing[55] und Banneux[56] (Belgien, 1932 und 1933), welche aus der Fülle von größtenteils offiziell nicht anerkannten Marienerscheinungen herausragen.

Daneben tritt in der Geographie des Erscheinungsortes eine außerordentlich gebündelte Natursymbolik zu Tage, wie sie schon Seneca beschreibt: „Diese Erhabenheit des Waldes, das Geheimnisvolle des Ortes und die Verwunderung über den (...) so dichten und ununterbrochenen Schatten wird in dir den Glauben an göttliches Walten wecken. Wenn eine Höhle, tief aus dem Felsen ausgewaschen, den Berg über sich trägt, nicht von Menschenhand geschaffen, sondern durch Kräfte der Natur zu solcher Weite ausgehöhlt, wird sie deine Seele durch eine Ahnung von Gottesfurcht erbeben lassen. Bedeutender Flüsse Quelle verehren wir; das unvermittelte Hervorbrechen eines starken Stromes aus dem Verborgenen besitzt Altäre."[57] Welch überwältigender Eindruck die ursprüngliche Grot-

54 Die Veröffentlichung einer kritischen Dokumentation zu den Erscheinungen in Fatima ist erst vor kurzem angefangen worden (vgl. Anton Ziegenaus, Die Ereignisse in Fatima. Zum Erscheinen des ersten Bandes einer kritischen Dokumentation. In: Forum katholische Theologie 11 (1995), S. 299-310. Der Autor präsentiert den status quaestionis und setzt sich für die Echtheit der Erscheinungen ein). Für eine kritische Bewertung von Fatima, vgl. Carlos Maria Staehlin, Visionen, Stigmata und Offenbarungen. Kritischer Essay, unveröffentlichtes Manuskript, Bd. 1: VII + S. 490; Bd. 2: 216 Seiten. Übers. von Apariciones. Ensayo critico. Madrid 1954, passim; Karl Rahner, Visionen und Prophezeiungen. Freiburg ²1958; Neuauflage hrsg. v. Josef Sudbrack 1989, passim; Josef Hanauer, Muttergotteserscheinungen. Tatsachen oder Täuschungen. Aachen 1996, S. 84-191.

55 Vgl. Fernand Toussaint/Camille-Jean Joset, Beauraing (1932-1982), s.l., DDB, 1981; Camille-Jean Joset (Hrsg.), Dossiers de Beauraing, 5 Bde. Beauraing, Pro Maria; Namur, Recherches Universitaires, 1981-1984. (der angekündigte Band 6: „Controverses (1933-1950)" ist nicht erschienen).

56 Vgl. Ludwig Joseph Kerkhofs, U. L. Frau von Banneux. Studien und Dokumente. Aachen ²1963 (Übers. aus dem Französischen) (der Autor hat als Ortsbischof die Erscheinungen anerkannt).

57 „illa proceritas siluae et secretum loci et admiratio umbrae (...) tam densae atque continuae ibidem tibi numinis faciet. Si quis specus saxis penitus exesis montem suspenderit, non manu factus, sed naturalibus causis in tantam laxitatem excauatus, animum tuum quadam religionis suspicione percutiet. Magnorum fluminum capita ueneramur; subita ex abdito uasti amnis eruptio aras habet", L. Annaeus Seneca, Ad Lucilium epistulae morales, 41, 3. Darmstadt 1980, S. 326.

te auf die ersten Besucher machte, davon liefern zeitgenössische Berichte ein beredtes Zeugnis: „Alles ringsum ist grandios und still, abrupte und grandiose Felsen umgeben uns, schwarze und kahle Berge beherrschen uns, der Gave murmelt dumpf in unserer Nähe und jedes Ding regt uns zum Ernst und zum Gebet an. Sie biegen um einen Felsen und Sie kommen am Ziel unserer Wallfahrt an! Beim Ankommen sagte ich mir: wer beweist mir, dass die Heilige Jungfrau diesen Ort besucht hat, da die kirchliche Autorität noch nichts entschieden hat; doch kaum hatte ich den Fuß in diese Grotte gesetzt, noch ehe ich sie angeschaut hatte, spürte ich mich von einer unwiderstehlichen Kraft auf die Knie geworfen, ich fühlte in meinem ganzen Wesen eine gewaltsame und merkwürdige Erschütterung; meine Augen füllten sich mit Tränen und ich verspürte ein Erzittern vor Glück und eine süße Rührung, wie ich sie nur einmal verspürt habe und wie ich sie mein Leben lang niemals vergessen werde. Es ist mir unmöglich, auszudrücken, was ich an unsäglicher Freude empfunden habe; mir schien, ich hätte die Erde verlassen und würde den Vorgeschmack des himmlischen Glückes vorfühlen. Wenn ich daran denke, verspüre ich noch die gleiche süße Rührung; es schien mir, als sähe ich, als hörte ich Maria mir sagen, sie sei sehr wohl dorthin gekommen und ich hätte alles geopfert, um dies allen Ungläubigen zu sagen und zum Glauben zu bringen.“[58]

[58] Bericht der 18-jährigen Marie-Caroline de Cornulier-Lucinière, welche mit ihren Eltern vom 9. bis zum 11. Mai 1859 nach Lourdes pilgerte. In: LDA, 5, S. 290: „Tout alentour est grandiose et silencieux, des rochers abrupts et grandioses nous entourent, des montagnes noires et chenues nous dominent, le Gave gronde sourdement près de nous et chaque chose nous dispose au sérieux et à la prière. Vous tournez un rocher et vous êtes rendu au but de notre pèlerinage! En arrivant, je me disais: qui me prouvera que la Ste Vierge a visité ces lieux, puisque l'autorité ecclésiasitque n'a rien encore décidé; mais à peine avais-je posé le pied dans cette Grotte, avant même de l'avoir regardée, je me sentis jetée à genoux par une force irrésitible, je ressentis dans tout mon être une commotion violente et étrange; mes yeux se remplirent de larmes et je ressentis un tressaillement de bonheur et une émotion délicieuse, comme je n'en avais éprouvé encore qu'une fois et que je n'oublirai jamais de ma vie. Il est impossible d'exprimer ce que je ressentais d'ineffable joie, quelles délices avaient les larmes que je répandis; il me semblait que j'avais quitté la terre et que je pressentais les avant-goûts du bonheur du ciel. Lorsque j'y pense, je ressens encore cette même délicieuse émotion; il me semblait que je voyais, que j'entendais Marie me dire qu'elle était bein venue là et j'aurais tout sacrifié

Dass Lourdes ab 1863 bequem per Eisenbahn zu erreichen war, machte den dortigen religiösen Kurbadtourismus den Massen erreichbar, während sich der Ruf der zu Anfang systematischen Lourder Krankenheilungen[59] in der ganzen Welt wie ein Lauffeuer verbreitete.

2. Psychologie der Visionen Bernadettes

Psychologisch betrachtet sind Bernadettes Erscheinungen als real erlebte innerpsychische Vorgänge zu werten.

Diese Sichtweise der Bernadetteschen Visionen und Auditionen ist nicht neu. Sie findet ihren Ausdruck schon im erwähnten Schreiben von Schuldirektor Clarens am 4. März 1858: „Sieht das junge Mädchen nicht etwas, was es nicht sieht? So paradox dieser Satz auch klingen mag, könnte er doch gänzlich eine Wahrheit sein. Man kann heute nicht bestreiten, dass eine Person glauben kann, Wahrnehmungen zu haben, die sie nicht wirklich hat. Diese glaubte zu sehen, ohne zu hören; jene glaubte zu hören, ohne zu sehen; jene schließlich glaubte zu sehen und zu hören, ohne dass etwas da war. Wenn man auch die Leichtigkeit bedauert, mit welcher gewisse Materialisten die Theorie der Halluzinationen an sich gerissen haben, um die durch die Heilige Schrift konsekrierten oder in den Heiligenviten erwähnten Visionen zurückzuweisen, so könnte man doch nicht bestreiten, dass es sich hierbei um eine wissenschaftlich gesicherte Tatsache handelt."[60]

„In dieser Sicht kann man Offenbarungserlebnisse – analog zum Traum – als dissoziative Weisen einer Bewußtwerdung und (ver-

pour l'affirmer et le faire croire à tous les incrédules."

59 Siehe Patrick Dondelinger, Guérisons et miracles, Le Rosaire. Histoire du pèlerinage. Toulouse 1998, S. 19-40.

60 „La jeune fille ne verrait-elle pas ce qu'elle ne voit point? Toute paradoxale que paraisse cette proposition, elle pourrait parfaitement être une vérité. On ne saurait contester aujourd'hui qu'une personne peut croire avoir des perceptions qu'elle n'a pas réellement. Telle a cru voir, sans entendre; telle a cru entendre, sans voir; telle enfin a cru voir et entendre ce qui n'existait pas. Tout en déplorant la légèreté avec laquelle certains matérialistes se sont emparés de la théorie des hallucinations pour repousser les visions consacrées par l'Écriture, ou mentionnées dans les Vies des Saints, on ne pourrait contester que ce ne soit là un point acquis par la science"; Denkschrift Clarens vom 4.3.1858 an Präfekt Massy. In: LDA, 1, S. 202.

suchten) Verarbeitung von Gefühlen und Gedanken auffassen, die je nach den psychischen Ursachen sowie dem soziokulturellen und weltanschaulich-kognitiven Bezugsrahmen des Betroffenen variieren"[61], so der Religionspsychologe Bernhard Grom.

Will man nun „auditive und visionäre Offenbarungserlebnisse von ihren psychischen Bedingungen her verstehen (…), kann man – schwerpunktartig – zwei Gruppen unterscheiden: (1) Offenbarungserlebnisse, die spontan auftreten und bei denen das Überwältigtwerden von einer emotionalen Erregung, die Psychodynamik, im Vordergrund steht, und (2) Offenbarungserlebnisse, die absichtlich herbeigeführt werden und meistens kognitiv komplex sind"[62]. Damit wäre zu unterscheiden zwischen Bernadettes erster Vision am 11. Februar, welche als spontanes Offenbarungserlebnis der ersten Schwerpunktgruppe zuzuschreiben ist, und den nachfolgenden Visionen, als Bernadette mit der erklärten Absicht zur Grotte ging, etwas zu sehen, wodurch diese Erscheinungen eindeutig der zweiten Gruppe von absichtlich herbeigeführten Offenbarungserlebnissen zuzurechnen sind.

In den Augen der Wissenschaft zielen die psychodynamischen Funktionen der spontanen Auditionen und Visionen unter anderem auf Wunscherfüllung einer als ausweglos erlebten Wirklichkeit ab, auf „Schutz und Rettung in extremer Angst um Leib und Leben"[63] oder „ekstatisch erlebten Halt in Verlassenheit"[64].

Diese Deutung von spontan sich einstellenden Erscheinungen als Kompensationsmechanismus bei unerträglichem Leidensdruck trifft auch vollkommen auf Bernadettes erste Vision zu[65], genau so wie auf andere Marienseher des 19. Jahrhunderts auch: „Ein Leben in Abhängigkeit, der Außenseiterstatus und nicht nur die schiere Armut: das sind die immer wiederkehrenden Themen im Leben der Visionäre. Hinzu kommt die Erfahrung der emotionalen Verletz-

61 Bernhard Grom, Religionspsychologie. München/Göttingen 1992, S. 301-302.

62 Ebd., S. 302.

63 Ebd., S. 303.

64 Ebd., S. 305.

65 Siehe Recroix, Essai (wie Anm. 4), z. B. S. 451, 453, etc.

lichkeit durch den Verlust von Angehörigen oder durch brüchige Familienverhältnisse.“[66]

Die nach ihrer ersten spontanen Schauung auftretenden Visionen, das heißt, als Bernadette zur Grotte ging, um willentlich Etwas („aquerò“) zu sehen, gehören eindeutig der von Bernhard Grom unterschiedenen Gruppe der selbstinduzierten und kognitiv komplexen Auditionen und Visionen an. „Daß solche Erlebnisse steuerbar und selbstinduziert sind, läßt die Tatsache vermuten, daß sie oft genauestens den persönlichen Orientierungsbedürfnissen oder den Erfordernissen einer Gesellschaft entsprechen.“[67] Selbstinduziert will jedoch nicht sagen, dass sich das schauende Subjekt dessen auch in jedem Fall klar bewusst wäre und durch das gleichzeitige Weismachen einer übernatürlichen Fremdbestimmung seine Umwelt absichtlich täuschen würde – im Gegenteil: „Auditionen und Visionen dieser Art müssen keineswegs immer auf bewußtem Betrug beruhen: Daß sie weitgehend selbstinduziert sind und gleichzeitig als unwillkürlich und aus einer ichfremden Quelle kommend empfunden werden, bildet keinen Widerspruch.“[68]

Die Fähigkeit, sowohl die Ekstasen kontrolliert herbeizuführen als auch deren Hochstimmung genießen zu können, ist dabei ein eindeutiges Indiz für „Ekstase im nichtpathologischen Ausnahmebereich“[69]. „Nichtpathologische Ekstasen werden vermutlich durch zwei Faktoren ermöglicht (…): (1) Die Konzentration (Fokussierung) der Aufmerksamkeit und emotionalen Reaktionsbereitschaft auf ein positives Gefühl (bzw. auf den Gedanken, der es auslöst) und (2) die alle kritische Distanz aufgebende Hingabe an dieses Gefühl (…).“[70]

Steht „in motivationaler Hinsicht (…) wahrscheinlich jede religiöse Intensiverfahrung im Spannungsfeld zwischen selbstbezogenem, sozial desinteressiertem Geborgenheits- und Zuwendungsbedürfnis und andernbezogener Bereitschaft zu (soziozentrischem)

66 David Blackbourn, Wenn ihr sie wieder seht, fragt wer sie sei. Marienerscheinungen in Marpingen – Aufstieg und Niedergang des deutschen Lourdes. Reinbek bei Hamburg 1997, S. 46.

67 Grom, Religionspsychologie (wie Anm. 61), S. 310.

68 Ebd., S. 313.

69 Ebd., S .277.

70 Ebd., S. 278.

prosozialem Empfinden und zu (theozentrischer) Dankbarkeit und Verehrung“[71], dann haben Bernadettes visionäre Erlebnisse in ihrer ganzen Ausrichtung eindeutig ihren Schwerpunkt auf dem letztgenannten Pol.

So sind denn Bernadettes eidetische Ekstasen in ihrer ganzen gruppendynamischen Ritualisierung viel weniger Symptom als Therapie, in der das Mädchen nicht nur für sich selbst Heilung im Sinne einer besseren, lebensfähigeren und anhaltenden Anpassung an die Wirklichkeit erfahren kann – nebst einem, wenn auch auf die Dauer der Vision begrenzten Verschwinden ihrer körperlichen Krankheitssymptome. Nein, sie können darüber hinaus auch andere Personen für einen Umwandlungsprozess motivieren, dessen spektakulärste Verkörperung die so genannten Wunderheilungen sind, welche noch während der Erscheinungszeit – jedoch schon losgekoppelt von der Anwesenheit Bernadettes – an der Grotte stattfinden.

3. Theologische Würdigung

Theologisch sind besagte anthropologische und psychologische Charakteristiken ein wichtiges Argument für die kirchliche Approbation von Visionen: „Die betreffende Botschaft enthält nichts, was dem Glauben und den guten Sitten entgegensteht; es ist erlaubt, sie zu veröffentlichen, und die Gläubigen sind autorisiert, ihr in kluger Weise ihre Zustimmung zu schenken“, so der schon erwähnte Joseph Ratzinger in Anlehnung an den Theologen E. Dhanis.[72]

Was aber im Falle der Visionen der Bernadette den eigentlichen Ausschlag für ihre Anerkennung 1862 durch den Ortsbischof gab, waren die zahlreichen, aus der natürlichen Beschaffenheit (Mineralien etc.) unerklärbaren Heilungen, welche mit Hilfe des Wassers jener Quelle erfolgten, die eben nur von Bernadette während ihrer Visionen freigelegt worden war.[73] Und es stehen seither weniger die Visionen der Bernadette, denn die körperliche und geistliche Heilserfahrung von Kranken und Gesunden im Mittelpunkt des größten Wallfahrtsortes Europas.

[71] Ebd.

[72] Ratzinger, Kommentar (wie Anm. 49), S. 36.

[73] Vgl. LDA, 6, S. 237-245.

In der Tat ist die hohe Zeichenhaftigkeit von Bernadette Soubirous Visionen und Auditionen nicht als individuelles Einzelerlebnis anzugehen, sondern als gemeinschaftliches „Ausdruckstheater“; als eine Art interaktiver Darstellungskunst und volkskirchlicher Liturgie, in welcher der theologisch so relevante Glaubenssinn der Gläubigen allen Irrungen und Wirrungen zum Trotz trefflich zu Tage tritt.

Visionen und Auditionen wie die der Bernadette Soubirous bilden in der Tat ein ganzheitlich-gesellschaftliches Geschehen, dessen geglücktes Gelingen allerdings auch wesentlich vom menschlichen Unbewussten abhängt. Und dies sowohl anthropologisch wie auch theologisch. Hebt die Gnade die Natur nicht auf, wirkt Gottes Geist, auf menschlich unergründliche Weise, mit dem nach seinem Abbild geschaffenen Menschen zusammen, so ist nicht einzusehen, weshalb er das nicht auch durch das Unbewusste des Menschen hindurch tun würde.

Andreas Johannes Kotulla

Lourdes und die deutschen Katholiken: Über die frühe Rezeption eines katholischen Kultes im Deutschen Kaiserreich und die Anfänge der Wallfahrt bis zum Ersten Weltkrieg[1]

In unmittelbarer Nähe meiner Wohnung steht, in den Waldsaum eingebettet, ein modernes Marienbild in Form einer kleinen Terrakotta-Säule, die mit einer Statue geschmückt ist. Ungewöhnlich ist dieser Beweis einer noch immer lebendigen katholischen Marienverehrung in der seit jeher konfessionell durchmischten Pfalz nicht: Bildstöcke und Heiligenhäuschen gibt es hier in fast jedem Dorf. Allerdings fällt beim näheren Betrachten dieser neueren Andachtstätte auf, dass die Statue Züge eines wohl bekannten Bildes trägt, welches sich in der katholischen Weltkirche seit dem späten 19. Jahrhundert weit verbreitet hat und das zu einer Art katholischer „Marke" geworden ist: Die typische Darstellung der Lourdesmadonna, so wie man sie am Wallfahrtsort selbst in zahllosen Geschäften kaufen kann und wie sie seither genauso in katholischen Kirchen und Haushalten Europas, Westafrikas oder Lateinamerikas anzutreffen ist. Fast immer, wenn der Name des südfranzösischen Wallfahrtsortes erklingt, verbindet der Hörer damit automatisch ganz bestimmte Vorstellungen, welche fast ebenso klar mit dem Etikett „typisch katholisch" versehen werden. Kein Zweifel: Lourdes ist auch im heutigen Deutschland ein allgemein bekanntes Datum, das dem Katholizismus, besonders seiner popularen Form, ja einem noch in Grundzügen vorhandenen Milieu-Katholizismus zugerechnet wird.

Welche Vorstellungen, welche Inhalte verbinden sich mit dem Namen Lourdes? Diese lassen sich mit drei Schlagworten umrei-

[1] Dieser Beitrag greift wesentliche Ergebnisse folgender Dissertationsschrift auf: Andreas Johannes Kotulla, Nach Lourdes! Der französische Marienwallfahrtsort und die Katholiken im Deutschen Kaiserreich (1871-1914). München 2006. Im Aufbau stützt er sich weitgehend auf einen anlässlich der Verleihung des Hieronymuspreises der Theologischen Fakultät Trier im Dezember 2005 vom Verfasser gehaltenen Vortrag.

ßen. Zunächst: *Marienerscheinungen* – gemeint sind hier die Erscheinungen, die das Mädchen und spätere Heilige Bernadette Soubirous im Jahre 1858 in einer Felsengrotte nahe dem damalig verschlafenen Pyrenäenstädtchen Lourdes erlebte.[2] Diese Ereignisse, verbunden mit der Freilegung einer bis heute sprudelnden Wasserquelle und dem Auftrag, eine Kapelle an der Erscheinungsstelle zu errichten, stehen am Anfang der Geschichte von Lourdes als Marienwallfahrtsort. So lautet das zweite Schlagwort auch: *Wallfahrten* – genauer Massenwallfahrten. Diese setzten verstärkt nach dem verlorenen deutsch-französischen Krieg von 1870/71 ein und führten zunächst Katholiken aus ganz Frankreich am Ort der Erscheinungen zusammen. Schon wenig später allerdings lockte die Stätte auch Pilgerscharen aus dem Ausland an, so dass Lourdes früh zum internationalen katholischen Wallfahrtsort avancierte. Im Jahre 1908 – nur fünfzig Jahre nach den Erscheinungen – wurde die Grenze von einer Million Pilgern pro Jahr überschritten. Heute ist Lourdes mit geschätzten fünf Millionen jährlichen Besuchern einer der größten Wallfahrtsorte der Welt und besitzt, nach Paris, die zweithöchste Hoteldichte Frankreichs. Die besondere Anziehungskraft des Ortes aber wird ohne Zweifel durch das dritte Schlagwort abgesteckt: *Außergewöhnliche Heilungsvorgänge*. Diese ereigneten sich dort, ob durch den Gebrauch des Quellwassers in einem der Bäder oder während der großen Prozessionen. Lourdes wurde so zu einem Ort der Hoffnung für Kranke, ebenso aber zu einem Konzentrationspunkt für die grundsätzliche Diskussion über die Möglichkeit und Unmöglichkeit von Heilungswundern. In relativ geringer Zahl wurden Heilungen von der katholischen Kirche – weil medizinisch-wissenschaftlich nicht hinreichend erklärbar – als Wunder anerkannt.[3]

2 Vgl. näher den Beitrag von Patrick Dondelinger in diesem Band. Äußerst minutiös wird die Geschichte der Erscheinungen dargelegt in René Laurentin, Lourdes. Histoire authentique des apparitions, 6 Bde. Paris 1961-1964 sowie René Laurentin/Bernard Billet/Paul Galland, Lourdes. Dossier des documents authentiques, 7 Bde. Paris 1957-1966.

3 Bislang wurden 66 Heilungsfälle durch Bischöfe als wunderbar deklariert. Aus der überbordenden Literatur zu diesem Thema sei nur ein neuerer Titel genannt, der sich den einzelnen Fällen widmet: Sanctuaires Notre-Dame de Lourdes, Lourdes-Magazine 121: Les miraculés. 66 histoires extraordinaires. Lourdes 2003.

Die aufgeführten Schlagworte erhielten und erhalten ihre inhaltliche Struktur durch Bilder: Bildhafte Vorstellungen etwa, wie sie der Roman *Das Lied von Bernadette* von Franz Werfel entwarf. Im Jahre 1941 verfasst, bot das Werk alsbald den Stoff für einen süßlichen Schwarz-Weiss-Hollywoodstreifen, der im Nachkriegsdeutschland die Kinosäle füllte und das Interesse an Lourdes hierzulande neu entfachte.[4] Aber auch die eigene Anschauung dient als Quelle solcher Bilder: Heute führen aus deutschen Bistümern jährlich Pilgerfahrten nach Lourdes, die besonders bei Katholiken der älteren Generationen beliebt sind. Es gibt spezialisierte Veranstalter, die neben Zügen mit intensiver Krankenbetreuung auch bequeme Pilger-Flugreisen im Angebot führen. Mitbringsel vom Wallfahrtsort tragen ebenso Bildcharakter, seien es die bunten Bände mit Fotografien, die in mehreren Sprachen in den unzähligen Souvenirgeschäften am Ort erhältlich sind, oder die dort ebenso in großer Zahl verkauften Plastikflaschen in der typischen Form der Lourdesmadonna, die gerne zur Aufbewahrung des vom Wallfahrtsort mitgebrachten Wassers verwendet werden. Und selbstverständlich gibt es die erwähnten Statuen der Muttergottes von Lourdes in verschiedenen Größen und Materialien zu kaufen, die auch heute noch Stätten lokaler Marienverehrung zieren.[5] Die weit auffälligsten Bildnisse aber stellen die auch hierzulande durchaus noch zahlreich zu findenden *Lourdesgrotten* dar: In freier Natur, an Kirchen oder auf Friedhöfen aufgebaut, ragen diese künstlerisch mehr oder weniger gelungenen Nachbildungen der Erscheinungsstätte als Zeugnisse einer Zeit hervor, in der deutsche Katholiken offenbar ein besonders starkes Interesse für den jungen französischen Wallfahrtsort entwickelt hatten. Die meisten dieser Miniaturausgaben der Erscheinungsstätte stammen aus der Epoche des Deutschen Kaiserreichs, genauer aus

4 Zu Lourdes im Kino vgl. näher den Beitrag von Martin Loiperdinger in diesem Band.

5 Die erste, im Jahre 1864 in der Grotte aufgestellte Statue war eine nach den Angaben der Bernadette vom Lyoner Akademiekünstler Fabisch gefertigte Madonna. Vgl. dazu Laurentin/Billet/Galland, Documents (wie Anm. 2), Bd. 7, S. 41-60. Die Fabisch-Statue bot eine erste Vorlage für zahlreiche Repliken. Jedoch hatten die bis heute verbreiteten Kopien bald größere Ähnlichkeit mit der im Jahre 1876 gekrönten Madonnenstatue, die auf dem Platz vor den Kirchen des Heiligtums steht.

den etwas mehr als vierzig Jahren zwischen dem deutsch-französischen Krieg und dem Ersten Weltkrieg.

Erstaunlich genug ist es, dass das französische Lourdes in dieser Zeitspanne voll nationaler Ressentiments, deutschem Großmachtstreben und französischem Revanche-Denken, zu einem Ziel der Sehnsucht auch deutscher Katholiken und schließlich zu einem veritablen Reise- und Pilgerziel für diese werden konnte. Um dieses Feld der modernen Frömmigkeitsgeschichte näher zu erkunden, wollen wir uns in die besagte Zeit zurück begeben und dabei zunächst die Rolle jener Personen und Institutionen hervorheben, welche die deutschen Katholiken mit Lourdes vertraut machten, indem sie eine literarische, materielle und praktische Rezeption des Kultes lenkten. Eine Kennzeichnung des Verhältnisses der Katholiken im Kaiserreich zum französischen Lourdes und Überlegungen zur konzeptionellen Charakterisierung des beschriebenen Rezeptionsvorgangs sollen folgen.

I. Sehnsuchtsort Lourdes: Das Werk der Multiplikatoren

Seinen Aufschwung zum Großwallfahrtszentrum verdankte das Städtchen Lourdes nicht allein jener wundersamen Geschichte der Marienerscheinungen aus dem Jahre 1858. Auch eine vier Jahre nach diesen Ereignissen ergangene bischöfliche Erlaubnis der Wallfahrt gab noch nicht den Startschuss zu einer Pilgerbewegung nationalen, geschweige denn internationalen Ausmaßes. Gerade in Frankreich sind derartige Erscheinungsphänomene und daraus entstandene Wallfahrten für das 19. Jahrhundert in auffallend großer Zahl zu verzeichnen. Die meisten jedoch erlangten schon damals kaum eine überregionale Bedeutung.[6] Im Fall von Lourdes spielte das, was wir heute als *mediale Aufbereitung* bezeichnen würden, eine zentrale

[6] Für die Jahre von 1830 bis 1876 konnte man 13 Erscheinungen bzw. größere Erscheinungsbewegungen in Frankreich feststellen. Vgl. dazu Gérard Cholvy/Yves-Marie Hilaire, Histoire religieuse de la France contemporaine. Bd. 1 1800-1880. Toulouse 1985, S. 180 sowie Claude Langlois, Mariophanies et mariologies au XIXe siècle. Méthodes et histoire. In: Jean Comby (Hrsg.), Théologie, histoire et piété mariale. Actes du Colloque 1-3 octobre 1996. Lyon 1997, S. 19-36.

Rolle. Erst die angemessene literarische Präsentation der Erscheinungsgeschichte durch einen im polemischen Fach beheimateten Schriftsteller machte das Städtchen am Fuß der Pyrenäen landesweit bekannt. Der Name des Autors: Henri Lasserre, ein katholischer Jurist und glühender Ultramontaner, und sein Werk mit dem Titel *Notre-Dame de Lourdes* sind heute weitgehend in Vergessenheit geraten. Die französische Literaturgeschichtsschreibung erwähnt das Buch mit keinem Wort, obwohl es sich um einen der erfolgreichsten Bestseller des 19. Jahrhunderts handelt.[7] Heute wird das literarische Thema Lourdes in Frankreich allenfalls mit Geistesgrößen wie Emile Zolà in Verbindung gebracht, der in seiner späten Schaffensphase einen kirchenkritischen Roman über den bereits ausgewachsenen Wallfahrtsort verfasste.[8] Lasserre und sein Werk gerieten dagegen mit der Zeit auch für die katholische Kirche zur Peinlichkeit, und dies obwohl Buch und Autor gleich nach Erscheinen der ersten Ausgabe im Jahre 1869 die ausdrückliche Gutheißung durch Papst Pius IX. erhielten. Die spätere kirchliche Distanz zu Lasserre erklärt sich zunächst dadurch, dass dem Schriftsteller der plötzliche Erfolg – die päpstliche Anerkennung und die hohen Verkaufszahlen – offenbar zu Kopf gestiegen waren. Noch über fast 30 weitere Jahre widmete sich Lasserre in immer neuen Werken dem Thema Lourdes, bis er sich schließlich berufen fühlte, eine Übersetzung der vier Evangelien ins Französische vorzunehmen. Dieses Projekt wurde in Rom so schlecht aufgenommen, dass sein Übersetzungswerk umgehend auf dem Index der verbotenen Bücher landete.

Lasserres Lourdesbuch allerdings fand über Jahrzehnte sein Publikum. Seine romanhaft-spannende und drastische Darstel-

[7] Zur Person Lasserres vgl. F. de Morembert, Art. Lasserre de Monzie. In: Dictionnaire de Biographie française, Fasc. CXIII. Paris 2000, S. 1176. Mit Lasserre und seinem literarischen Erfolg beschäftigen sich Angelika Gress, Treibhaus im Winter. Lourdes in der frankophonen Literatur. Frankfurt/M. 1996, S. 22-44 sowie Ruth Harris, Lourdes. Body and Spirit in the secular Age. London 2000, S. 177-209.

[8] Ein aktueller Beitrag, der sich überblicksartig mit der Aufnahme des Themas Lourdes durch Vertreter der französischen Nationalliteratur wie Zolà, Huysmans und Mauriac, letzterer als Vertreter des renouveau catholique befasst, ist Klaus Nientiedt, Nachwirkungen der Erscheinungen. Lourdes und seine Wallfahrt im Spiegel der Literatur. In: Herder Korrespondenz 62 (2008), S. 299-303.

lungsweise entsprach dem Geschmack einer breiten Leserschar. Seine dualistische Zeichnung sorgte für eine klare Orientierung und stellte den Sieg des Guten über das Böse sicher. In diesem reich ausgeschmückten Vorsehungsdrama trotzte das Hirtenmädchen Bernadette zusammen mit den Vertretern der Kirche und dem tiefgläubigen Landvolk an der Seite der erschienenen Jungfrau einer teuflischen Partei. Dieses Bündnis des Bösen, gebildet aus als borniert und gehässig gezeichneten Staatsvertretern und der antiklerikal gesinnten Presse, wurde schließlich besiegt und die Wallfahrt konnte sich frei entfalten. Dass Lasserres holzschnittartige Präsentation der Ereignisse auf einer nur oberflächlich betriebenen Recherche beruhte, minderte den Erfolg des Buches nicht im Geringsten. Die frühe päpstliche Gutheißung entfaltete in der gesamten katholischen Welt eine Werbewirkung, die nicht nur die Auflagenzahlen in Frankreich steigerte, sondern auch der Zunft der Übersetzer rege Beschäftigung garantierte: In insgesamt 83 Sprachen sollte das Werk übertragen werden und auf der ganzen Erde Verbreitung finden. Durch seine Zeichnung des Erscheinungsortes als ländliches Schäferidyll entfachte es bei vielen Katholiken eine Sehnsucht, welche sie bald – zumindest in Gedanken – nach Lourdes ziehen ließ.

Während der Wirren, die auf die Niederlage 1871 gegen den deutschen Kriegsgegner folgten, und in den folgenden Jahren des *ordre moral* kamen in Lourdes erstmals große Pilgerscharen aus ganz Frankreich in organisierter Form zusammen.[9] Diese Respekt einflößenden Massenveranstaltungen waren für die damalige Zeit logistische Meisterleistungen, die nur möglich wurden durch die spezialisierte Tätigkeit von Orden und Laienorganisationen sowie durch die Nutzung der Eisenbahn als dem modernsten Verkehrsmittel. Unter dem Ansturm der Pilger wuchs das kleine Marienheiligtum bald zu beachtlicher Größe und zu einer Hauptstätte des französischen Katholizismus heran und nahm mit der Zeit das Gesicht an, wie wir es heute kennen.

In derselben Zeit führte auch in Deutschland das Werk Lasserres die katholischen Gläubigen an Lourdes heran. Ab 1871 in Übersetzung vorliegend, machte es sie mit den Erscheinungsgeschehnissen

[9] Zur Entwicklung des Wallfahrtsortes bis zum Ersten Weltkrieg vgl. Kotulla, Lourdes (wie Anm. 1), S. 39-156.

vertraut und weckte ihr Interesse für das aktuelle und rege Wallfahrtsgeschehen im Nachbarland. Die Faszination, die Lourdes früh auch auf deutsche Katholiken ausübte, lässt sich wohl an keinem Ereignis so prägnant aufzeigen, wie an jener Episode aus dem Jahre 1876, als auf dem Höhepunkt des preußischen Kulturkampfes aus dem saarländischen Dorf Marpingen gemeldet wurde, dass drei Mädchen Marienerscheinungen erlebt hätten, worauf sich Scharen von Pilgern aus der Region in Bewegung setzen und prominente Katholiken aus dem gesamten Reich in die Grenzprovinz reisten, um den Ort der angeblichen Erscheinungen zu besuchen. Die Rede von einem „deutschen Lourdes" machte die Runde. Ohne das französische Vorbild und ohne die von Lasserre gelieferte literarische Vorlage, welche offenbar über Jahre als Quelle für Predigten des Marpinger Gemeindepfarrers gedient hatte, wären diese Ereignisse historisch nur schwer erklärbar. Sie gerieten in Deutschland jedoch schon bald weitgehend in Vergessenheit.[10]

Lourdes dagegen blieb für die deutschen Katholiken ein Faszinosum, oder wurde es, je mehr es sich vergrößerte. Dies lässt sich etwa an der im katholischen Milieu der Kaiserzeit verbreiteten Literatur nachweisen: Bis zum Ersten Weltkrieg steigerte sich die Zahl der Schriften, die Lourdes zum Thema machten, beträchtlich.[11] So wird der Name des französischen Erscheinungs- und Wunderorts in katholischen Bücherlisten dieser Zeit wesentlich häufiger genannt, als etwa jener der traditionsreichen deutschen Wallfahrtsorte Altötting und Kevelaer. Auf dem Büchermarkt war für jeden Lesegeschmack und Geldbeutel etwas über Lourdes dabei: Zahlreiche Volksbücher machten mit ihrer anschaulichen Sprache die durchaus sperrige Übersetzung des Lasserre-Textes einem breiten Publikum zugänglich. Bald gab es sogar deutschsprachige Zeitschriften, die ihre Leser im Monatsrhythmus über das aktuelle Geschehen am Wallfahrtsort unterrichteten und diese aufforderten, durch persönliche An-

10 Zum Fall Marpingen vgl. die ausführliche Studie von David Blackbourn, Wenn ihr sie wieder seht, fragt wer sie sei. Marienerscheinungen in Marpingen – Aufstieg und Niedergang des deutschen Lourdes. Reinbek bei Hamburg 1997 sowie den Beitrag von Bernhard Schneider in diesem Band.

11 Eine quantitative wie inhaltliche Analyse der Lourdesschriften in der literarischen Landschaft des katholischen Milieus bietet Kotulla, Lourdes (wie Anm. 1), S. 349-532.

strengungen immer mehr deutsche Katholiken als Verehrer *Unserer lieben Frau von Lourdes* zu gewinnen.[12] Zahlreiche Gebets- und Andachtsbücher luden Gläubige, die sich keine Reise quer durch Frankreich leisten konnten, zu einer imaginären – geistigen – Wallfahrt nach Lourdes ein. Billige und bunte Lourdes-Kalender, in einer Auflage von bis zu 100.000 Exemplaren, brachten die Ansichten der internationalen Pilgerstätte in die kargen Wohnstuben katholischer Arbeiter und Bauern. Reicheren und gebildeten Katholiken waren Themen wie Lourdes dagegen meistens peinlich, machten die ideologischen Gegner doch an diesen ihre Rede von der intellektuellen Minderwertigkeit des katholischen Bevölkerungsteils im jungen Reich fest. Dennoch zeigten auch Angehörige der katholischen Bildungsschicht an Lourdes zunehmendes Interesse, wenngleich sich dieses eher auf die medizinische Beschreibung der dort erfolgten spektakulären Heilungen bezog. Man kaufte sich Abhandlungen, die in wissenschaftlicher Weise die Faktizität des Wunders zu erweisen suchten und die damit auf polemische Schriften ebenso wissenschaftlich argumentierender Wunder-Leugner aus dem Lager der Gegner zu antworten suchten.[13]

Die Übersetzer französischer Originalwerke und die Autoren eigenständiger deutschsprachiger Lourdesbücher, welche sich inhaltlich zumeist an der normierten Darstellung Lasserres orientierten, können mit Recht als *Multiplikatoren* bezeichnet werden: Sie zeigten sich persönlich von Lourdes ergriffen und waren von seiner Bedeutung für ihre Gegenwart und die gesamte katholische Kirche so überzeugt, dass sie auch die deutschen Katholiken mit dem neuen Marienkult aus Frankreich vertraut machen wollten. Das Werk

[12] Das herausragende Beispiel für diese Art von Periodika ist das bereits ab 1881 bei Ludwig Auer in Donauwörth verlegte Echo der Annalen Unserer Lieben Frau von Lourdes, das sich inhaltlich an den am Wallfahrtsort herausgegebenen französischen Annales orientierte. Die Zeitschrift verblieb bis 1896 bei diesem Verlag und wurde dann durch die ebenfalls dort monatlich erscheinenden Lourdes-Rosen ersetzt, welche noch heute dem Deutschen Lourdes-Verein als Mitgliederzeitschrift dienen.

[13] Exemplarisch für diese Streitschriften mit wissenschaftlichem Anspruch sei folgender Titel genannt: Johann P. Baustert, Lourdes und die Gegner vor dem Forum der Wissenschaft. Antwort auf die neuesten Angriffe gegen Lourdes. Rindschleiden/Lingen a. d. Ems 1913.

dieser Multiplikatoren war ganz offensichtlich von Erfolg gekrönt. Es beschränkte sich jedoch nicht nur auf das Feld der frommen Literatur: Wasser aus der Quelle von Lourdes wurde kistenweise von deutschen Verlagsanstalten bezogen und über diese an Interessenten verteilt. Findige Fabrikanten religiösen Kunsthandwerks erkannten die gesteigerte Nachfrage nach Lourdesmadonnen und stellten die beliebten Gipsstatuetten – anstatt sie weiterhin aus Frankreich zu importieren – nach dem vielfach photographierten Original gleich selbst her. Die Errichtung von zahlreichen Lourdesgrotten, die sich nach Worten eines Kunstkritikers als eher unästhetisch empfundene „Art frommer Modesache“[14] besonders in den Gemeinden Süddeutschlands immer mehr verbreitete, veranlasste manchen Maurermeister, seine Kenntnisse als erfahrenen Grottenbauer in lokalen und regionalen Blättern anzupreisen.[15]

Um die Jahrhundertwende waren der kleine Ort in den französischen Pyrenäen und seine Geschichte für den deutschen Katholizismus somit alles andere als ein fremd gebliebenes Datum. Lourdes war allseits bekannt: Man sprach darüber. Und es war in weiten katholischen Kreisen beliebt: Im Spektrum der populären, ultramontan geprägten Frömmigkeitsformen nahm die Anrufung *Unserer lieben Frau von Lourdes* einen vorrangigen Platz ein, wie etwa die Verehrung des *Heiligsten Herzens Jesu* oder die der *Heiligen Familie*.[16] Der geographische Ort Lourdes allerdings blieb für die meisten

14 Johannes B. Damrich, Ueber Lourdes-Grotten. In: Lourdes-Rosen 5 (1900), S. 42-44, 56-58, Zit. 42. Damrichs Artikel war im Vorjahr in der Augsburger Postzeitung, Beilage Nr. 10 erschienen und wurde von den Lourdes-Rosen sogleich übernommen.

15 Über die besonders auffällige Verbreitung von Lourdesgrotten in Süddeutschland liegt eine beachtliche unveröffentlichte Regionalstudie vor: Martin Schmolze, Das Symbolische mit dem Praktischen verbinden. Die Einrichtung von Lourdesandachtsstätten in Oberschwaben 1882-1990. Tübingen: ms. Magisterarbeit (Universität Tübingen, Fakultät für empirische Kulturwissenschaften) 1991. Erschöpfend dargestellt und mit viel Bildmaterial dokumentiert wird der Bau dieser Sekundärkultstätten durch lokale Bauunternehmer ebd., 196-226.

16 Zur Kennzeichnung dieser ultramontanen Frömmigkeit (piété ultramontaine) vgl. Gérard Cholvy, Réalités de la Religion Populaire dans la France contemporaine (XIXe-début XXe siècles). In: Bernard Plongeron (Hrsg.), La Religion Populaire. Approches historiques. Paris 1976, 149-193. Einen Überblick

ein noch unerreichbares Ziel ihrer religiösen Sehnsucht. Dies sollte sich nach der Jahrhundertwende zunehmend ändern: Immer mehr deutsche Katholiken konnten es sich nun leisten, die Erscheinungsgrotte, deren ungefähres Abbild sie von den zahlreichen Kopien aus der Heimat kannten, als Pilger aufzusuchen.

II. Pilgerziel Lourdes: Die Aktivität des „Deutschen Lourdes-Vereins“

Einzelne Pilger aus Deutschland – in erster Linie Priester – oder kleine Pilgergruppen hatten Lourdes bereits in der Zeit des Kulturkampfs besucht, als hierzulande das Interesse an den großen französischen Wallfahrtsbewegungen erwachte.[17] Doch erst im letzten Jahrzehnt des 19. Jahrhunderts kam es zu einer Teilnahme von deutschen Großgruppen an der bereits ausgeprägten internationalen Wallfahrt. Die Idee, mit eigenen Eisenbahnzügen, die mehrere hundert Pilger aufnehmen konnten, an den französischen Marienerscheinungsort zu fahren, wurde in Süddeutschland geboren, wo sich katholische Gläubige früh mit der Verehrung der Gottesmutter von Lourdes vertraut zeigten. Im Jahre 1891 brachte erstmals ein bayerischer Pilgerzug 800 Katholiken aus Süddeutschland geschlos-

zum Schriftgut dieser Frömmigkeitslandschaft in Deutschland bietet Kotulla, Lourdes (wie Anm. 1), S. 359-365. Zur Verbreitung und Entwicklung des Herz-Jesu-Kults vgl. Norbert Busch, Katholische Frömmigkeit und Moderne. Die Sozial- und Mentalitätsgeschichte des Herz-Jesu-Kultes in Deutschland zwischen Kulturkampf und Erstem Weltkrieg. Gütersloh 1997. Eine Einordnung der Verehrung der Heiligen Familie in der ultramontanen Ideenwelt, aufgezeigt an der Spiritualität der auf Klara Fey zurückgehenden „Schwestern vom armen Kinde Jesus“ bietet Hubertus Lutterbach, Klara Fey († 1894) und die „Schwestern vom Armen Kinde Jesus“. Eine Initiative zur „Familiarisierung“ der ultramontanen Ideen- und Lebenswelt. In: Trierer Theologische Zeitschrift 111 (2002), S. 274-296, bes. S. 276-280.

[17] Als literarisches Zeugnis eines solchen frühen Besuchs aus Deutschland gilt das Werk des bekannten Klerikers und Volksschriftstellers Heinrich Hansjakob, der die Wallfahrtsstätte zu einer wichtigen Station seiner im Frühjahr 1874 unternommenen Frankreich-Rundreise erwählte. Vgl. Heinrich Hansjakob, In Frankreich. Reise-Erinnerungen. Mainz 1874. Zu Hansjakobs vorhergehenden Lasserre-Lektüre vgl. ebd., S. 288-297.

sen an die Grotte, wofür eigens ein Eisenbahnzug angemietet wurde. Allerdings blieb es den Vertretern des rheinischen Katholizismus vorbehalten, regelmäßige und organisatorisch ausgefeilte Fahrten nach Lourdes in den Jahren vor dem Ersten Weltkrieg zu einer festen Größe in der katholischen Landschaft Deutschlands werden zu lassen. Im Jahre 1897 beteiligte sich erstmals eine geschlossene – und noch sehr überschaubare – Gruppe deutscher Katholiken aus dem Köln-Aachener Raum an der internationalen Lourdeswallfahrt.[18] Dies geschah im Rahmen der bereits traditionellen Nationalpilgerfahrt aus Belgien, die mit ihrer beachtlichen Zahl von 2.300 Teilnehmern bei den Deutschen offenbar einen nachhaltigen Eindruck hinterließ. Als geistlicher Leiter der kleinen deutschen Reisegruppe wird der damals in Rellinghausen bei Essen tätige Vikar Josef Neumann genannt. In der Eifel geboren, durchlief er nach seiner Priesterweihe mehrere Stationen in Seelsorge und Schuldienst im rheinischen Raum. Er zeichnete sich durch eine tiefe marianische Frömmigkeit sowie ein vielseitiges soziales Engagement aus.[19] Mit seiner ersten Teilnahme an der besagten belgischen Wallfahrt erwachte in dem deutschen Jungpriester offenbar eine helle Begeisterung für Lourdes und seine internationale Wallfahrtsbewegung. Als besonders vorbildlich galten Neumann jene nationalen Organisationen, die sich dem Transport und der Pflege von kranken Pilgern verschrieben hatten. Diese Krankenpflege-Vereinigungen, die sich als Bruderschaften zumeist auf Initiative katholischer Adeliger und Großbürger zunächst in Frankreich und danach in Belgien gebildet hatten, nannten sich nach ihren mittelalterlichen Vorbildern *Hospitalités*. Hier verbanden sich traditionsreiche Formen der tätigen Nächstenliebe mit einer Offenheit gegenüber der modernen Technik, etwa den neuen Möglichkeiten, welche die Eisenbahn zum

18 Folgende Ausführungen zur Geschichte des deutschen Lourdeswallfahrt und des Deutschen Lourdes-Vereins sind eine Zusammenfassung des entsprechenden Kapitels bei Kotulla, Lourdes (wie Anm. 1), S. 273-314.

19 Vgl. zu Josef Neumann (1856-1912) Ernst Lutsch, Art. Neumann, Wilhelm Josef Maria. In: Biographisch-bibliographisches Kirchenlexikon Bd. 6 (1993), Sp. 648 f. Besonders sein Einsatz in der katholischen Alkohol-Abstinenz-Bewegung brachte ihm Ansehen ein. Neumann errichtete an mehreren Orten seines Wirkens Mäßigkeitsvereine und Sanatorien. Im Jahre 1899 gründete er den bekannten Kreuzbund.

Transport von Pilgern und Kranken bot. Männer und Frauen taten in diesen Vereinigungen ihren Dienst an den kranken Pilgern, die in Lourdes Heilung und Trost suchten. Ihre Mitglieder blieben einem überlieferten Rollenverständnis verhaftet: Während sich die Damen um die Pflege und Ernährung der Kranken kümmerten, übernahmen die Herren ihren Transport und leisteten am Wallfahrtsort Ordnerdienste. Bis heute hat diese Aufgabenteilung bei den in Lourdes ansässigen *Hospitalités* Gültigkeit.[20]

Für Neumann und seine rheinischen Mitstreiter stellten diese Vereinigungen einen besonderen Beweis der enormen karitativen und sozialen Leistungsfähigkeit des Gegenwartskatholizismus dar. Ein durch zahlreich fließende Spendengelder finanzierter, für die damalige Zeit hochmodern ausgestatteter Eisenbahnwaggon, erlaubte es etwa der belgischen Pilgerorganisation, selbst schwerstkranke Gläubige nach Lourdes zu transportieren. Ebenfalls durch Spendengelder wurde vielen mittellosen Kranken die Reise an den französischen Wallfahrtsort ermöglicht. Die Organisationen des frankophonen Auslandes dienten so als Vorbilder für den im Jahre 1900 unter dem Vorsitz von Neumann in Köln gegründeten *Deutschen Verein für die Krankenpflege in Lourdes*. In dieser Kölner Assoziation ist die Keimzelle des *Deutschen Lourdes-Vereins* zu sehen. Zwei Jahre später nahm die Vereinigung tatsächlich diesen Namen an.

Die Zahl der an der Reise Interessierten reichte allerdings noch nicht für die Durchführung eigenständiger Wallfahrten aus. Und doch betrieb der kleine Verein eifrig Werbung für sein Ziel, die Beteiligung der deutschen Lourdes-Pilger in dem Maße zu steigern, dass mit den anderen europäischen Nationen, die bereits verstärkt an den französischen Wallfahrtsort fuhren, mitgehalten werden konnte. Neben der Vereinszeitschrift *Lourdes-Rosen* diente Neu-

[20] Die älteste dieser Bruderschaften ist die 1881 errichtete Hospitalité Notre-Dame de Salut. 1885 sollte die Hospitalité Notre-Dame de Lourdes entstehen, deren Mitglieder während der gesamten Wallfahrtssaison am Ort präsent blieben und eng mit der kirchlichen Leitung des Heiligtums zusammenarbeiteten. Zur Nachzeichnung der frühen Geschichte dieser Bruderschaften dient André Rebsomen, Cinquante ans d'Hospitalité (1880-1930). Ouvrage enrichi des souvenirs de M. le comte de Beauchamp, président de l'Hospitalité de Notre-Dame de Lourdes. Paris 1930.

mann und seinen Mitstreitern, die vornehmlich dem katholischen Bürgertum entstammten, zunächst die Katholikentage als geeignete Plattform, um die Organisation und ihre Ziele bekannt zu machen. Diese Aktivität trug Früchte und so konnte im Jahre 1905 tatsächlich eine erste eigenständige Wallfahrt organisiert werden, die knapp 1.100 deutsche Katholiken aus dem Rheinland geschlossen an die Grotte von Lourdes führte, darunter gut 100 kranke Pilger.

Die Umstände für Unternehmungen dieser Art im damaligen Deutschland können allerdings als denkbar schlecht beschrieben werden. Schließlich hielten Viele die Anhänger des Katholizismus römischer Prägung für zutiefst abergläubisch. Sie seien besonders an ihrer übersteigerten Affinität zum Wunderbaren zu erkennen. Weite katholische Kreise, vom einfachen Bauern über adelige Laien bis zu den höchsten Klerikern, galten als geradezu wundersüchtig.[21] Auch Lourdes wurde in diesem Zusammenhang immer wieder genannt, berichtete man von dort doch von außerordentlichen, unerklärbaren Heilungen an Kranken. Allein die Wundersucht sei es, die katholische Christen aus aller Welt in Scharen an die südfranzösische Pilgerstätte treibe. Mit einer derart barocken katholischen Frömmigkeit – so der allgemeine Tenor der liberalen deutschen Presse – wolle man im protestantisch geprägten Deutschen Reich nichts zu tun haben. An Geschichten und Gerüchten, die die Glut einer um Lourdes geführten Polemik im Jahrzehnt vor dem Ersten Weltkrieg immer wieder neu entfachen konnten, mangelte es wahrlich nicht. Im Jahre 1905 etwa kamen Zeitungsmeldungen auf, die in sehr unterschiedlicher Weise über die angeblich während einer Lourdeswallfahrt erfolgte Wunderheilung einer deutschen Frau berichteten. Es handelte sich um eine ältere Katholikin aus Metz,

[21] Um die Jahrhundertwende beherrschten die Wirkungen der vom französischen Satiriker und antiklerikalen Journalisten Leo Taxil inszenierten und selbst aufgedeckten Affäre auch die öffentliche Meinung im Kaiserreich. Taxil hatte mit haarsträubenden Geschichten um fingierte Bekehrungen und Heilungen von Freimaurern und Satanisten eine weite Leserschar fasziniert. Hatte sich eine große Zahl von Katholiken förmlich an seinen Berichten berauscht, galt der Katholizismus mit der Lüftung des Schwindels als bloßgestellt. Zur „Taxiliade" und deren Auswirkungen vgl. die ausführliche Darstellung bei Karl Buchheim, Ultramontanismus und Demokratie. Der Weg der deutschen Katholiken im 19. Jahrhundert. München 1963, hier S. 470-493.

also aus dem 1871 annektierten, politisch instabilen und gleichzeitig katholisch dominierten Reichsland Lothringen. Diese Frau war mit einer Organisation nach Lourdes gereist, deren Köpfe aus ihrer Ablehnung der Germanisierungspolitik und aus der eigenen stark frankophilen Haltung kaum einen Hehl machten. Die politisch durchsetzte Polemik um diesen Fall zog sich über Jahre hin und mündete in mehreren Strafprozessen gegen katholische Journalisten und Ärzte, die jedes Mal wieder große Aufmerksamkeit erregten und der Diskussion über die angebliche Rückständigkeit des Katholizismus immer wieder Nahrung gaben.[22]

In einer solch erhitzten Atmosphäre bemühte sich der *Deutsche Lourdes-Verein* und an seiner Spitze Josef Neumann über längere Zeit vergeblich, beim Kölner Generalvikariat um eine bischöfliche Approbation seiner Tätigkeit.[23] Erst eine direkte Ansprache des Bischofs von Lourdes an den Kölner Kardinal-Erzbischof Fischer zeigte Wirkung: In einem halboffiziellen Schreiben vom 14. August 1907 bestätigte der Kölner Oberhirte den Verein und seine Satzungen. Bald darauf ließ sich die Vereinigung in das zivile Register des Amtsgerichts eintragen. Die Anerkennung des *Lourdes-Vereins* durch die Kölner Kirche aber basierte nicht allein auf dem schließlich doch erlangten Wohlwollen des Kirchenfürsten. Der Verein konnte durchaus auf sehr schnell erzielte Erfolge seiner Tätigkeit verweisen: Ihm war es gelungen, die Wallfahrt nach Lourdes in Deutschland zu popularisieren: Die brodelnde Polemik hatte nämlich nicht nur Abscheu erregt, sondern ebenso die Aufmerksamkeit der deutschen Katholiken für den französischen Wallfahrtsort gesteigert, was der Verein zu nutzen verstand. Er konnte Massenfahrten so preisgünstig veranstalten, dass dieses Angebot eine breite Adressatengruppe ansprach. Bald waren seine Pilgerzüge über das Rheinland hinaus bekannt und fanden sogar in Süddeutschland Zulauf, zumal sie die

22 Vgl. die ausführliche Darstellung des Falls der Therese Rouchel und der folgenden Polemik bei Kotulla, Lourdes (wie Anm. 1), S. 400-410.

23 In den Kölner Archiven zeugt ein langer Briefwechsel zwischen der Vereinsspitze und dem Kölner Generalvikariat bzw. dem Erzbischof von diesem über Jahre hinweg vorgetragenen Ansinnen, langen Verschleppungen des Vorgangs und seiner schließlich nur halbherzigen Entsprechung. Historisches Archiv des Erzbistums Köln [HAEK], Generalia I, G 4, 28 „Wallfahrten nach Lourdes 1905-1943“.

einzigen Fahrten waren, bei denen eine große Anzahl von Kranken durchgängig und geschult betreut wurde.

Mit einer bisher nie erreichten Zahl von knapp 2.700 Pilgern wurden im Jubiläumsjahr 1908 erstmals Größenordnungen erreicht, die sich mit den logistischen Leistungen der bereits traditionellen Wallfahrtsnationen Belgien, Spanien und Italien messen lassen konnten. Die Entwicklung der deutschen Pilgerzahlen bis zum Kriegsausbruch spricht für sich: Bald konnte der Verein aufgrund der weiterhin gestiegenen Nachfrage zwei Fahrten pro Jahr anbieten, wobei jeweils bis zu fünf Eisenbahnzüge gleichzeitig auf den Weg nach Lourdes geschickt wurden. Im Jahre 1913 stellten katholische Pilger aus dem Deutschen Reich nach den Belgiern und Spaniern, aber noch vor den Italienern, die drittgrößte Gruppe an ausländischen Besuchern des französischen Wallfahrtsortes. Noch bis kurz vor Kriegsbeginn 1914 nahmen die Pilgerzahlen stetig zu. Allein in den vier letzten Friedensmonaten kamen so fast 7.000 Deutsche mit organisierten Wallfahrten nach Lourdes, zwei Drittel davon mit dem *Deutschen Lourdes-Verein*.[24]

Der französische Wallfahrtsort kann damit als erstes Ziel eines internationalen religiösen Massentourismus moderner Prägung gelten, das auch hierzulande die Katholiken faszinieren konnte und anzuziehen wusste. Der Kölner Verein entwickelte sich in den Vorkriegsjahren zum Motor dieser Pilgerbewegung in Deutschland und ist als Diözesanpilgerstelle – wenn auch mit für das Reiseziel Lourdes rückläufigen Anmeldungszahlen – bis heute aktiv. Seine Organisationsweise diente dabei seit Anfang des 20. Jahrhunderts anderen deutschen Veranstaltern als Vorbild, so etwa den zahlreichen Fahrten, die von einzelnen deutschen Bistümern unternommen wurden.[25] Die Veranstalter dieser Fahrten wiesen die Teilnehmer

[24] Zur Rolle des Deutschen Lourdes-Vereins als Vorbild für andere deutsche Volkswallfahrten und zur Entwicklung der Pilgerzahlen vor 1914 vgl. Kotulla, Lourdes (wie Anm. 1), S. 293-298.

[25] Im Jahre 1909 wurde von Trier aus der erste Diözesanpilgerzug eines deutschen Bistums gestartet und dann bis zum Kriegsausbruch jährlich wiederholt. Vgl. dazu Bernhard Schneider, Kirchliches Leben, Frömmigkeit und Seelsorge im gesellschaftlichen Wandel. In: Martin Persch/Ders. (Hrsg.), Geschichte des Bistums Trier. Bd. 5: Beharrung und Erneuerung (1881-1981). Trier 2004, S. 263-387, hier S. 345.

an, im „fromme[n] Pilgersinn“ zu wallen. Lourdes sollte für sie in erster Linie ein religiöses Reiseziel darstellen.[26] Dies aber konnte kaum darüber hinwegtäuschen, dass sich dem kleinen Mann die Pilgerstätte mit internationalem Flair auch als attraktive Sehenswürdigkeit von Welt darbot. Für Katholiken mit einem etwas größerem Geldbeutel wurden von manchen Anbietern sogar Pauschalarrangements angeboten, die eher einer touristischen Rundreise durch Frankreich gleichkamen: Nach einer Fahrt mit mehrtägigen Zwischenstopps in Paris und Bordeaux erreichte man Lourdes. An den Aufenthalt an der Pilgerstätte schloss sich – für Extrabucher – noch eine Kreuzfahrt an der französischen Côte d'Azur an: Im Hafen von Marseille erwartete die Reisenden – passend zur damaligen deutschen Marineschwärmerei – ein luxuriöses Dampfschiff mit dem Namen „Kaiser“.[27] Trotz des sichtbaren Erfolges der religiös wie touristisch geprägten Bewegung blieb die deutsche Lourdes-Begeisterung der Kaiserzeit stets ein von vielen Seiten mit Misstrauen begleitetes Phänomen: Die Gründe dafür lassen sich anhand von Nachfragen aufzeigen, wofür Lourdes stand und wo es lag.

III. Die deutsche Lourdes-Begeisterung vor 1914 und ihre Ambivalenz

Gleich zu Beginn seines Pontifikates zeigte sich Pius X., mehr noch als sein Vorgänger Leo XIII., in besonderem Maße an Lourdes und der Förderung der dorthin unternommenen Wallfahrten interessiert. Wie schon Pius IX. betonte er ausdrücklich, dass Maria sich

[26] Entsprechende Ermahnungen zur andächtigen Strenge prägten viele der als Vademecum für die Teilnehmer von Pilgerfahrten herausgegebenen Hefte, etwa: Pilgerbüchlein und Reiseführer nach Lourdes. Mit 5 Bildern und 2 Karten, hrsg. v. „Deutschen Lourdes-Verein“, 6. mit kirchlicher Genehmigung versehene Auflage. Mönchengladbach 1911.

[27] So führte der Pilgerführer für die Baseler Wallfahrt, an der viele Deutsche teilnahmen, neben „Pilgerregeln (religiösen Charakters)“ auch die mit einem Photo versehene Werbung für das genannte Schiff der Hamburg-Amerika-Linie mitsamt seinem „Rauchsalon“, „Promenadendeck“ und dem „Restaurant ersten Ranges“ auf. Vgl. Josef Wenzler, Sechste Basler Lourdes-Pilgerfahrt 14.-25. April 1913, als Manuskript gedruckt. o. O. 1913.

in den Erscheinungen von Lourdes als *Unbefleckte Empfängnis* bezeichnet und damit das kurz vor den Erscheinungen verkündete marianische Dogma eine himmlische Bestätigung erhalten habe.[28] Der Papst der antimodernistischen Epoche ließ eine von seinen Vorgängern in den vatikanischen Gärten angelegte Miniatur-Lourdesgrotte so erweitern, dass diese in ihrer Größe nun ganz dem Original entsprach. Er unterstrich damit die römische Verbundenheit mit dem südfranzösischen Wallfahrtszentrum und den Pilgern aus aller Welt.[29] Darüber hinaus schrieb Pius X. das kirchliche Fest der Erscheinungen von Lourdes für den gesamten katholischen Erdkreis vor. Besonderes Interesse aber zeigte der Papst an den in Lourdes erfolgten Heilungen: Er regte die Bischöfe zum anstehenden Jubiläumsjahr der Erscheinungen an, weitere Untersuchungen über diese Vorgänge anzustrengen, um über deren übernatürlichen Charakter zu urteilen. In der Tat häuften sich unter seinem kurzen Pontifikat jene bischöflichen Verlautbarungen, die eine in Lourdes erfolgte Heilung für wunderbar erklärten.[30]

28 In der Enzyklika Ad diem illum vom 2. Februar 1904 erinnerte der Papst an das durch Pius IX. proklamierte Dogma und stellte die Erscheinungen von Lourdes als himmlische Bestätigung dieser Lehre dar. Vgl. den Volltext der Enzyklika in Acta Sanctae Sedis 36 (1903-1904), S. 449-462. Lourdes wird hier direkt am Anfang des Dokumentes genannt.

29 Einen beeindruckenden Bericht der Einweihungsfeierlichkeiten dieser Replik im Jahre 1905 lieferte das in Lourdes herausgegebene Journal de la Grotte 57 (1905), Nr. 15. Die gesamte Ausgabe ist dem Ereignis gewidmet. Hier sind auch Spendenlisten für die weitere Verschönerung der Grotte im Vatikan aufgeführt.

30 Im Vorfeld des Jubiläums und im Laufe des Jahres 1908 erkannten dreizehn Diözesanbischöfe aus Frankreich und Belgien insgesamt 22 Heilungen kanonisch als Wunder an. Die bischöflichen Erklärungen wurden in die Feierlichkeiten des Lourdes-Jubiläums von 1908 integriert. Die Wallfahrtspresse wusste ihnen einen herausragenden Platz einzuräumen. Bis 1913 sollten noch elf weitere kanonische Anerkennungen erfolgen, teilweise von Heilungen, die sich erst in der Zeit um 1908 oder danach ereignet hatten und für deren Beurteilung die eingesetzte Kommission manchmal kaum ein Jahr benötigte. Mit Beginn des Ersten Weltkriegs setzte diese Anerkennungswelle aus und sollte erst nach 1948 eine Fortsetzung erfahren. Vgl. die Aufstellung der 66 bis heute kirchlich als Wunder anerkannten Heilungen, geordnet nach dem Zeitpunkt der Anerkennung bei Irmengard Jehle, Der Mensch unterwegs zu Gott. Die Wallfahrt als religiöses Bedürfnis des Menschen – aufgezeigt an der Marienwallfahrt nach Lourdes. Würzburg 2002, S. 478-480.

Der mit dem Namen Lourdes und dem Reizbegriff des Wunders verbundene „antimodernistische Elan" war – wie in zahllosen Polemiken ersichtlich wurde – nicht nur für weltanschauliche Gegner ein bevorzugtes Angriffsfeld gegen den Katholizismus als solchen: Die deutschen Lourdes-Pilger galten den Antiultramontanen als vortreffliche Beispiele eines gefährlichen katholischen Internationalismus. Schließlich trügen sie ihr in Deutschland verdientes Geld nach Lourdes, um dort einen angeblich von findigen Priestern inszenierten Schwindel zu unterhalten. Damit war die Bewegung auch vielen liberal oder „modernistisch" gesinnten deutschen Katholiken ein Dorn im Auge, die sich allerdings nur vereinzelt zu Wort meldeten.[31] Die Vertreter katholischer Verbände gingen zudem mit peinlichem Stillschweigen über die Wallfahrts- und Wunderdiskussion wie die offensive Tätigkeit der Lourdes-Multiplikatoren und Institutionen wie jener des *Deutschen Lourdes-Vereins* hinweg. Der eher ultramontan ausgerichtete offizielle deutsche Katholizismus übte sich gegenüber der hierzulande entfachten Lourdes-Begeisterung der Vorkriegsjahre zunehmend stark in Zurückhaltung: Nach 1907 wurde dem Lourdes-Verein auf Katholikentagen kein Platz mehr für Präsentationen und Veranstaltungen eingeräumt. Im *Handbuch für das katholische Deutschland* tauchte der Verein ab dieser Zeit ebenso nicht mehr auf. Auch die deutschen Bischöfe sparten mit allzu offenen Sympathiebekundungen für die Lourdes-Bewegung: Wenn sie, wie der damalige Trierer Bischof Felix Korum, ein Elsässer, selbst nach Lourdes pilgerten, taten sie dies meist außerhalb der Wallfahrtssaison und unerkannt.[32] Als Begleitung offizieller Pil-

[31] Die Vermischung von antiklerikalen und ökonomischen Vorbehalten kann seit der Aufklärung als gängiger Topos der Wallfahrtskritik gelten. In der Tat wurde das Argument auch in der Kritik von einzelnen liberalen Katholiken an der Lourdes-Bewegung laut. So endete der Aufruf Thaddäus Engerts, Chefredakteur der mit dem bedeutsamen Untertitel „Organ der deutschen Modernisten" versehenen Zeitschrift Das Zwanzigste Jahrhundert an den deutschen Episkopat mit dem Hinweis, dass angesichts einer manifesten wirtschaftlichen Inferiorität der deutschen Katholiken dringend der Geldfluss der Pilger nach Frankreich unterbunden werden müsse. Thaddäus Engert, Ein offenes Wort an die hochwürdigsten Herren Erzbischöfe und Bischöfe Deutschlands betr. die Wunderheilungen von Lourdes. In: Das Zwanzigste Jahrhundert 8 (1908), S. 301-303.

[32] Die Nr. 31 der in Lourdes herausgegebenen Annales de Notre-Dame de Lourdes vermerkten für den Besuch Korums und seines Weihbischofs Schrod

gerfahrten traten Mitglieder des Episkopates dagegen nur äußerst selten in Erscheinung. Zwar gaben sie den von Rom gewünschten Pilgerfahrten ihren Segen, doch fand sich vor dem Ersten Weltkrieg – was heute fast selbstverständlich ist – kaum ein Bischof bereit, eine der deutschen Pilgerfahrten an das französische Heiligtum anzuführen. Auch die durch Erfolge genährten Hoffnungen des *Deutschen Lourdes-Vereins*, der Kölner Kardinal Fischer möge einst die Leitung eines der großen Wallfahrtszüge übernehmen, wurden nicht verwirklicht. Immerhin fuhr im Jahre 1911 der volkstümliche Kölner Weihbischof Müller mit einem der Züge nach Lourdes. Allerdings legte er Wert darauf, in den heimischen Berichten über die Pilgerfahrt nicht namentlich genannt zu werden.[33]

Diese von offizieller Seite geübte Distanz zu einer katholischen Frömmigkeitsströmung und Volksbewegung, die auch im Deutschland des frühen 20. Jahrhunderts kaum zu übersehen war, lässt sich nur annähernd mit einem ausgeprägten Befremden gegenüber der in Lourdes erlebbaren südländischen Frömmigkeit erklären. Deren Merkmale, religiös unterfütterte Exaltiertheit und die unbedingte Erwartung des öffentlichen geschehenden Wunders, erschienen gerade manchem Reformkatholiken in Deutschland nur schwer mit einem eher von getragener Religiosität geprägten Selbstbild vereinbar. Zu viel Nähe zu diesem Manifestationsort des Romanismus konnte das beschwerliche Ankommen der Katholiken in der politischen Realität des Kaiserreiches erheblich erschweren.[34] In der Hauptsache müssen deshalb auch rein nationale Vorbehalte als

im Jahre 1898: „Ces deux prélats sont passés parmi nous dans le plus humble incognito."

33 Selbst das Jahrbuch des Deutschen Lourdes-Vereins blickte dankbar auf Müllers Teilnahme zurück, ohne ihn namentlich zu nennen. Vgl. den Beitrag Unsere Wallfahrten im Jahre 1911. In: Jahrbuch des Deutschen Lourdes-Vereins und der Deutschen Hospitalität Unserer lieben Frau von Lourdes, hrsg. v. Vorstand des Deutschen Lourdes-Vereins. Donauwörth 1912, S. 4 f.

34 So wandte sich Herman Schell (1850-1906), der Würzburger Apologetiker und prominenteste Kopf des Reformkatholizismus, in seiner Schrift „Der Katholicismus als Princip des Fortschritts" (1897) gegen ultramontane Uniformierungstendenzen in kirchlichen Verwaltungs- und Kultangelegenheiten, wobei er vor allen Dingen die „demüthige Nachahmung und Pflege italienischer und französischer Specialitäten" in Deutschland anprangerte. Vgl. ebd., S. 64.

Erklärungsmuster einer ambivalenten, zwischen Begeisterung und Ablehnung changierenden Haltung deutscher – auch ultramontan gesinnter – Katholiken gegenüber Lourdes herangezogen werden: Lourdes war nicht nur eine katholische Angelegenheit. Es lag für alle sichtbar *in Frankreich*!

Seit den Tagen des Kulturkampfs wurde von Kirchengegnern die Rede von der „nationalen Unzuverlässigkeit" deutscher Katholiken wach gehalten. Deshalb war den in der Öffentlichkeit auftretenden Repräsentanten des Katholizismus nicht daran gelegen, eine sich langsam vollziehende tatsächliche Integration des katholischen Bevölkerungsteils in das protestantisch geprägte Deutsche Kaiserreich durch unbedachte Pilgerfahrten nach Frankreich, ins Land des so genannten „Erbfeindes", gefährden zu lassen. So verurteilte man die von Rom gewünschten Wallfahrten nicht öffentlich, man hütete sich aber auch davor, zusätzlich laute Werbung für diese zu machen. Auch wer als deutscher Katholik Lourdes mit Begeisterung aufsuchte und darüber berichtete, musste nicht unbedingt ein Frankreichfreund sein: Weit mehr als die Pilgerberichte aus der Zeit des Kulturkampfs sind die aus dem frühen 20. Jahrhundert stammenden Texte klar von antifranzösischem Ressentiment durchdrungen: Neben eine offensiv zur Schau gestellte Siegermentalität, die mit Einzelheiten über Verlauf und Ausgang des letzten Krieges spielte, stellten sich Beschwerden über die allzu seichte Religiosität der französischen katholischen Glaubensbrüder sowie Beobachtungen zur allgemein herrschenden Sittenlosigkeit im Nachbarland, welche man besonders im als „Babel im Westen" verschrienen Paris wahrzunehmen gewillt war. Man beklagte nicht nur die republikanische und laizistische Verfassung des französischen Staates, sondern auch das für deutsche Mägen nahezu unverdauliche Essen.[35] Wer schließlich als dezidiert ultramontaner deutscher Schriftsteller den in Lourdes erlebten katholischen Universalismus hochleben ließ, da hier ein Angeld des zukünftigen Sieges der vom Papst geführten katholischen Gesellschaft über die glaubenslose Welt

[35] Beispielhaft für diese Art der Schilderung von Land und Leuten, zumeist durch in kleinen Gruppen reisende Priester, steht folgende Schrift: Anton Hummel, Bis Algier und Lourdes: eine Reise durch Frankreich, beschrieben von Anton Hummel. Ravensburg ^{2}1899 (Zitat S. 187).

manifest sei wie sonst nirgendwo, entwickelte eine eigene Strategie im Umgang mit Lourdes Lage in Frankreich: Der Ort wurde dem als glaubens- und gottlos charakterisierten Nachbarland einfach abgesprochen und schlicht universalisiert: Lourdes hatte aufgehört „Frankreich zu gehören, es gehört[e] der ganzen katholischen Welt" und somit auch den deutschen Katholiken.[36] Für vielen von ihnen schien Lourdes seine Fremdheit verloren zu haben: Eine große Zahl zeigte sich, trotz der öffentlichen Zurückhaltung der Bischöfe und vieler prominenter Priester und Laien, mit dem Kult, der Wallfahrt und ihren Institutionen familiarisiert.

Der Ausbruch des Krieges schließlich schuf gänzlich neue Realitäten, machte weitere Wallfahrten unmöglich und ließ die ambivalente Haltung gegenüber dem nun klar in Feindesland liegenden Wallfahrtsort und dem Lourdes-Kult in öffentlichen Beiträgen eindeutiger werden. Die Anrufung der auf französischem Boden erschienenen Jungfrau galt manchem Katholiken nach dem August 1914 als Ausdruck des schädlichsten Defätismus. Der *Deutsche Lourdes-Verein* konnte dagegen in der Verehrung der Muttergottes von Lourdes auch in Kriegszeiten nichts Verwerfliches entdecken. In seinem Presseorgan beschwor der Vorstand seine Mitglieder, dem Verein auch in der schweren Zeit des Kampfes gegen den französischen Feind die Treue zu halten.[37] Viele folgten dieser Bitte nicht.

[36] Diesen Ton schlugen bereits frühe Pilgerberichte an. Bis zum Ersten Weltkrieg wurde diese Entnationalisierung von Lourdes weiter betrieben. Vgl. Wilhem Cramer, Die deutschen Pilger an den französischen Gnadenstätten Notre Dame des Victoires, Issoudun, Lourdes und Paray-le-Monial. Berlin 1875 (Zitat S. 53) sowie Engelbert Hofele, Lourdes-Büchlein. Wirkliche und geistige Wallfahrt nach Lourdes, nebst Besuch der berühmten Gnadenorte des sel. Petrus Kanisius in Freiburg, U. L. Frau von Fourvière in Lyon, des hl. Thomas von Aquin in Toulouse, U. L. Frau vom Siege und Montmartre in Paris, des hl. Martinus von Tours, U. L. Frau vom hl. Herzen in Issoudun, des. Sel. Pfarrers Vianney in Ars und des göttlichen Herzens Jesu in Paray-le-Monial, Abschied in Maria-Einsiedeln. Dazu Gebete und Andachten und das Lourdes-Lied. Mönchengladbach u. a. 1896, hier S. 84.

[37] In einer langen Serie mit dem Titel „Lourdes und deutsches Empfinden" nahm 1916 der Redakteur der Lourdes-Rosen Stellung zu mehreren kritischen Beiträgen katholischer Geistlicher und Laien, die eine noch immer lebendige Praxis des Lourdes-Kultes monierten. Diese Pressestimmen wurden vollständig oder in Ausschnitten präsentiert und anschließend kommentiert.

Und dennoch schmolzen seine Mitgliederzahlen nicht soweit, dass eine Selbstauflösung in Erwägung gezogen werden musste: Der Verein überstand den Krieg und konnte im Frieden einen Neuanfang wagen.[38] Dieser neue Aufbruch aber war nur möglich, weil Lourdes auch nach der deutschen Niederlage gegen Frankreich und seine Alliierten bei zahlreichen deutschen Katholiken immer noch eine erstaunlich große Attraktivität besaß, die sich durch die breite Rezeption des Lourdes-Kultes und die Aufnahme der Idee der Wallfahrt im deutschen Katholizismus während der gesamten Zeit des Kaiserreichs begründete. Die konzeptionelle Kennzeichnung dieser Erfolgsgeschichte und ein Blick auf die Zeit nach den Kriegen sollen den Abschluss dieses Beitrags bilden.

IV. Ein geglückter religiöser Kulturtransfer mit Folgen

Der besondere Charakter der dargestellten Rezeptionssituation und der Versuch, den Prozess einer materiellen, praktisch und literarisch gestützten Popularisierung des Lourdes-Kults und des Wallfahrtsgedankens im deutschen Kaiserreich zu erfassen, lassen einen Rückgriff auf das besonders im deutsch-französischen Kontext interdisziplinär angewendete Konzept des *Kulturtransfers* zu.[39] Unter diesem verstehen seine Begründer „die Bewegung von Menschen, materiellen Gegenständen, Konzepten und kulturellen Zeichensystemen im Raum und dabei vorzugsweise zwischen verschiedenen, relativ klar identifizierbaren und gegeneinander abgrenzbaren Kul-

Vgl. Lourdes-Rosen 21 (1916), S. 20-22, 38-41, 55-57, 106 f., 124-126, 139 f., 152-157, 165-171, 180-183.

38 Das Vermögen des Vereins stieg im Laufe des Kriegs sogar an, denn mit Ausfall der aufwendigen Lourdesfahrten fiel der Hauptausgabefaktor weg. 1916 konnte er ein Gesamtvermögen von 40.000 Mark verbuchen, in den beiden Folgejahren sollte dies sich laut Vereinsprotokollbuch auf gut 60.000 Mark steigern.

39 Vgl. als programmatischen Text Michel Espagne/Michael Werner, Deutsch-Französischer Kulturtransfer im 18. und 19. Jahrhundert. Zu einem neuen interdisziplinären Forschungsprogramm des C.N.R.S. In: Francia 13 (1985), S. 502-510.

turen mit der Konsequenz ihrer Durchmischung und Interaktion“[40].

Die Aufnahme des Lourdes-Kultes im Katholizismus des Deutschen Kaiserreichs und die deutsche Praxis von Pilgerfahrten an die französische Marienerscheinungsstätte können mit einiger Berechtigung als erfolgreicher Transfer eines religiösen Kulturguts gekennzeichnet werden. Als Erfolgsgaranten und konzeptionelle Bedingungen dieses Vorgangs sind zwei Aspekte hervorzuheben: Einerseits die Initiative von Trägern und Vermittlern des Transfers, also die Tätigkeit einzelner Multiplikatoren wie Schriftsteller und Verleger, aber auch jene von Institutionen wie dem *Deutschen Lourdes-Verein*, die das religiöse Kulturgut „Lourdes“ und sein Bedeutungsfeld für vorbildlich erachteten und im Kontext des deutschen Katholizismus beheimatet sehen wollten. Andererseits eine Rezeptionskultur, die eine große Bereitschaft zum Import des fremden Gutes zeigte und das Angebot der Vermittler gerne annahm. Dieser aufnahmefreudige Kontext war im Deutschen Kaiserreich gleichermaßen durch die Erfahrungen des Kulturkampfs und die Bildung des katholischen Milieus[41] wie durch eine sich durchsetzende Ultramontanisierung der Ausdrücke des religiösen Lebens bestimmt: In weiten Kreisen wurden ostentative himmlische Beistandsbezeugungen erwartet, zudem hatte die Kirchenbindung der Gläubigen

40 Matthias Midell, Das Konzept Kulturtransfer in verschiedenen Forschungskontexten. In: Andrea Langer/Georg Michels (Hrsg.), Metropolen und Kulturtransfer im 15./16. Jahrhundert. Stuttgart 2001, S. 15-51, hier S. 17.

41 Der Begriff des „katholischen Milieus“ ist zu einer Kategorie der Erforschung katholischer Lebensumstände in der Auseinandersetzung mit der Moderne, von der Mitte des 19. bis in die zweite Hälfte des 20. Jahrhunderts, geworden. Neben dem sozial-politischen Aspekt, der Beschreibung von Elementen einer katholischen Subgesellschaft, wurde dabei immer mehr Wert auf die Erforschung von religiösen Kollektiverfahrungen und deren intendierter und tatsächlicher Funktion als verbindende Angebote zur Wirklichkeitsdeutung und zum Aufbau kollektiver Identität gelegt, zu denen auch die durch die Mehrheit des Milieus getragenen Frömmigkeitsformen gehören. Vgl. die grundlegende Arbeit von Urs Altermatt, Katholizismus und Moderne. Sozial- und Mentalitätsgeschichte der Schweizer Katholiken im 19. und 20. Jahrhundert. Zürich 1989 sowie die Arbeit des Arbeitskreises für kirchliche Zeitgeschichte (AKKZG) Münster: Das katholische Milieu als Forschungsaufgabe. In: Westfälische Forschungen 43 (1993), S. 588-654.

durch eine Formierung und Konzentration der Frömmigkeitspraktiken bereits Festigung erfahren. So konnten Nachrichten über eine in Frankreich erblühende Massenfrömmigkeit erste deutsche Pilger ins Nachbarland locken, Lourdes konnte gar als Vorbild für deutsche Erscheinungsphänomene wie Marpingen dienen. Dies ließ ein französisches Ereignis über Jahrzehnte zum deutschen Gesprächsthema werden, das Bewunderung, Abscheu oder Spott erregte, vor allem aber Kenntnis über die Existenz und Geschichte des jungen Wallfahrtsortes weit verbreitete. Aus einer über die Zeit des Kulturkampfs hinaus verlängerten und zunehmend institutionalisierten Begeisterung, die maßgeblich durch die weitere Aktivität der Multiplikatoren in Gang gehalten wurde, konnte sich im ausgehenden 19. Jahrhundert eine Familiarisierung der deutschen Katholiken mit den aus Frankreich importierten Kultformen und -inhalten einstellen: Der viel geübte Gebrauch von Lourdeswasser, die Errichtung von Lourdesgrotten und das Aufstellen von Lourdesstatuen in Kirchen und Privaträumen gehörten bald zu den beliebtesten Ausdrücken marianischer Frömmigkeit. Eine Bindung an die geographische Kultzentrale in den französischen Pyrenäen wurde dabei stets gepflegt, Meldungen über die weltweite Verbreitung des Kultes und seine Gutheißung durch die Päpste hoben aber auch die Universalität dieser neuen Art der Marienverehrung hervor, sodass sich die engen Grenzen des Milieus und seiner Frömmigkeit in eine internationale und globale Interaktion weiteten. Um die Jahrhundertwende jedoch sollte der Elan der Bewegung zunehmend auch Widerstände in den Reihen der deutschen Katholiken hervorrufen. Diese internen Sperrungen, jene durch Vorwürfe aus dem antikatholischen Lager beeinflusste Stimmen, die innerhalb des Katholizismus lediglich verhalten erklangen, bewirkten dennoch, dass während der Vorkriegszeit das Thema Lourdes im offiziellen katholischen Diskurs weitgehend gemieden wurde. Allerdings sollte die deutsche Lourdes-Bewegung gerade in dieser Zeit bisher unerreichte Erfolge erleben: Organisierte Großpilgerfahrten wie jene des *Deutschen Lourdes-Vereins* führten eine jährlich gesteigerte Zahl deutscher Katholiken an die französische Grotte, bis der Krieg der intensiven Rezeptionskonjunktur ein jähes Ende setzte. Diese Endphase erwies sich als entscheidend für einen gelungenen Transferprozess. Sie zeichnet sich durch eine Besonderheit aus: Zwar war Lourdes von seinem französischen Ausgangskontext schlechthin nicht zu trennen, jedoch empfanden viele deutsche Katholiken die Verehrung *Unserer lieben Frau von Lourdes* kaum mehr als etwas Fremdes, weil diese ihnen als „gut katholisch" vermittelt wurde und erschien.

An diesem bis 1914 erreichten Rezeptionsstatus konnte zumindest in bescheidenem Maße bereits während der Zwischenkriegsepoche, verstärkt aber nach dem Zweiten Weltkrieg angeknüpft werden, was sich an der weiteren Geschichte der deutschen Lourdeswallfahrt zeigt: Bereits in den frühen 1920er Jahren gingen vermehrt Briefe bei der Kölner Kirchenleitung ein, deren Absender nachfragten, wann – wie vor dem Krieg – wieder Fahrten nach Lourdes unternommen würden. Unter den Briefschreibern waren besonders viele Kranke.[42] Von einem echten Neuanlauf der deutschen Großwallfahrten konnte allerdings in der Zeit zwischen den Kriegen nicht die Rede sein, wenngleich das übersteigerte nationale Verpflichtungsgefühl des späten Kaiserreichs den deutschen Katholizismus nicht mehr durchgängig prägte. Kaum hatte sich der *Deutsche Lourdes-Verein* Anfang der 1930er Jahre darauf eingestellt, wieder regelmäßige Pilgerfahrten anzubieten, wurde er mit der beginnenden Herrschaft des Nationalsozialismus erneut zur weitgehenden Inaktivität verurteilt. Allerdings stuften ihn die braunen Machthaber als eher harmlos ein. So entging er in der Zeit der Hitler-Diktatur seiner vollständigen Auflösung. Nach 1945 richteten sich die Blicke der deutschen Katholiken wieder in den Süden Frankreichs, wo die Lourdeswallfahrt als Friedensmanifestation neu belebt wurde und ehemalige Feinde zu vereinen wusste. Die deutsche Pilgerorganisation startete im Jahre 1948 vom Nullpunkt, jedoch sogleich mit immensem Erfolg, was in erster Linie daran lag,

[42] So ist etwa die Anfrage eines Schlachthofdirektors Schwarz aus Gelsenkirchen an das „Erzbischöfliche Sekretariat" Köln vom 21. Juli 1921 zu nennen. Dieser fragte stellvertretend für ein Fräulein Stucke, das sich in Lourdes Heilung erhoffe, wann von Köln aus – wie früher – wieder Pilgerzüge nach Lourdes abgingen oder ob es andere Möglichkeiten gäbe, dorthin zu kommen. [HAEK, Generalia I 4, 28 „Wallfahrten nach Lourdes 1905-1943"].

dass die Vorstellung vom Sehnsuchtsort Lourdes im Gedächtnis deutscher Katholiken fest verankert war.[43]

Mit zunehmendem Wiederaufleben der deutschen Wirtschaft nach Gründung der Bundesrepublik wurden die Pilgerzahlen aus dem späten Kaiserreich bald weit übertroffen. Nun erst erlebte der *Deutsche Lourdes-Verein* seine wirklich große Zeit. Aus einem Sonderling der katholischen Vereinslandschaft, der vor dem Ersten Weltkrieg noch von vielen deutschen Kirchenvertretern misstrauisch beäugt worden war, konnte nun eine der anerkannten Hauptstützen der internationalen Wallfahrt werden. Bald schon sollte der Verein nicht nur große Zugfahrten nach Lourdes anbieten, sondern – man wollte mit der Zeit gehen – auch Flugreisen organisieren. Andere Anbieter aus Deutschland, etwa das *Bayerische Pilgerbüro*, taten es ihm erfolgreich nach. Daneben lebten die deutschen Diözesanwallfahrten neu auf. Lourdes hatte sich als Fernwallfahrtsziel deutscher Katholiken endgültig fest etabliert.[44]

[43] In seinem Weihnachtshirtenbrief von 1947 lud der Lourder Bischof Théas auch die Deutschen zur Teilnahme an den Wallfahrten auf. Bereits für das Jahr 1948 meldeten sich in Köln 8.000 Interessierte für eine Wallfahrt nach Lourdes. Allerdings wurde lediglich ein Zug genehmigt, der in Begleitung von Kardinal Frings und des Aachener Bischofs van der Velden 1.600 Deutsche nach Lourdes brachte. Die Pilger reisten ohne Visa und Pass, lediglich mit einem speziellen Lourdes-Ausweis, nachdem der französische Generalkonsul in Deutschland die Sache befördert hatte. Ab 1949 normalisierten sich die Reisebedingungen wieder. Für diese Informationen danke ich Herrn Dr. Josef van Elten, HAEK.

[44] So gingen im Jubiläumsjahr 1958 bereits zwölf Sonderzüge von Köln nach Lourdes ab. Neben dem Deutschen Verein vom Heiligen Lande wurde der Deutsche Lourdes-Verein als Diözesan-Pilgerstelle etabliert. Seit 1950 war der Kölner Weihbischof Cleven Vorsitzender des Vereins. Vgl. Deutscher Lourdes-Verein. Broschüre mit Kurzübersicht zu seiner Geschichte. Köln 2001. Im selben Jahr führte das Bayerische Pilgerbüro 15 Züge mit 8.500 Pilgern nach Lourdes und veranstaltete erste Flugwallfahrten. Vgl. dazu Georg Black, Das Bayerische Pilgerbüro und sein Dienst am Menschen unterwegs. In: Lenz Kriss-Rettenbeck/Gerda Möhler (Hrsg.), Wallfahrt kennt keine Grenzen. Themen zu einer Ausstellung des Bayerischen Nationalmuseums und des Adalbert-Stifter-Vereins. München/Zürich 1984, S. 168-173. Ab 1954 fanden jährlich zwei Trierer Diözesanpilgerfahrten nach Lourdes statt. Vgl. dazu Hubert Mockenhaupt, Pilgern im Namen des Bischofs. Wallfahrten der Pilgerstelle des Bistums Trier. In: Hans Casel/Franz Steil (Bearb.), Im Namen

Der Ort am Fuße der französischen Pyrenäen entwickelte sich so im 20. Jahrhundert, als Keimzelle der katholischen *Pax-Christi-Bewegung* und als Ziel der internationalen Friedenswallfahrt der Soldaten, zu einem Konzentrationspunkt der deutsch-französischen Aussöhnung.[45] Er bleibt bis heute eine Stätte der Begegnung von Gläubigen aus vielen Völkern, von Kranken und Gesunden. Dieses friedliche Zusammentreffen findet abseits der von Kalkül beherrschten Bühne der Politik und auch abseits gängiger Alltagserfahrungen statt. Es scheint, dass diese Erfahrung der Gläubigen – weit mehr als die Erwartung eines außergewöhnlichen, medizinisch nicht erklärbarer Vorgangs – das eigentlich Wunderbare ist, das die Pilger an diesen Ort zieht und in Gedanken dorthin oft zurückkehren lässt.

Gottes unterwegs. Wallfahrten im Bistum Trier, hrsg. v. Bischöflichen Generalvikariat Trier. Trier 1987, S. 173-175.

45 Zur stark deutsch-französisch orientierten Pax-Christi-Bewegung, die besonders durch den Lourder Bischof Théas Impulse erhielt, vgl. Bernward Hekke, Katholische Friedensgruppen in Westdeutschland zwischen 1945-1955. In: Johannes Horstmann (Hrsg.), 75 Jahre katholische Friedensbewegung in Deutschland. Schwerte 1995, S. 117-136. Zur internationalen Soldatenwallfahrt vgl. Jehle, Mensch (wie Anm. 30), S. 439-443.

Martin Loiperdinger

„Das Lied von Bernadette" – erfolgreichster Hollywood-Film im Nachkriegsdeutschland vor 1949

Kirche und Kino stehen seit hundert Jahren in einem recht wechselhaften Verhältnis: Einerseits erhoben die Kirchen immer wieder massive Vorbehalte gegen Darstellungen von Erotik und Verbrechen in Filmen. Die auf „Sex & Crime" spekulierende Filmbranche brachte zahllose Unterhaltungsfilme heraus, welche die Kirchen als „Schundfilme" gegeißelt haben.

Andererseits bemühten sich Filmproduzenten von Anfang an um Bibelstoffe. Schon vor 1900 wurde die Passion Christi als Filmthema entdeckt. Auch die Erzählungen aus dem Alten Testament, die zahlreichen Heiligenlegenden, die Biografien von Päpsten, Kardinälen und Reformatoren boten reichlich Stoff für Filmproduktionen. Nach dem Zweiten Weltkrieg wurden Filme mit religiöser Thematik zur Re-education der deutschen Bevölkerung eingesetzt. Bei der Premiere des Hollywood-Films „Das Lied von Bernadette" hielt ein deutscher Kardinal sogar erstmals eine Ansprache in einem Kinosaal.

1941 erschien in Stockholm Franz Werfels Roman „Das Lied von Bernadette".[1] Der in Prag aufgewachsene Werfel war jüdischer Herkunft. Zugleich war er durch seine Erziehung katholisch geprägt, obwohl er nicht zur Kirche übergetreten ist. Werfel war überzeugter Pazifist und Wortführer des literarischen Expressionismus in der Weimarer Republik. Die Nationalsozialisten verbrannten seine Bücher 1933 auf ihren Scheiterhaufen. 1938 emigrierte Werfel von Wien nach Frankreich. Auf der Flucht vor Wehrmacht und Gestapo strandete er Ende Juni 1940 in Lourdes. Dort gelobte er, ein Buch über die Müllerstochter Bernadette Soubirous und ihre Erschei-

1 Franz Werfel, Das Lied von Bernadette. Stockholm/London 1941 (engl. „The Song of Bernadette. New York 1942; deutsche Ausgabe Frankfurt1953 u.ö.). Zum Roman vgl. einführend Kindlers Literatur Lexikon (dtv) Bd. 13, Sp. 5696-5698. Zur Person einführend Klaus-Gunther Wesseling, Art. Werfel, Franz. In: Biographisch-bibliographisches Kirchenlexikon Bd. 13, Sp. 786-832 (mit ausführlichem Literaturverzeichnis).

nungen zu schreiben, sollte er je die rettende Küste Amerikas erreichen.[2] Werfels Lourdes-Roman wurde ein Bestseller. 1943 machte 20th Century Fox daraus den Hollywood-Spielfilm „The Song of Bernadette“, in der Regie des routinierten Henry King und mit der jungen Jennifer Jones in der Rolle der 14jährigen Bernadette.

Auch „The Song of Bernadette“ wurde ein großer Erfolg, zumal nach dem Zweiten Weltkrieg in katholisch geprägten Gegenden der amerikanischen Beatzungszone in West- und Süddeutschland. Die katholische Kirche war für die amerikanische Militärregierung eine wichtige Stütze bei der Re-education der deutschen Bevölkerung: Sozialisten und Kommunisten waren zwar im Widerstand gegen das „Dritte Reich“ an vorderster Front aktiv gewesen, kamen aber nach dem raschen Beginn des Kalten Kriegs als Multiplikatoren für Maßnahmen der Re-education nicht mehr in Frage. Das kulturelle Milieu des deutschen Katholizismus hatte sich gegenüber nationalsozialistischer Ideologie immerhin resistent gezeigt. Zwischen katholischer Kirche und amerikanischen Besatzungsbehörden bestand zudem Einigkeit über die antikommunistische Stoßrichtung der Re-education. Das Medium Film war zwar als nationalsozialistisches Propagandamittel kompromittiert, ließ sich als einflussreiches Massenmedium aber nicht ignorieren. Schon im Juli 1945 wurden von den Besatzungsbehörden wieder Kinos eröffnet. Und bereits im März 1946 befasste sich die Westdeutsche Bischofskonferenz mit dem Aufbau der katholischen Filmarbeit. Am 1. Mai 1946 nahm die „Kirchliche Hauptstelle für Bild- und Filmarbeit“ ihre Tätigkeit auf.

Bereits vor Kriegsende waren Hollywood-Filme deutschen Kriegsgefangenen gezeigt worden, um zu testen, ob sie für die geplante Re-education geeignet waren. Darunter war auch „The Song of Bernadette“. Um Kosten zu sparen, wurden amerikanische Filme für den Einsatz im Nachkriegsdeutschland zunächst mit deutschen Untertiteln versehen. Das deutsche Kinopublikum lehnte Untertitel jedoch ab. Dies war einer der Gründe dafür, dass Unterhaltungsfilme aus dem „Dritten Reich“ – soweit sie von den Besatzungsmächten nach einem anfänglichen Generalverbot wieder freigegeben waren – in den Jahren 1946 und 1947 starken Publikumszuspruch

2 So Werfels Selbstzeugnis im Vorwort des Romans.

verzeichneten. Das konnte der amerikanischen Militärregierung nicht recht sein: Sie strebte deshalb an, dass Hollywood-Filme in deutscher Synchronfassung auf den Leinwänden der westlichen Besatzungszonen vorgeführt wurden. Die deutschen Tonfassungen von US-Spielfilmen wurden in den vom Krieg unversehrt gebliebenen Filmstudios auf dem Bavaria-Gelände in Geiselgasteig bei München hergestellt.

Filmfassungen in deutscher Sprache waren nach der Währungsreform von besonderer Wichtigkeit: Während die Eintrittspreise der Kinos zuvor für jedermann erschwinglich waren, ging die Zahl der Kinobesucher nun angesichts der harten, vom amerikanischen Dollar gedeckten und deshalb knapp gehaltenen DM rapide zurück. Zugleich waren nun auf dem Konsumentenmarkt mit einem Schlag zahlreiche Waren des täglichen Bedarfs im Angebot, die es zuvor gar nicht gegeben hatte: Lebensmittel, Kleider, Haushaltsgegenstände stellten nun handfeste Alternativen zum Kauf eines Kinotickets dar. Die Kinobetreiber sahen sich deshalb mit gestiegenen Ansprüchen des Publikums konfrontiert: Nach der Währungsreform gingen die deutschen Zuschauerinnen und Zuschauer nicht mehr einfach aufs Geratewohl ‚ins Kino', sondern sie gingen ‚in einen Film', für den sie eine bewusste Auswahlentscheidung getroffen hatten. Spielfilme mussten jetzt etwas Besonderes bieten, um an der Kinokasse Erfolge einzufahren. „Das Lied von Bernadette" erfüllte dafür ganz unabhängig vom Stoff, vom Regisseur und von den Leistungen der Schauspieler eine wichtige Voraussetzung: „Das Lied von Bernadette" war im Herbst 1948 einer der ersten US-Filme, die nach dem Zweiten Weltkrieg deutsch synchronisiert in die Kinos gelangten – über acht Jahre, nachdem zuletzt im Frühjahr 1940 amerikanische Spielfilme in deutscher Fassung die nationalsozialistische Zensur passiert hatten. Ein Hollywood-Film mit deutsch sprechenden Schauspielern war 1948 noch ungewöhnlich, so dass Zeitungsannoncen ausdrücklich darauf hinwiesen: „Ein 20th-Century-Fox-Film in deutscher Sprache" heißt es zum Beispiel in der Premierenannonce für „Das Lied von Bernadette" in Trier.[3] Die deutsche Synchronfassung von „The Song of Bernadette" war laut Süddeutscher Zeitung „wohlge-

[3] Trierische Volkszeitung, 17.12.1948.

lungen“. Sie wurde von dem bekannten deutschen Filmregisseur Kurt Hoffmann besorgt.[4]

Deutsche Premiere hatte „Das Lied von Bernadette“ am 10. September 1948 im Münchner Luitpold-Theater – unter der Schirmherrschaft von Kardinal Michael Faulhaber[5] und mit hochrangiger Prominenz aus Politik und Kirche. Faulhaber war in Begleitung des US-Gouverneurs Murray D. Wagoner und des bayerischen Kultusministers Alois Hundhammer erschienen. „Der Dom-Chor sang, der Papst-Film mit der Friedensrede Pius' XII. wurde in einmaliger Vorführung gezeigt, und zum ersten Male in Deutschland ergriff ein Kirchenfürst in einem Kino das Wort“, berichtet die Süddeutsche Zeitung.[6] Der Kardinal zollte dem Kino Anerkennung für seine Leistungen zur Entspannung der Menschen. Er bekräftigte zugleich die Bedeutung des Kinos für die religiöse Bildung des Volkes, da der Film zu einer „Feuerzunge des Pfingstgeistes“ werden könne. Faulhabers Rede gilt als die erste Ansprache, die ein deutscher Bischof in einem Kino gehalten hat.[7] Gunter Groll, der Filmkritiker der Süddeutschen Zeitung, sprach seinerzeit die Hoffnung aus: „Kardinal Faulhabers Bekenntnis zum künstlerischen Film wird manches Vorurteil beseitigen helfen, das auch dem guten Film noch immer entgegengebracht wird, weil die weniger guten Filme, noch immer, in der Mehrheit sind.“[8] Wie Christian Kuchler in seiner Dissertation zur katholischen Filmarbeit im Bayern der Nachkriegszeit bemerkt, war der Auftritt des Münchner Kardinals ein „herausragendes Symbol für die Öffnung der katholischen Bischöfe gegenüber dem kommerziellen Kino“[9]. Nach dem Zusammenbruch des Nationalsozialismus gewann das Kino mit tatkräftiger Unterstützung der Besatzungsmächte seinen Status als wichtiges Massenmedium rasch

4 Gunter Groll, Zum Problem des religiösen Films. Erstaufführung von „Das Lied von Bernadette“ im Luitpold-Theater. Süddeutsche Zeitung, 14.9.1948.

5 Zu Kardinal Faulhaber, einem der prominentesten Mitglieder des deutschen Episkopats, vgl. einführend Klaus Fitschen, Art. Faulhaber, Michael. In: Biographisch-Bibliographisches Kirchenlexikon Bd. 24, Sp. 602-615.

6 Groll (wie Anm. 4). Die Ansprache selbst ist nicht schriftlich erhalten.

7 Christian Kuchler, Kirche und Kino. Katholische Filmarbeit in Bayern (1945-1965). Paderborn/München/Wien/Zürich 2006, S. 83-84.

8 Groll, Problem (wie Anm. 4).

9 Kuchler, Kirche (wie Anm. 7), S. 84.

wieder zurück. Aus kirchlicher Sicht sollte es dazu dienen, die Rückbesinnung der Bevölkerung auf christliche Grundwerte zu fördern. Hollywood-Spielfilme zu katholischen Themen wie „Das Lied von Bernadette" erschienen dafür hervorragend geeignet.

Ähnlich wie bei der deutschen Premiere in München wurde die Promotion des „Bernadette"-Films an weiteren Aufführungsorten durch öffentlichkeitswirksame Auftritte von Repräsentanten und Organisationen der katholischen Kirche gefördert, die auch die Programmgestaltung der lokalen Erstaufführungen bestimmten. Der Erlös dieser festlich inszenierten Premierenvorstellungen kam wohltätigen Zwecken zugute. So wurde Kardinal Faulhaber als dem Schirmherrn des deutschen Premierenabends der Erlös der Vorstellung in Höhe von 4.500 DM als Spende für den Wiederaufbau der Münchner Frauenkirche überreicht.[10] Für Karlsruhe kündigt die Premierenannonce des Gloria-Palastes eine „festliche Erstaufführung zugunsten des Caritasverbandes Karlsruhe" an.[11] In der Bistumsstadt Trier veranstaltete das Apollo-Theater in der Saarstraße die Premiere des „Bernadette"-Films zur Wiedereröffnung des teilweise zerstörten Lichtspielhauses am 21. Dezember 1948. Angesichts der Bedeutung von Lourdes als Sitz der Pax-Christi-Bewegung im beginnenden Kalten Krieg gestaltete die Bistumsstelle von Pax-Christi diese Trierer Erstaufführung als Friedenskundgebung, „der neben Vertretern der Besatzungsmacht die Weihbischöfe Metzroth und Dr. Steirr, Generalvikar Protonotar Dr. von Meurers, weitere Vertreter des Domkapitels und der evangelischen Kirche, Oberbürgermeister Kemper, Regierungsvizepräsident Dr. Müller, Landrat Schladt und andere Behördenvertreter sowie zahlreiche Trierer Männer und Frauen zu einem Bekenntnis für das christliche Friedensgebot teilnahmen"[12]. Die festliche Inszenierung des Vorprogramms zu der Vorführung des „Bernadette"-Films umfasste die liturgischen Äußerungsformen Rezitation, Gesang und Ansprache: „Als Prolog wurde jene Verheißung des Propheten gesprochen, die besagt, dass einmal alle Völker zu Gott streben werden. Dann wer-

[10] Groll, Problem (wie Anm. 4).

[11] Neue Karlsruher Zeitung, Nr. 166, 26.11.1948.

[12] Das Lied von Bernadette. Erstaufführung des Films in einer Kundgebung der Pax-Christi-Bewegung. Trierische Volkszeitung, 23.12.1948, S. 7.

den die Schwerter in Pflugscharen umgewandelt und die Lanzen in Sicheln. Der Singkreis der kath[olischen] Jugend sang die Motette von Heinrich Schütz ‚Verleih' uns Frieden gnädiglich'. Im Anschluß daran sprach der Leiter der Bistumsstelle Georg Wagner. [...]· Er erläuterte, wieso wir jetzt, so kurz nach einem Kriege, schon wieder um den Frieden bangen müssen. Er berichtete von jenen Friedensbewegungen in anderen Nationen, die den Frieden so gegenständlich nehmen, als nur möglich erscheint, und sich darum einsetzen für den Frieden im eigenen Herzen, den in der Familie, den in der Nachbarschaft, den in der Gemeinde, in der Stadt.“[13]

Die Premieren des „Bernadette“-Films in München, Karlsruhe und Trier lassen eine uneingeschränkt positive Haltung der katholischen Kirche in Süd- und Westdeutschland zu diesem Hollywood-Spielfilm erkennen. In Mainz lief „Das Lied von Bernadette“ Mitte September während des Deutschen Katholikentags an.[14] In Trier machte sich die Bistumszeitung Paulinus im Dezember 1948 für den „Bernadette“-Film stark: „Wir können den Besuch dieses Films aufs wärmste empfehlen.“[15]

Von Seiten der Filmkritik ertönte ein zwiespältiges Echo auf „Das Lied von Bernadette“. Die Leistung des Regisseurs und der Hauptdarstellerin fanden insgesamt durchweg Anerkennung. Der Respekt gegenüber der Religiosität der literarischen Vorlage und die Behutsamkeit bei ihrer Umsetzung wurden gelobt. Jennifer Jones' Bernadette-Darstellung erschien rundherum glaubwürdig. Allerdings brachten maßgebliche Filmbesprechungen auch einen schwerwiegenden Einwand vor: Die „weiße Dame“, wie Bernadette Soubirous ihre Erscheinung beschrieben hat, wird nicht nur von Jennifer Jones erblickt. In mehreren Filmszenen bekommt auch das Kinopublikum sie zu Gesicht. Die in einem Strahlenkranz auftretende, weiß gekleidete und sprechende Madonnenschauspielerin hat große Ähnlichkeit mit konventionellen figürlichen Mariendarstellungen. Die Neue Karlsruher Zeitung befand kurz und bündig:

13 Pax-Christi-Kundgebung. Trierische Volkszeitung, 23.12.1948, S. 9.

14 Paulinus, 15.10.1948.

15 Paulinus, 25.12.1948.

„Diesem lebendigen Gips glaubt man das Mirakel nicht."[16] Gunter Groll, der Filmkritiker der Süddeutschen Zeitung, beurteilte die Besetzung der „weißen Dame" mit einer Schauspielerin in seiner ausführlichen Münchner Premierenbesprechung als groben Missgriff: „Wo Überirdisches Bild werden soll, muß der Film, im Gegensatz zur bildenden Kunst, versagen. Man kann subjektive Madonnenvorstellungen einer auftretenden Person (Traum, Wunschbild, Vision) filmisch gestalten, wo aber das Filmbild auch nur leise den Eindruck erweckt, es photographiere die Madonna (und zu diesem Eindruck neigt es kraft seiner Realistik auch dort, wo es ganz anders gemeint ist), beginnt der Kitsch oder die Gespensterei. Dann beginnt der Film zu zaubern. Aber dann ist es – fauler Zauber."[17]

Die Einwände der Filmkritik hatten auf den Publikumszuspruch zu dem „Bernadette"-Film keinen ersichtlichen Einfluss. Dies lässt sich an der Aufführungsgeschichte des Films in Karlsruhe zeigen: In Karlsruhe lief „Das Lied von Bernadette" in dem bereits Ende 1945 von dem Unternehmer und Filmvorführer Willy Hauser wieder in Betrieb genommenen Gloria-Palast am Rondell-Platz drei Wochen lang – vom 26. November bis zum 16. Dezember 1948.[18] „Ein ungewöhnlicher Erfolg!" – wie Willy Hauser per Zeitungsannonce verbreiten ließ.[19] Die Verlängerung der Laufzeit um eine dritte Woche – was seinerzeit eine Seltenheit war – motivierte er mit dem großen Erfolg des Films beim Publikum. In der Verlängerungsannonce heißt es: „Des großen Andranges wegen bitten wir die Karten im Vorverkauf zu lösen."[20] Tatsächlich zeigt ein Foto aus dem Besitz von Willy Hauser eine dicht gedrängt auf Einlass wartende Menschenmenge vor dem Gloria-Palast, über dessen Eingang ein großes Filmtransparent „Das Lied von Bernadette" anzeigt.[21] Das

[16] Pier. Gloria-Palast: „Das Lied von Bernadette". Neue Karlsruher Zeitung, Nr. 167, 27.11.1948.

[17] Groll, Problem (wie Anm. 4).

[18] Vgl. die Kino-Annoncen für „Das Lied von Bernadette" in der Neue(n) Karlsruher Zeitung.

[19] Kino-Annonce für „Das Lied von Bernadette". Neue Karlsruher Zeitung, Nr. 177, 11.12.1948.

[20] Ebd.

[21] Abgedruckt bei Gerhard Bechtold, Kino. Schauplätze in der Stadt. Eine Kulturgeschichte des Kinos in Karlsruhe. Karlsruhe 1987, S. 72. Eine Re-

Karlsruher Gloria bot mehr als 500 Besuchern Platz und gab täglich vier Vorstellungen des „Bernadette"-Films: um 11 Uhr, 14.15, 17.30 und um 20.45 Uhr. Bezogen auf die Laufzeit von 20 Tagen ergibt sich ein Angebot von über 40.000 Kinoplätzen. Wenn die Abendvorstellungen, wie zu vermuten, meist ausverkauft waren und auch die Vorstellungen am Vormittag und frühen Nachmittag gut besucht waren, so lässt sich die tatsächliche Besucherzahl durchaus mit mehr als 35.000 beziffern. Dies ist vergleichbar mit dem Zuspruch zu dem „Bernadette"-Film in der Bistumsstadt Mainz, wo der Deutsche Katholikentag zusätzliche Impulse für den Besuch des Films lieferte. Die Trierer Bistumszeitung Paulinus berichtet: „Der Film ‚Das Lied von Bernadette', der anläßlich des Katholikentages in Mainz anlief, hat mit etwa 40 Vorführungen über 30.000 Besucher erfreut. Ein Schulbeispiel, dass nicht nur schlechte Filme die Massen anziehen."[22]

Dem monatlichen „Report of the Military Governor" zufolge gehörte „Das Lied von Bernadette" zu den sechs amerikanischen Spielfilmen, die im Oktober 1948 „the most satisfactory audience reaction" hervorriefen. Der Bericht nennt außerdem: „The Flame of New Orleans" (1941, in der Regie von René Clair mit Marlene Dietrich); die Komödie „Together Again" (1944, in der Regie von Charles Vidor mit Charles Boyer); „To Each His Own" (1946, mit Olivia de Havilland); „The Two-Faced Woman" (1941, in der Regie von George Cukor mit Greta Garbo); "The Lodger" (1944, mit Merle Oberon). „The Song of Bernadette" ist zum Schluss aufgeführt – anschließend wird bemerkt:

> „The latter film, which ended a six-week run in Munich, has established attendance records at all showings in the U.S. zone."[23]

Das heißt im Klartext: „Das Lied von Bernadette" war der bis dato erfolgreichste amerikanische Spielfilm in der amerikanischen Besatzungszone, d. h. in Bayern, Hessen, Württemberg, Baden, Bremen und dem amerikanischen Sektor in Berlin, wo Ende Oktober

produktion des Fotos war kürzlich zu sehen in der Ausstellung „Karlsruher Kinogeschichte(n)" im Karlsruher Prinz-Max-Palais (21.2.-20.4.2008).

22 Paulinus, 15.10.1948, Rubrik: Kurz gesagt.

23 Report of the Military Governor, No 41, October 1948.

1948 insgesamt über 1.510 Kinos zur Verfügung standen.[24] Die dem deutschen Publikum zuvor unbekannte junge Schauspielerin Jennifer Jones stach in der Rolle der Bernadette Soubirous allseits anerkannte und bereits aus der Vorkriegszeit bekannte Leinwand-Diven wie Marlene Dietrich und Greta Garbo aus. Was waren die Gründe für diesen bemerkenswerten Erfolg? War es einfach die Zahl der eingesetzten Filmkopien (die noch nicht ermittelt werden konnte)? Lag es daran, dass ein Hollywood-Film in einer gelungenen deutschen Synchronisation gezeigt wurde? Oder lag es daran, dass so viele deutsche Zuschauerinnen und Zuschauer tatsächlich erfahren wollten, wie es zum Wunder von Lourdes kam?

[24] Ebd.

Bernadette sieht zum ersten Mal die „weiße Frau". Aus dem Film „Das Lied von Bernadette". Deutsches Filminstitut – DIF, Frankfurt am Main

Oben: Bernadette auf dem Weg zur Grotte. Unten: Bernadette in der Grotte. Aus dem Film „Das Lied von Bernadette". Deutsches Filminstitut – DIF, Frankfurt am Main

3. Teil: Nachwirkungen – Marienerscheinungen

Bernhard Schneider

Ein „deutsches Lourdes"? Der „Fall" Marpingen (1876 und 1999) und die Elemente eines kirchlichen Prüfungsverfahrens[1]

„Von Maria zu reden ist gefährlich", so behauptet der Titel eines Buches, das in Deutschland 1999 zwar nicht die Bestsellerlisten erstürmte, sich aber doch so gut verkauft hat, dass es nach wenigen Monaten bereits die dritte Auflage erlebte.[2] Nur zwei Jahre zuvor hatte ein anglo-amerikanischer Historiker das seltene Kunststück vollbracht, mit einem 700 Seiten dicken Buch über eine Marienerscheinung des 19. Jahrhunderts in Fernsehen und Tagespresse gleichermaßen Aufmerksamkeit zu finden.[3] Beiden Bücher ist gemeinsam, dass sie nicht nur über Marienerscheinungen handeln, sondern sich mit ein und demselben ansonsten unauffälligen Ort im nördlichen Saarland befassen: mit Marpingen.[4] Thematisiert David Blackbourn mit seinem preisgekrönten Buch die aufsehenerregende Marienerscheinung in Marpingen im Jahr 1876, so Jörg Müller in seinem weit weniger anspruchsvollen Buch vor allem die ebenfalls spektakuläre Reihe von Marienerscheinungen[5] des Jahres

[1] Bei dem folgenden Beitrag handelt es sich um die leicht überarbeitete Fassung meines französischsprachigen Aufsatzes, der erstmals 2003 erschien. Vgl. Bernhard Schneider, Un Lourdes allemand? Le cas de Marpingen et le dossier de l' expertise ecclésiastique. In: Patrick Dondelinger (Hrsg.), Faut-il-croire au merveilleux? Paris 2003, S. 181-203.

[2] Jörg Müller, Von Maria zu reden ist gefährlich. Was geschah wirklich in Marpingen? Jestetten 1999.

[3] David Blackbourn, Wenn ihr sie wieder seht, fragt wer sie sei. Marienerscheinungen in Marpingen – Aufstieg und Niedergang des deutschen Lourdes. Reinbek b. Hamburg 1997 (Original: Marpingen, Apparitions of the Virgin Mary in Bismarckian Germany. Oxford 1993; überarbeitete Neuauflage Saarbrücken 2007).

[4] Zur Lage vgl. die Karte bei Blackbourn (wie Anm. 3), S. 166.

[5] Hier und im Folgenden wird von Marienerscheinung(en) unabhängig von der kirchlichen Urteilsbildung gesprochen. Da der vorliegende Aufsatz kein Teil der kirchlichen Verkündigung ist, wird er auch nicht von dem Verbot getroffen, mit dem Bischof Marx mit Blick auf Marpingen untersagt, in der kirchlichen Verkündigung von Marienerscheinungen, Seherinnen etc. zu sprechen.

1999. Damit sind die zwei Geschehnisse genannt, die auch in den folgenden Ausführungen im Mittelpunkt stehen. Neben die knappe Schilderung der Ereignisse, bei denen für den Kirchenhistoriker das Geschehen von 1876 mehr im Fokus steht, soll dabei eine Erörterung über die Elemente eines kirchlichen Prüfungsverfahren treten. Für beide „Fälle" wurde am 13.12.2005 durch den Bischof von Trier ein kirchliches Urteil gefällt, auf das am Ende des Beitrags eingegangen wird.[6]

I. Was geschah 1876 in Marpingen?

Am 3. Juli 1876, jenem Tag, an dem in Lourdes Tausende von Menschen der Krönung der Marienstatue beiwohnten, waren in Marpingen gegen Abend fünf junge Mädchen nach vollbrachter Arbeit (sie hatten Waldheidelbeeren gepflückt) gerade dabei, sich auf den Heimweg zu machen, als eine von ihnen eine unbekannte weiße Gestalt zu erkennen glaubte. Von Panik ergriffen stürmten sie daraufhin nach Hause.[7] Drei von ihnen – Susanna Leist, Katharina Hubertus und Margaretha Kunz –, damals alle acht Jahre alt, wurden zu den zentralen Figuren der weiteren Ereignisse. Dort erzählten sie von ihrem Erlebnis und stießen auf Skepsis, aber anscheinend

Vgl. Kirchliches Amtsblatt der Diözese Trier 150 (2006), Nr. 2 und Nr. 3 und Pressemitteilung der Bischöflichen Pressestelle Trier vom 14.12.2005.

6 Der Verfasser war von Beginn an Mitglied der bischöflichen Prüfungskommission. Ausdrücklich ist daher darauf hinzuweisen, dass die folgenden Ausführungen nicht den Anspruch erheben, die Meinung der Prüfungskommission wiederzugeben. Auf inhaltliche Details der Prüfung kann verständlicherweise nicht eingegangen werden.

7 Die folgende Schilderung der Ereignisse stützt sich, wenn nichts anderes angegeben ist, auf das Buch von Blackbourn. Ein zeitgenössischer Bericht nach Aussagen der „Seherinnen" findet sich im Bistumsarchiv Trier Abteilung B III 11,14 Nr. 3. Eine Dokumentation zu den Ereignissen in und um Marpingen bietet jetzt Maria-Irma Seewann, Die Sprache Gottes verstehen, 2 Bde. Friedelsheim 2006. Die weiteren angekündigten beiden Bände III und IV über die innerkirchlichen Auseinandersetzungen und die weitere kirchliche Entwicklung lagen dem Verfasser bei Abfassung dieses Aufsatzes nicht vor. Frau Seewann möchte mit ihrer Dokumentation einer Revision des Urteils von 2005 nicht vorgreifen, diese aber vorbereiten. Vgl. Bd. 2, S. 696.

auch auf ein gewisses Interesse, denn auf Geheiß der Erwachsenen begaben sie sich am nächsten Tag wieder in den Wald, um nachzusehen, ob die weiße Gestalt erneut auftauchen würde. Man hatte ihnen für diesen Fall aufgetragen, sie nach ihrem Namen und ihren Wünschen zu fragen. Das taten die Kinder, als ihnen die Gestalt tatsächlich wieder begegnete und sie erhielten nach eigenem Bekunden zur Antwort: „Ich bin die unbefleckt Empfangene." Als ihren Wunsch teilte die spätestens jetzt als Jungfrau Maria identifizierte Person den Mädchen mit, sie sollten beten und nicht sündigen. Noch am gleichen Tag setzte der Andrang der Menschen zum Erscheinungsort ein, da eine erste Krankenheilung für viele Dorfgenossen die letzten Zweifel am Erscheinen Mariens beseitigt hatte. Täglich kamen mehr Menschen, so dass man zehn Tage nach Beginn der Erscheinungen, die währenddessen täglich weiter gingen, bereits mehr als 20.000 „Pilgerinnen und Pilger" zählte. Unter diesen sah man damals und während der ganzen Zeit der Erscheinungen, die bis zum September 1877 andauerten, besonders viele Frauen. Ansonsten dominierten Bauern und Bergleute, mithin die Welt der „kleinen Leute", sowie der katholische Klerus, sieht man einmal von den recht zahlreich nach Marpingen reisenden katholischen Adligen (meist Frauen) ab.

Marpingen reihte sich auf diese Weise ein in die beeindruckende Serie von Marienerscheinungen, die seit 1830 dazu beitrugen, das 19. Jahrhundert zu einem marianischen Jahrhundert werden zu lassen.[8] Auch viele Einzelmomente stimmen, wie Blackbourn zu Recht betont, mit den anderen Erscheinungen überein: der abgelegene ländliche Erscheinungsort, die Erscheinung vor Kindern (bes. Mädchen), das Erscheinungsbild Mariens.[9] Selbst die weitere Entwicklung ist nicht ganz untypisch, doch fällt sie in der Massivität des staatlichen Vorgehens immerhin aus dem üblichen Rahmen. Tat-

[8] Vgl. als Dokumentation: Gottfried Hierzenberger/Otto Nedomansky, Erscheinungen und Botschaften der Gottesmutter Maria. Vollständige Dokumentation durch zwei Jahrtausende. Augsburg 1998 (chronologisch geordnet). Zum „marianischen Jahrhundert" siehe den Sammelband Anton Ziegenaus (Hrsg.), Das marianische Zeitalter. Entstehung – Gehalt – bleibende Bedeutung. Regensburg 2002.

[9] Siehe dazu speziell Blackbourn, Marpingen (wie Anm. 2), S. 39-103 (Europäische Marienerscheinungen im 19. Jahrhundert).

sächlich hatten die staatlichen Behörden in den ersten Tagen keine Kenntnis des Geschehens. Als sie diese erhielten, reagierten die Vertreter der kommunalen preußischen Behörden in einer Weise, die den Eindruck von Überforderung und Inkompetenz aufkommen lässt. Am Abend des 13. Julis besetzte Militär die Erscheinungsstätte und trieb die anwesenden Menschen gewaltsam auseinander, wobei es auch Verletzte zu beklagen gab. Für zwei Wochen blieb Marpingen militärisch besetzt, danach wachte Gendarmerie am Ort darüber, dass keine Pilger an die Erscheinungsstätte gelangten und auch kein Quartier im Ort fanden. Da die preußischen Behörden von einem betrügerischen Komplott unter Einbeziehung des Ortspfarrers ausgingen, setzten auch polizeiliche Ermittlungen ein, um den vermeintlichen Rädelsführern auf die Spur zu kommen. Dazu kam eigens ein als irischer Reporter getarnter Geheimpolizist aus Berlin nach Marpingen, wo er sich mit allerhand merkwürdigen Methoden an die Arbeit machte und auch die „Seherinnen" auszuhorchen suchte. Die Ende Oktober erfolgte Verhaftung des Pfarrers und die Einweisung der drei Mädchen in ein protestantisch geführtes Waisenhaus in Saarbrücken Anfang November 1876 hingen mit seinem Vorgehen zusammen. Mehrfach wurden die Mädchen zu Geständnissen gedrängt, die sie jedoch unter dem Einfluss der Familie und des Dorfes jeweils rasch widerriefen. Das von Polizei und Untersuchungsrichtern zusammengetragene Material gegen etliche Dorfbewohner, den Pfarrer und auch die Eltern der Kinder bot die Basis für einen großen Prozess, der im März 1879 in Saarbücken stattfand und von Vorwürfen des Betrugs und der Beihilfe zum Betrug bis hin zu dem der „Aufforderung zum Ungehorsam gegen Gesetze" reichte.[10] Nach einmonatiger Verhandlung endete der Prozess mit einem Fiasko für die preußischen Behörden, denn alle Beklagten wurden freigesprochen, wobei das Gericht in seinem Urteilsspruch viel Aufwand betrieb, um darzulegen, es habe sich 1876 um eine Erfindung der Mädchen gehandelt, allerdings eine ohne strafrechtlich

10 Den Prozessverlauf dokumentieren: Seewann, Sprache (wie Anm. 6), Bd. 2, S. 333-610 (Prozess), S. 611-653 (Urteil); Georg F. Dasbach, Der Marpinger Prozeß vor dem Zuchtpolizeigericht in Saarbrücken. Nach stenographischer Aufnahme. Trier 1879. Eine anschauliche Schilderung bei Blackbourn, Marpingen (wie Anm. 2), S. 509-527.

relevante Umstände (Betrugsabsicht oder den Versuch, unerlaubten Gewinn zu erzielen). Das repressive Vorgehen war von der eigenen Justiz damit konterkariert worden.[11] Bereits zuvor hatten die Marpinger und die „Pilger" auf ihre Weise mit ihrem passiven Widerstand den preußischen Behörden die Grenzen der eigenen Macht deutlich aufgezeigt.

Unterdessen war Marpingen längst zu einem Politikum geworden. Dazu trug nicht zuletzt die lebhafte publizistische Kontroverse bei, die spätestens seit dem Militäreinsatz immer schärfere Formen annahm. Die mittlerweile recht gut ausgebaute regionale und überregionale katholische Presse griff das Thema mitten im Kulturkampf bereitwillig auf, um die Brutalität und Ungerechtigkeit des staatlichen Vorgehens publikumswirksam vorzuführen. Nicht weniger heftig reagierten die publizistischen Gegner aus dem liberal-protestantischen Lager, die am Beispiel Marpingens die Rückständigkeit, Gefährlichkeit (angebliche Konspiration im deutsch-französischen Grenzland auch mit ausländischen Kräften) und Fortschrittsfeindlichkeit der Katholiken zu demonstrieren suchten. Neben den Berichten in der Tagespresse schürte auch eine ganze Serie von Broschüren den publizistischen Kampf an.[12] Sichtbarster Ausdruck der Politisierung der Marpinger Ereignisse war schließlich die Debatte

[11] Die Wertung des Urteils bei Blackbourn als Sieg des preußischen Rechtsstaats trotz der einseitigen, die Anklage begünstigenden Führung des Prozesses, kontrastiert auffällig mit der Annahme von Seewann, das Urteil sei das Ergebnis eines gescheiterten Komplotts der Untersuchungsbehörden unter Einbezug des Gerichts und der Versuch gewesen, durch einen Freispruch einen peinlichen Gang in die Revision zu vermeiden, bei der die Unlauterkeit des Vorgehens eventuell eingehender geprüft worden sei. Vgl. Blackbourn, Marpingen (wie Anm. 2), S. 644; Seewann, Sprache (wie Anm. 6), Bd. 2, S. 660-664. Seewann übersieht freilich, dass der Staatsanwalt sogleich Berufung eingelegt hatte, die dann – wohl nach höherer Anweisung – zurückgezogen wurde.

[12] Eine Auflistung der Broschüren bei Blackbourn, Marpingen (wie Anm. 2), S. 655-657. Als pars pro toto seien genannt: Adam F. vom Berg, Marpingen und das Evangelium. Saarbrücken 1877; Wilhelm Cramer, Die Erscheinungen und Heilungen in Marpingen, Gläubigen und Ungläubigen erzählt. Würzburg 1876; Nikolaus Thoemes, Die Erscheinungen in Marpingen. Historische Darstellung nach an Ort und Stelle gesammelten schriftlichen und mündlichen Mittheilungen und nach eigenen Erfahrungen. Stuttgart 1877. Zahlreiche Presseartikel sind jetzt leicht zugänglich bei Seewann, Sprache (wie Anm. 6).

im Preußischen Abgeordnetenhaus, die im Januar 1878 auf Antrag der katholischen Zentrumspartei stattfand. Sie zeigte die erwarteten Frontstellungen, brachte die Regierung in peinliche Erklärungsnot und endete doch mit der Abweisung der Anträge des Zentrums.[13]

II. Wie reagierten die kirchlichen Instanzen?

1876 war die Lage für die katholische Kirche im Bistum Trier, zu dem Marpingen gehörte, problematisch, wenn nicht gar desaströs.[14] Im Mai war der beliebte Bischof Matthias Eberhard (1867-1876)[15] an den Folgen einer rund zehnmonatigen Gefängnishaft gestorben, die ihm sein Widerstand gegen die preußischen Kulturkampfgesetze[16] eingebracht hatte. Daraufhin blieb die Diözese für fünf Jahre verwaist und wurde von drei Apostolischen Delegaten geleitet, die unter Tarnnamen im Geheimen die Verwaltung aufrecht zu erhalten suchten. Auf der Pfarrebene machte sich die schwierige Situation nicht weniger bemerkbar. Über 250 der 882 Priester waren zu Geldstrafen verurteilt worden (z.T. mehrmals), Haftstrafen verbüßten rund 100, von denen nicht wenige anschließend ihre bisherige Wirkungsstätte unter Zwang verlassen mussten. Auf diese Weise kam es

13 Schilderung bei Blackbourn, Marpingen (wie Anm. 2), S. 491-509. Dokumentation auf der Basis zeitgenössischer Presseberichte bei Seewann, Sprache (wie Anm. 6), Bd. 2, S. 267-332.

14 Zur Geschichte des Bistums Trier im 19. Jahrhundert vgl. Martin Persch/Bernhard Schneider (Hrsg.), Auf dem Weg in die Moderne 1802-1880. Trier 2000.

15 Zu seiner Person vgl. neben der in Anm. 13 genannten Bistumsgeschichte speziell Josef Steinruck, Matthias Eberhard (1867-1876). In: Martin Persch/Michael Embach (Hrsg.), Die Bischöfe von Trier seit 1802. Trier 1996, S. 123-140.

16 Dokumentation der wichtigsten Gesetze: Ernst Rudolf Huber/Wolfgang Huber (Hrsg.), Staat und Kirche im 19. und 20. Jahrhundert. Dokumente zur Geschichte des deutschen Staatskirchenrechts, 5 Bde. Berlin 1973-1995 (hier Bd. 2); Rudolf Lill (Hrsg.), Der Kulturkampf. Paderborn u.a 1997, S. 61-121. Als Darstellungen: Winfried Becker, Der Kulturkampf als europäisches und als deutsches Phänomen. In: Historisches Jahrbuch 101 (1981), S. 422-446; Rottenburger Jahrbuch für Kirchengeschichte 15 (1996), passim (Themenband zum Kulturkampf); Christopher Clark, Der neue Katholizismus und der europäische Kulturkampf. In: Comparativ 12 (2002), S. 14-37.

dazu, dass um 1875/76 von 731 Seelsorgestellen 251 unbesetzt blieben, darunter 203 Pfarreien; 212 Diözesanpriester lebten außerhalb der preußischen Staatsgrenzen.[17]

Für den „Fall“ Marpingen blieb diese Situation nicht ohne Folgen. Als die Erscheinungen begannen und der Ortspfarrer sich in seiner Urteilsbildung überfordert fühlte, fehlte der Bischof, dem es seit dem Trienter Konzil erstrangig zukam, derartige Vorgänge einer kirchlichen Prüfung zu unterziehen.[18] In seiner Not wandte sich Pfarrer Jakob Neureuter, ein geradezu idealtypischer Vertreter des ultramontanen Priestertyps, wie er auch im Bistum Trier seit Mitte des 19. Jahrhunderts überwog[19], an den ihm persönlich gut bekannten Trierer Generalvikar Philipp de Lorenzi, einen der drei Apostolischen Geheimdelegaten[20]. Als dieser daraufhin beim Domkapitel eine förmliche kirchliche Untersuchung der Marpinger Vorfälle anregte, lehnte dieses den Vorschlag ab.[21] Neureuter selbst war nach einer kurzen Zeit der Skepsis und trotz der nach außen betonten Zurückhaltung rasch und entschieden von der Echtheit der Erscheinungen überzeugt, was ihm vermutlich aufgrund der ihm

17 Zum Kulturkampf im Bistum vgl. Josef Steinruck, Das Bistum Trier im Kulturkampf. In: Persch/Schneider, Weg (wie Anm. 13), S. 609-636.

18 Vgl. Konzil von Trient, Dekret über die Anrufung, die Verehrung und die Reliquien der Heiligen und über die heiligen Bilder, 3.12.1563 (= Heinrich Denzinger, Enchiridion symbolorum definitionum et declarationum de rebus fidei et morum. Kompendium der Glaubensbekenntnisse und kirchlichen Lehrentscheidungen. Lateinisch-Deutsch, hrsg. v. Peter Hünermann. Freiburg [37]1991, Nr. 1821-1825 und speziell ebd. Nr. 1825: „Auch dürfen keine neuen Wunder zugelassen oder neue Reliquien aufgenommen werden, ohne daß ebendieser Bischof davon weiß und seine Zustimmung gibt.“ Zur Entwicklung der kirchenrechtlichen Normen in diesem Bereich vgl. René Laurentin, Marienerscheinungen. In: Wolfgang Beinert/Heinrich Petri (Hrsg.), Handbuch der Marienkunde. Regensburg 1984, S. 528-555, hier S. 544-547.

19 Zum Trierer Klerus dieser Zeit vgl. Martin Persch, Der Diözesanklerus. In: Persch/Schneider, Weg (wie Anm. 13), S. 177-207. Ausführlich: Helmut Rönz, Der Trierer Diözesanklerus im 19. Jahrhundert. Herkunft – Ausbildung – Identität, 2 Bde. Köln 2006.

20 Zu ihm vgl. Martin Persch, Art. de Lorenzi, Philipp. In: Biographisch-bibliographisches Kirchenlexikon Bd. 5, Sp. 227. De Lorenzi war seit 1868 Generalvikar; zuvor war er Pfarrer in Koblenz gewesen, wo Neureuter zeitweilig als sein Kaplan gewirkt hatte.

21 Vgl. Blackbourn, Marpingen (wie Anm. 2), S. 544.

eigenen Marienverehrung nicht schwer gefallen sein dürfte.[22] Unter den Diözesanpriestern der Umgebung war die Meinung geteilt. Von außerhalb des Bistums setzte im Zuge der öffentlichen Berichterstattung ein reger Andrang von Besuchern und Korrespondenten aus dem Priesterstand ein, darunter der bekannte Dogmatiker Prof. Dr. Matthias Scheeben, der sich für mehrere Wochen in Marpingen aufhielt.[23]

In Trier beschäftigte man sich während der Erscheinungsphase nicht offiziell mit den Marpinger Ereignissen, nachdem der erwähnte Vorstoß gescheitert war. Nach deren Ende ging man jedoch daran, einem kirchlichen Urteil den Weg zu bereiten. Die drei Mädchen hatte man mittlerweile (Mai 1878) zur weiteren Erziehung in einem Kloster der Schwestern vom armen Kinde Jesu in Echternach/Luxemburg untergebracht (in Preußen waren durch den Kulturkampf fast alle klösterlichen Niederlassungen aufgehoben worden). Dort wurde nach ihren Erzählungen ein umfangreicher Bericht (43 Blatt) über die Marienerscheinungen von Marpingen aufgezeichnet.[24] Ihn leitete man im November 1878 an den aus Aachen stammenden früheren Apostolischen Vikar von Luxemburg, Bischof Johann Theodor Laurent, weiter, der sich damals im niederländischen Simpelveld aufhielt.[25] Wie man auf Laurent kam, der als glühender Marienverehrer und strengkirchlich-ultramontaner Eiferer bekannt war[26], ist nicht mehr genau nachzuvollziehen. In seiner Luxemburger Zeit (1842-1848) und auch später hatte er gute Kontakte nach Trier unterhalten.[27] Laurent ließ sich mit dem erbe-

22 Siehe ebd., S. 344-361.

23 Vgl. ebd., S. 324-343. In der Dokumentation von Seewann, Sprache (wie Anm. 6) begegnet Scheeben häufig (vgl. Register in Bd. 2, S. 675).

24 Der Bericht liegt vor: Bistumsarchiv Trier Abteilung B III 11,14 Nr. 3.

25 Zur Person und Geschichte Laurents vgl. einführend Erwin Gatz, Art. Laurent, Johann Theodor. In: Erwin Gatz (Hrsg.), Die Bischöfe der deutschsprachigen Länder 1785/1803 bis 1945. Ein biographisches Lexikon. Berlin 1983, S. 433-436; Jean Malget, Art. Laurent, Jean Theodor. In: Biographisch-bibliographisches Kirchenlexikon Bd. 14, Sp. 1181-1185 (mit umfangreicher Lit.).

26 Zu Laurents Marienfrömmigkeit vgl. Georges Hellinghausen, Bischof Laurent und die Wiederbelebung der Oktav. In: Nos cahiers 18 (1997), S. 9-39.

27 Das geht hervor aus: Karl Möller, Leben und Briefe von Johann Theodor Laurent [...] Als Beitrag zur Kirchengeschichte des 19. Jahrhunderts zusammengestellt von seinen Freunden..., 3 Bde. Trier 1887-1889.

tenen Gutachten Zeit, denn es datiert erst vom Mai 1880.[28] Inhaltlich fiel es ganz negativ aus: Laurent monierte viele Aspekte an der Art der Erscheinungen, an den Botschaften und am Auftreten der „Seherinnen". Auch billigte er den damals viel diskutierten Krankenheilungen keine Beweiskraft für die Echtheit der Erscheinungen zu. Besonders argwöhnisch stimmten ihn die Schilderungen über das Auftreten des Teufels und der „Armen-Seelen" bei den Erscheinungen. Der von Laurent zu Grunde gelegte Maßstab waren dabei die Marienerscheinungen von Lourdes, die zu seiner Zeit bekanntlich bereits kirchlich approbiert waren. Keinen Zweifel hatte Laurent dagegen an der Arglosigkeit und subjektiven Aufrichtigkeit der drei Mädchen.[29] Deren Persönlichkeit wurde von ihm keiner direkten Prüfung unterzogen. Mit Blick auf die weiter unten noch näher vorzustellenden Elemente eines kirchlichen Prüfungsverfahrens lässt sich die Tätigkeit Laurents am besten als Gutachten zur theologischen Prüfung der Erscheinungen und der dabei kundgemachten Botschaften charakterisieren, wobei die vorhandene oder fehlende Übereinstimmung mit der Offenbarung und der kirchlichen Lehre zu überprüfen war. Daneben erfahren auch die begleitenden Umstände (Heilungen) eine knappe Beachtung. Damit war Laurents Gutachten ein erster Baustein für ein kirchliches Urteil über die Marpinger Ereignisse.

Ein weiterer Baustein ist in dem Besuch einer nicht näher charakterisierbaren Gruppe aus Trier bei den „Seherinnen" in Echternach zu erkennen (vermutlich im Juni 1879). Bei dieser Gelegenheit wurde den Mädchen der nach ihren Schilderungen verfasste Bericht vorgelesen, man ließ sich dessen Richtigkeit von ihnen bestätigen und befragte sie auch in nicht näher bekannter Weise.[30] Damit fand die Trierer Tätigkeit ein vorläufiges Ende. So wenig, wie man ein förmliches Verfahren eingeleitet oder auch nur die geschilderten Schritte eines informellen Verfahrens öffentlich angekündigt hatte, so wenig tat man nun, um die Katholiken inner- und

28 Das Original im Bistumsarchiv Trier Abteilung B III 11,14 Nr. 3, Bl. 43v-48.

29 Zum Urteil Laurents vgl. auch Blackbourn, Marpingen (wie Anm. 2), S. 548-552.

30 Siehe Blackbourn, Marpingen (wie Anm. 2), S. 548 (nach dem Geständnis der Margaretha Kunz).

außerhalb des Bistums über die bis dahin erreichten Ergebnisse zu informieren. Spätestens mit dem Amtsantritt des neuen Bischofs Michael Felix Korum (1881)[31] hätte aber das bisherige informelle Verfahren prinzipiell in ein offizielles überführt oder ein definitives Urteil verkündet werden können. Über die Gründe, warum dies unterblieb, kann man nur mit mehr oder weniger Plausibilität spekulieren (Wollte man das katholische Volk nicht verunsichern? Wollte man Preußen nicht nachträglich doch noch Recht geben? Wollte man den Amtsantritt des neuen Bischofs nicht schon sofort mit einer schweren Hypothek belasten? Wollte man einfach Gras über die Sache wachsen lassen und ein neues Aufflammen der Diskussionen so verhindern?).[32]

In ein eindeutiges Licht kamen die Marpinger Geschehnisse für die Bischöfliche Behörde und den Bischof dann 1889. Im Januar dieses Jahres hatte Margaretha Kunz, die treibende Kraft unter den drei „Seherinnen", in einem Kloster in Westpreußen, d. h. weit von Trier entfernt, ein umfassendes Geständnis verfasst, das beglaubigt und umgehend dem Trierer Bischof zugesandt wurde.[33] Sie erklärt darin gleich eingangs, sie müsse „leider das tief demütigende Geständniss machen, dass alles ohne Ausnahme eine einzige grosse Lüge war". Zugleich legt sie dar, wie sehr sie in den zurückliegenden Jahren unter Gewissensnöten gelitten und wie sie erstmals 1887 in der Beichte ihr Geheimnis offenbart habe. Für die kirchliche Urteilsbildung kam diesem Geständnis entscheidende Qualität zu: Spätestens jetzt war man der Überzeugung, dass eine Anerkennung der Erscheinungen von 1876 nicht möglich sei. In den Kategorien der heutigen Kriteriologie ausgedrückt bot das Geständnis begründete Zweifel sowohl am Faktum der Erscheinungen selbst wie an der persönlichen Qualität der „Seherinnen". Von einem öffentlichen negativen Urteil oder auch nur dem heute meist angewandten Urteil, der übernatürliche Charakter der Erscheinung stehe nicht fest, sah man allerdings in Trier ab. Tatsächlich blieb der Brief mit dem

[31] Zu seiner Person vgl. Michael Embach, Michael Felix Korum (1881-1921). In: Persch/Embach, Bischöfe (wie Anm. 14), S. 141-168.

[32] Eine derartige Mutmaßung findet sich bei Blackbourn, Marpingen (wie Anm. 2), S. 553.

[33] Original und Abschrift im Bistumsarchiv Trier Abteilung B III 11,14 Nr. 3. Dazu auch Blackbourn, Marpingen (wie Anm. 2), S. 555-557.

Geständnis für Jahrzehnte im Geheimschrank des Bischofs liegen, ohne dass die Öffentlichkeit von seiner Existenz erfuhr. Als einziger weiterer Schritt scheint ein Gespräch zwischen Bischof Korum und den beiden noch lebenden „Seherinnen" stattgefunden zu haben, über dessen Datierung und Inhalt jedoch keinerlei Nachrichten überliefert sind.[34]

Damit steht zweifelsfrei fest, dass eine förmliche bischöfliche Untersuchung nach der Art, wie sie an anderen Erscheinungsorten (z. B. Lourdes) üblich war, nicht stattfand. Gleichwohl erfolgte in der beschriebenen Weise eine Urteilsbildung der zuständigen kirchlichen Instanz. Das durch das theologische Gutachten Bischof Laurents, durch die Gespräche mit den „Seherinnen" und das Geständnis der Margaretha Kunz fundierte Urteil lief de facto auf eine Nicht-Anerkennung hinaus.

III. Was geschah seitdem?

Im Großen und Ganzen kehrte in Marpingen für einige Jahrzehnte Ruhe ein. Das bedeutet nicht, dass niemand mehr nach Marpingen gepilgert sei oder die Erscheinungen gänzlich in Vergessenheit geraten wären, aber all dies erregte kein größeres Aufsehen mehr und gab keinen Anlass, sich seitens der Bischöflichen Behörde intensiver mit Marpingen zu beschäftigen.[35] Dies sollte sich erst in den wirtschaftlich wie gesellschaftlich schwierigen Zeiten nach dem I. Weltkrieg ändern. In Marpingen selbst trug sich ein Teil der Einwohner mit Plänen, am Erscheinungsort eine Kapelle zu errichten. Dieses Vorhaben wurde 1932 realisiert, doch blieb der von einem eigens dazu gegründeten Kapellenverein betriebene Kapellenbau ohne die nachdrücklich gewünschte kirchliche Benediktion.[36] Nahezu zeitgleich gab es angeblich neue Erscheinungen und gewann Marpingen durch neue Broschüren wieder an Publizität.[37] Das alles vollzog

34 Vgl. dazu Blackbourn, Marpingen (wie Anm. 2), S. 558 f.

35 Siehe ebd., S. 570-572.

36 Vgl. ebd., S. 581-584.

37 Wichtig war die noch heute oft herangezogene Darstellung: Friedrich Ritter von Lama, Die Muttergottes-Erscheinungen in Marpingen (Saar). Ein Op-

sich vor dem Hintergrund einer neuen europaweiten Welle von Marienerscheinungen (u. a. Beauraing und Banneux). Zwischen diesen und Marpingen wurden durchaus Verbindungen gesehen.[38] Nicht zu übersehen war auch der Zusammenhang mit dem politischen Geschick Deutschlands in diesen Jahren, d. h. dem von den Nationalsozialisten gerade gegen die katholische Kirche und ihre Organisationen geführten Kampf. Eine Wallfahrt nach Marpingen konnte unter diesen besonderen Umständen ein Ventil für politische Unzufriedenheit darstellen und in Erinnerung an den Kulturkampf, aus dem Marpingen als Pilgerziel erwachsen war, auch zur Solidarisierung mit der bedrängten Kirche gegen einen omnipotenten Staat dienen.[39]

Nach dem verlorenen Krieg bot Marpingen sich erneut als Zufluchtsstätte an und fand auch tatsächlich einigen Widerhall. Fürsprecher aus dem Ort, aus der Nähe und aus der Ferne setzten sich für die Erscheinungsstätte und die Einsegnung der Kapelle ein. Durch Unterschriftslisten versuchte man auf die unverändert reserviert und ablehnend reagierende Bischöfliche Behörde Druck auszuüben. Das blieb nicht ohne Ergebnis, wie insbesondere der Empfang einer Marpinger Delegation durch den Trierer Domkapitular Karl Kammer im Jahre 1956 zeigt. Bei dieser Gelegenheit erläuterte Kammer die bisherige Haltung des Bistums und konfrontierte die Delegation mit dem Gutachten Laurents und dem Geständnis der Margaretha Kunz.[40] Ein mühsam errungener Kompromiss hinsichtlich der Kapelle hielt der Wirklichkeit nicht stand. So bedurfte es der allgemein nachlassenden Marienverehrung und der zurückgehenden Begeisterung für Wallfahrten in den 1960er und 1970er Jahren, bis im „Fall" Marpingen wieder etwas mehr Ruhe einkehrte. Damit war aber weder das Problem gelöst noch hatten alle Anhän-

fer des Kulturkampfes. Karlsruhe 1934 (als Volksausgabe auch St. Wendel [1934]). Dazu auch Blackbourn, Marpingen (wie Anm. 2), S. 576-582.

38 Vgl. J. P. Hölz, Belgische und deutsche Muttergottes-Erscheinungen. Kommt das deutsche Lourdes? Köln o.J. (nach 1933, aber vor 1939). Die – Blackbourn nicht bekannte – Broschüre hing offensichtlich mit Pilgerfahrten eines Kölner Reisebüros zusammen, vor denen damals gewarnt wurde. Vgl. Blackbourn, Marpingen (wie Anm. 2), S. 586.

39 So auch Blackbourn, Marpingen (wie Anm. 2), S. 589-591.

40 Dazu Blackbourn, Marpingen (wie Anm. 2), S. 594-610.

ger der Erscheinungen ihren Glauben an deren Authentizität aufgegeben. Das zeigte sich unmittelbar vor der neuen Erscheinungsserie von 1999 bei dem mit großem Medienrummel verbundenen Besuch von David Blackbourn in Marpingen und der in diesem Zusammenhang am 3. Juli 1998 durchgeführten Podiumsdiskussion, an der Wissenschaftler und Politiker beteiligt waren und bei der die Frage nach der Anerkennung der Marienerscheinungen von 1876 durch das Bistum im Mittelpunkt des Interesses stand.[41]

IV. Was geschah 1999?

Zunächst nur wenig beachtet erfuhr der „Fall" Marpingen im Frühjahr 1999 eine neue Wendung: Seit dem 17. Mai dieses Jahres ereigneten sich wieder Marienerscheinungen. Wieder waren es drei Personen, denen sie zuteil geworden sein sollen, dieses Mal waren die „Seherinnen" jedoch keine Kinder, sondern drei erwachsene Frauen im Alter zwischen 25 und 35 Jahren, von denen zwei verheiratet und eine ledig sind. Während Marion Guttmann nach eigenen Angaben bei den Erscheinungen das Geschaute dreidimensional genau sieht, aber die übermittelten Botschaften nicht immer hört, nimmt Christine Ney-Nidercorn das Geschaute eher verschwommen und bildhaft (zweidimensional) wahr, vernimmt aber die Botschaften. Judith Hiber, die älteste der drei Frauen, hat mit kleineren Ausnahmen nichts gesehen, hört die Botschaften aber genau.[42] Die drei Frauen hatten nach eigenem Bekunden im privaten Rahmen bereits einige Zeit lang Einsprechungen und/oder Erscheinungen, doch mit dem 17. Mai setzte nun eine ganze Serie von Marienerscheinungen in der Öffentlichkeit ein. An insgesamt 13 Erscheinungs-

[41] Der Verfasser war als Vertreter des Bischofs von Trier sowie als Kirchenhistoriker beteiligt. Die Podiumsdiskussion wurde vom Saarländischen Rundfunk aufgezeichnet und wenig später in einem längeren Ausschnitt gesendet (SR 2 Kultur am 13.7.1998). Zwei Fernsehberichte des Kulturprogramms 3Sat zu Marpingen standen ebenfalls damit in Zusammenhang. Ausführliche Berichte waren sogar in der überregionalen Presse zu lesen (vgl. die tageszeitung 8.7.1998, S. 13).

[42] Kurze, nicht in allem zutreffende Hinweise zur Person bietet Müller, Maria (wie Anm. 1), S. 14-18.

terminen (vgl. Fatima) zwischen dem 17. Mai und dem 17. Oktober 1999 (beides so genannte Marienmonate) soll Maria erschienen sein, wobei die Erscheinungen sich überwiegend im Härtelwald an der Kapelle bzw. an der so genannten Gnadenquelle ereigneten. Mit Maria, deren äußeres Erscheinungsbild variierte, erschienen Jesus (als Kind, als erwachsener Mann, als Schmerzensmann), der Hl. Geist (in Gestalt einer Taube), zahlreiche Selige und Heilige sowie Scharen von Engeln, aber auch die Seelen verstorbener Kinder (abgetriebene Kinder; Fehlgeburten).[43] Geistlich begleitet wurden die drei Frauen schon in der Phase der privaten Erscheinungen durch den Trierer Bistumspriester und Leiter der Marianischen Priesterbewegung in Deutschland, Pfarrer (im Ruhestand) Helmut Maria Gressung. Im Verlauf der Erscheinungsserie stieß der Pallotinerpater Dr. Jörg Müller hinzu, der in München als klinischer Psychiater und Psychotherapeut tätig und auch in der deutschen Medjugorje-Bewegung an prominenter Stelle engagiert ist. Müller unternahm auch einzelne psychologische Tests, um ekstatische Zustände bei den „Seherinnen" zu ermitteln.[44]

Im Verlauf der Monate wurden diese Erscheinungen zu einem Massen- und Medienereignis. Eine intensive Berichterstattung in Fernsehen und Presse (von renommierten überregionalen Zeitungen und Zeitschriften bis hin zur Boulevardpresse und vorzugsweise der Lokalpresse) trug ebenso dazu bei wie die vom Kapellenverein und anderen Kreisen von Marpingen-Freunden getragene Kampagne (ein eigenes Organ zur Verbreitung der Botschaften und zur organisatorischen Steuerung wurde gedruckt, die Botschaften wurden als Cassetten verbreitet und auf einer eigenen Web-Site ins Internet eingestellt), dass während der Erscheinungsphase ungefähr 100.000 Menschen nach Marpingen kamen, davon nicht wenige auch aus Frankreich und Luxemburg. Zusätzliche Brisanz erhielt das Geschehen durch die im Saarland bevorstehenden Landtags- und Kommunalwahlen, wurden die Erscheinungen indirekt doch

[43] Chronologische Darstellung der Ereignisse (mit Auszügen aus den Botschaften) bei Müller, Maria (wie Anm. 1), S. 18-93. Einen vollständigen Abdruck der Botschaften und der Visionen bieten die Hefte: Vereinigung im Dienste des Unbefleckten Herzens Mariens e.V. (Hrsg.). Marpingen 1999.

[44] Ausführliche Beschreibung bei Müller, Maria (wie Anm. 1), S. 129-138.

auch ein Thema der politischen Auseinandersetzungen, wie dies mit den Erscheinungen von 1876 schon so oft geschehen war.

Die sehr ausführlichen Botschaften behandeln eine ganze Reihe von Themen, doch stehen die Fragen von Bekehrung und Buße (besonders Beichtsakrament), Gebet (speziell Rosenkranz; Weihe an das unbefleckte Herz Mariens) und Gehorsam (gegenüber Gott und dem Papst) im Mittelpunkt. Allem übergeordnet ist die Botschaft, dass Maria in Marpingen den „Triumphzug ihres unbefleckten Herzens" beginnen wolle. Gleichzeitig wurden die Erscheinungen als „letzte Mahnung" an Deutschland präsentiert, das sich in so erschreckender Weise von Gott und der Kirche entfernt habe, dass Maria die Strafgerichte Gottes kaum noch aufhalten könne. Zwischen den Erscheinungen von 1876 und 1999 wurde ein direkter Zusammenhang gesehen, insofern die Gottesmutter ihr damals gegebenes Wort, sie werde in bedrängter Zeit wieder kommen, nun eingelöst habe. Gleichsam symbolisch vergegenwärtigt wurde die Verbindung durch die neuerlich betonte Wertschätzung der Heilquelle von 1876, deren Nutzung für die Heilung körperlicher und seelischer Leiden durch neue Botschaften unterstrichen wurde.

V. Ziele und Elemente eines kirchlichen Prüfungsverfahrens

Auf die geschilderten Vorgänge, an denen der Ortspfarrer nicht beteiligt war, reagierte der zuständige Bischof von Trier nach einer kurzen Phase der Beobachtung am 10. August 1999 mit einer klärenden Stellungnahme. In ihr nimmt er das intensive Gebet in Marpingen dankbar zur Kenntnis, beschreibt Elemente eines echtchristlichen Gebets und zeigt Gefahren für das Gebetsleben auf. Die Existenz von „Zeichen und Wundern" im Verlauf der Kirchengeschichte wird ausdrücklich anerkannt, die Notwendigkeit ihrer Prüfung durch die Kirche jedoch ebenso betont wie vor einem überstarken „Verlangen nach außergewöhnlichen Bezeugungen der zu glaubenden Wahrheiten"[45] gewarnt wird. Mithilfe des Katechismus wird sodann der Wert von „Privatoffenbarungen" dargelegt und

[45] Abdruck der Stellungnahme in: Albrecht von Raab-Straube (Hrsg.), Marienerscheinungen in Deutschland. Altenberge 1999, S. 159-162.

ihr Verhältnis zur einen Offenbarung in Jesus Christus bestimmt. Abschließend wird mit Blick auf Marpingen an die Reihe von negativen kirchlichen Aussagen erinnert, da die Kirche den dortigen Ereignissen (gemeint sind die von 1876) keine übernatürlichen Ursachen habe zuschreiben können. Ferner wird eine Prüfung angekündigt, „die vor allem auch das geschichtliche und gegenwärtige Umfeld in den Blick nimmt"[46]. Konsequenz dieser Stellungnahme war das Einsetzen einer bischöflichen Prüfungskommission, die aus fünf Mitgliedern bestand und unter Leitung von Weihbischof Dr. Felix Genn (nach dessen Ernennung zum Bischof von Essen unter Leitung von Herrn Offizial Dr. Klaus Peters) seitdem ihrem Auftrag nachkam und dem neuen Bischof von Trier, Dr. Reinhard Marx, ihren Abschlussbericht vorlegte. Wie eingangs erwähnt, machte sich der Trierer Bischof das Urteil der Kommission zu eigen und erklärte in seinem Dekret vom 13.12.2005, „die Übernatürlichkeit der behaupteten Ereignisse" stehe nicht fest und verweist auf schwerwiegende Gründe, die einem positiven Urteil sowohl hinsichtlich der Ereignisse von 1876 wie 1999 entgegenstünden. In einem am 14.12.2005 veröffentlichten Brief an den Marpinger Ortspfarrer Leo Hofmann bestätigt er darüber hinaus das 1999 angeordnete Verbot, „dass in der kirchlichen Verkündigung weder formell noch materiell von ‚Erscheinungen' himmlischer Personen in Marpingen, von ‚Seherinnen' und von dort ergangenen ‚Botschaften des Himmels' gesprochen werden darf."[47]

Vor diesem Hintergrund soll abschließend nach Inhalten und Zielen eines solchen kirchlichen Prüfungsverfahrens gefragt werden. Das Einsetzen einer Prüfungskommission ist allgemeine kirchliche Gepflogenheit bei Ereignissen wie denen in Marpingen. Dieses Vorgehen ergibt sich aus der Hirtensorge des zuständigen Bischofs, dem es nach dem oben bereits zitierten Dekret des Trienter Konzils aufgetragen ist, eine Verunsicherung oder gar Abirrung der Gläubigen durch seine sorgfältige Prüfung zu verhindern.[48]

[46] Siehe ebd., S. 162.

[47] Dokumentation: Kirchliches Amtsblatt für das Bistum Trier 150 (2006), Nr. 2 und Nr. 3.

[48] Siehe auch Joseph Schumacher, Privatoffenbarungen und Marienverehrung. In: German Rovira (Hrsg.), Der Widerschein des ewigen Lichtes. Marienerscheinungen und Gnadenbilder als Zeichen der Gotteskraft. Kevelaer 1984, S.

Aus der Zuordnung zum Hirten- und nicht zum Lehramt ergibt sich bereits indirekt die in breitem Konsens der Theologen wie in einer Reihe von Äußerungen des kirchlichen Lehramtes festgehaltene Doktrin, dass eine etwaige Anerkennung von Marienerscheinungen keine lehramtliche Qualität hat, nicht den Anspruch dogmatischer Wahrheit erhebt und somit auch nicht zum Glauben verpflichtet.[49] Wolfgang Beinert fasst dies zutreffend zusammen, wenn er feststellt: „Die für eine bestimmte Marienerscheinung gegebene Anerkennung (durch den Papst oder einen Ortsbischof) bezieht sich nie auf deren objektive Tatsächlichkeit; sie stellt nur fest, daß die mit ihr verbundene Botschaft nichts gegen die Glaubens- und Sittenlehre der Kirche enthält, daher veröffentlicht werden kann, und gibt frei, die über- oder außernatürliche Verursachung der Botschaft mit menschlichem Glauben anzunehmen."[50] Damit ergibt sich als grundsätzliches Ziel einer kirchlichen Prüfung, zu untersuchen, ob die Kirche ein derart qualifiziertes Urteil fällen kann oder nicht. Dafür sind als Kategorien die Aussagen „constat de supernaturalitate, non constat de supernaturalitate, constat de non supernaturalitate" etabliert. Anders als der Wortlaut dies auf den ersten Blick suggeriert, ist auch mit einem „constat de supernaturalitate" keine abschließende Feststellung über die Tatsächlichkeit (Wahrheit) des zu prüfenden Ereignisses gefällt, wie mit Beinert in Erinnerung zu rufen ist. Das in diesen Kategorien ausdrückbare kirchliche Urteil

66-88, hier S. 77: „Sie [die kirchliche Approbation von Marienerscheinungen] gehört nicht in den Bereich des Lehramtes, sondern des Hirtenamtes."

49 Siehe ebd., S. 76-78; ferner Johannes B. Torelló, Echte und falsche Erscheinungen. Besonnenheit und Offenheit vor den Marienerscheinungen. In: Rovira, Der Widerschein (wie Anm. 48), S. 89-107, hier bes. S. 96 f.; Heinrich Petri, Marienerscheinungen. In: Wolfgang Beinert/Heinrich Petri (Hrsg.), Handbuch der Marienkunde, Bd. 2. Regensburg [2]1997, S. 31-59, hier bes. S. 53-55.

50 Wolfgang Beinert, Art. Marienerscheinungen. In: Lexikon für Theologie und Kirche[3] Bd. 6, Sp. 1369 f. Siehe auch Hermann Lais, Art. Erscheinungen. In: Marienlexikon Bd. 2, S. 395-398, hier S. 398: „Die Approbation besagt vielmehr: ‚1. Der Inhalt des angeblich übernatürlichen Ereignisses enthält nichts gegen Glaube und Sitte; 2. er kann veröffentlicht und Gegenstand des Kultes werden; 3. er bietet hinreichend Argumente rein natürlicher Ordnung, wie jedes andere historische Ereignis, so daß die Tatsache der übernatürlichen Verursachung vernünftigerweise mit menschlichem Glauben angenommen werden kann'."

trägt den Charakter eines Konvergenzbeweises auf der Basis einer Reihe von Indizien, die sich im Prüfungsprozess ergeben haben.[51] Es bleibt damit abschließend noch darzustellen, wie man innerhalb der kirchlichen Prüfung zu solchen ein Urteil begründenden Indizien gelangt.

In der einschlägigen Literatur hat sich in dieser Hinsicht seit dem 17. Jahrhundert allmählich eine Kriteriologie entwickelt, die zwar im Detail manche Fragen aufwirft, über deren Grundrichtung aber Konsens besteht. Demnach wären zu untersuchen:[52]
Das Phänomen an sich;
die Persönlichkeit des Empfängers;
die Umstände, besonders die begleitenden Gegebenheiten, d. h.
vor allem eventuelle Botschaften, Prophezeiungen oder/und Wunder;
die Folgen im Empfänger und im Volke Gottes.

Für jeden dieser Komplexe ergeben sich eine Reihe von einzelnen Aspekten und Fragen. Sie lassen sich in folgender tabellarischer Übersicht ohne Anspruch auf Vollständigkeit veranschaulichen.

[51] Vgl. Anton Ziegenaus, Kriterien für die Glaubwürdigkeit. Zur Prüfung der Echtheit von Marienerscheinungen. In: Ders. (Hrsg.), Marienerscheinungen. Ihre Echtheit und Bedeutung im Leben der Kirche. Regensburg 1995, S. 167-182, hier S. 182.

[52] Siehe die in den Fußnoten genannte Literatur, besonders Petri, Torello und Ziegenaus.

Das Phänomen an sich	Die Persönlichkeit des Empfängers
Welche Vorgeschichte?	Allgemeine Einschätzung: Glaubwürdigkeit und Ehrlichkeit der Person; sittlich-religiöse Lebensführung
Was ist geschehen? Wie gingen die „Erscheinungen" vonstatten? Wie beschreiben die „Seher/innen" das Geschehen? „Körperlich-sinnlicher" oder „innerpsychisch-einbildlicher" Charakter?	Medizinisch-psychiatrischer Befund: Liegen oder lagen krankhafte Befunde vor, z. B. Wahrnehmungsstörungen; Neurosen; zwanghafte Angst- oder Schuldgefühlte?
Welche Ursachen können vorliegen?	Theologischer Befund: Welche Spiritualität liegt vor? Welche religiöse Erfahrungen bringt sie mit? Wie ist die religiös-kirchliche Entwicklung verlaufen? Gehört sie bestimmten Gruppierungen an? Welche Berührungen zu anderen „Marienerscheinungen" hatte sie eventuell?
Stimmt die Erscheinung mit Offenbarung und kirchlicher Lehre überein?	Verhältnis zur kirchlichen Autorität

Aus dieser Übersicht ergibt sich, dass ein Prüfungsverfahren ein aufwendiges Unternehmen ist, das die fachliche Kompetenz nicht nur von Theologen, sondern auch von Ärzten und/oder Psychiatern/Psychologen erfordert. Zudem dürfte einsichtig sein, dass ein solches Verfahren zeitaufwendig ist und ein kirchliches Urteil nicht unmittelbar im zeitlichen Zusammenhang mit den Geschehnissen selbst erfolgen kann. Tatsächlich haben die kirchlichen Prozesse bei

Die Umstände, d. h. begleitende Gegebenheiten	Die Folgen im Empfänger und im Volk Gottes
Botschaften: Sind sie widerspruchsfrei und klar? Was ist ihr theologischer Kern? In welcher Relation zur Offenbarung und Lehre der Kirche stehen sie? Aktualiserung oder Konkretisierung der Offenbarung?	Person selbst: Welches Verhalten zeigt der Empfänger nachher? Ist eine persönliche und religiöse Reifung zu konstatieren? Zeigen sich Unbescheidenheit und Prahlerei? Werden persönliche Vorteile (z. B. finanziell) daraus gezogen?
Sind spezielle Prophezeiungen erfolgt? Sind diese nachweislich eingetreten?	Volk Gottes: Lassen sich positive Früchte des Geschehens im Volk Gottes beobachten (z. B. Bekehrung; Gebet; Sakramentenempfang)? Gibt es negative Folgen? (Spaltung; Auflehnung gegen die kirchlichen Autoritäten; Suche nach finanziellen Vorteilen)
Sind „wunderbare" Phänomene geschehen (z. B. Heilungen)? Sind diese dokumentiert und nachprüfbar?	

den wenigen im 19. und 20. Jahrhundert anerkannten Marienerscheinungen meist lange Jahre gedauert. Die zwischen den Ereignissen von 1999 und dem Urteilsspruch im Jahr 2005 verstrichene Zeit ist insofern nicht ungewöhnlich lang gewesen.

Maria Anna Zumholz

Volksfrömmigkeit und totalitäres NS-Regime: Marienerscheinungen in Heede/Emsland 1937 bis 1940[1]

„Das wunderliche Wunder zu Heede" lautete am 2. Dezember 1937 eine Überschrift in der SS-Zeitung „Das Schwarze Korps". Am 1. November 1937 hätten fünf Mädchen im Alter von 11 bis 14 Jahren in der Abenddämmerung den Heeder Friedhof aufgesucht und vier von ihnen eine Marienerscheinung zu sehen geglaubt. Die Mädchen „verfügen über eine blühende Phantasie und stammen von geistig primitiven Eltern ab", so dass ihr „abnorme[s] Verhalten" ein Fall für die Medizin sei. Der von ihnen benachrichtigte Ortspfarrer habe spontan beschlossen, „in dem uralten kleinen Ort einen neuen Wallfahrtsort aufzuziehen. Warum sollte auch nicht in Heede das gelingen, was sich vor ungefähr achtzig Jahren in Lourdes zugetragen hatte, wo die Tochter des Müllers Bernadette ebenfalls durch Zufall die allerseligste Jungfrau mit dem Jesukindlein ohne Fallschirm in der Luft schweben sah, so daß sich dieser Gnadenort nun eines Fremdenverkehrs und Geldumsatzes erfreut, um den ihn Monaco samt seiner Spielbank auch in den konjunkturträchtigsten Zeiten beneiden könnte." Der Priester selbst habe keine Erscheinung sehen können, vielleicht „hatte er auch nicht genau hingesehen und war zu tief versunken in wägenden Kalkulationen, wieviel solche Erscheinungen unter Zugrundelegung der französischen Franken von Lourdes in guten Reichsmark jährlich einbringen könnten".

Die daraufhin nicht nur aus dem Emsland, sondern auch aus dem Rheinland und Westfalen, aus Oldenburg und dem benachbarten Holland in das kleine Dorf strömenden und sich auf dem Friedhof versammelnden Wallfahrer hätten ein solches Chaos verursacht, „daß die Polizei aus verkehrstechnischen Gründen einschreiten mußte". Katholische Pfarrer als geldgierige volksverdummende Drahtzieher mittelalterlich anmutenden Spuks, die Eltern psy-

[1] Vgl. Maria Anna Zumholz, Volksfrömmigkeit und Katholisches Milieu. Marienerscheinungen in Heede 1937 bis 1940. Cloppenburg 2004. Nach Insolvenz des Verlages jetzt zu beziehen über maria-anna.zumholz@uni-vechta.de oder telefonisch unter 0173/6065122.

chisch kranker Kinder als rücksichtslose Geschäftsleute, die nicht an Religion, sondern nur an ihren eigenen ökonomischen Vorteilen interessiert waren, nord- und westdeutsche sowie holländische Katholiken als primitive, rückständige und pietätlose Volksgenossen, denen der aufgeklärte nationalsozialistische Staat erst Vernunft und Ordnung beibringen musste, so lautete die Botschaft dieses äußerst gehässigen Zeitungsartikels. Das Vorgehen der Nationalsozialisten erfolgte dieser Interpretation zufolge nicht zuletzt im Interesse der katholischen Kirche und im Einvernehmen mit dem zuständigen Bischof, da es sich gegen die Zerstörung eines Friedhofs und damit die Entweihung eines religiösen Ortes richtete.

Dieser Zeitungsartikel war auf Initiative und auf der Basis von Informationen des mit den Marienerscheinungen befassten stellvertretenden Osnabrücker Gestapostellenleiters Herbert Herbst[2] geschrieben und veröffentlicht worden. Was hatte sich in Heede tatsächlich ereignet? Trafen die Vorwürfe und Ausführungen des Gestapobeamten zumindest in Teilaspekten zu und was bewog ihn, einen solch bösartigen Artikel zu befürworten? Und wie kam es dazu, dass sich die Gestapo und somit die politische Polizei des

2 Herbert Herbst, geb. 1901 in Elbing, machte nach dem Abitur eine Banklehre, anschließend eine Ausbildung an der Polizeiverwaltung und arbeitete von 1930 bis 1933 als Kriminalkommissar in Berlin. Nach zweijähriger Tätigkeit bei der Gestapo Elbing wurde er 1935 zur Staatspolizeistelle Osnabrück versetzt und übernahm hier als Kriminalrat die Abteilung III (Spionageabwehr und Grenzpolizei) sowie die stellvertretende Leitung der Staatspolizeistelle. Da seine Vorgesetzten zunächst ständig wechselten, Hans Fischer gleichzeitig die Staatspolizeistelle Münster bzw. Recklinghausen leitete und dessen Nachfolger Walter Schlette infolge von Wehrübungen 1936 und 1937 sowie Einsätzen bei der Einsatzgruppe der Sicherheitspolizei und des SD in Polen 1939 bis 1940 und Holland 1940 bis Ende September 1940 abwesend war, lag die Verantwortung über längere Zeiträume faktisch allein bei Herbst. Herbst war am 1. Mai 1933 in die NSDAP und zwei Jahre später in die SS eingetreten und wurde am 9. November 1938 zum SS-Hauptsturmführer und zum Führer im SD-Hauptamt sowie 1941 zum SS-Sturmbannführer ernannt. Im Sommer 1938 trat er aus der evangelischen Kirche aus. In seinem handgeschriebenen Lebenslauf vom 3. September 1938 begründet oder erwähnt Herbst diese Entscheidung allerdings in keiner Weise, so dass sie offensichtlich nicht auf eine kirchenfeindliche Einstellung sondern auf Anpassung bzw. Opportunismus zurückzuführen sein dürfte. BArch, ehem. BDC, SSO Herbert Herbst.

Dritten Reichs mit eindeutig religiösen Phänomen wie Marienerscheinungen und Wallfahrten befasste?

Sehen wir uns im Folgenden zunächst die Ereignisse in Heede in den ersten Novemberwochen an und vergleichen sie mit den Schilderungen des Artikels im „Schwarzen Korps". Nehmen wir in einem zweiten Schritt auch die sonstigen Maßnahmen des NS-Regimes gegen die Marienerscheinungen und die Wallfahrten nach Heede in den Blick und verorten diese in einem dritten Schritt in der Religions- und Kirchenpolitik des Dritten Reiches, um abschließend die Reaktionen der volksfrommen Wallfahrer zu betrachten und mit einer kurzen Analyse zu beschließen.

I. Ein Wunder geschieht: Maria erscheint in Heede

Am letzten Sonntag im Oktober, dem 31. Oktober 1937, war das 1925 durch Papst Pius XI. eingeführte Christkönigsfest gefeiert worden, an dem Christus als „König des Weltalls" geehrt wird.[3] Auf das Christkönigsfest folgten der Allerheiligentag, der den vielen Heiligen, die keinen eigenen Festtag haben, gewidmet ist, und der Allerseelentag, der dem Gedenken an die Toten dient. Nach den vormittäglichen Gottesdiensten und der Andacht am frühen Nachmittag versammelte sich die Heeder Gemeinde anschließend in der Kirche, um Ablässe für die Verstorbenen zu „gewinnen". So ging auch die 11jährige Grete Ganseforth mit ihrer 13jährigen Schwester Maria am späten Nachmittag des 1. November 1937 zum Ablassbeten zur Kirche.[4] Die Mädchen waren in der Schule auf das Fest Allerheiligen sorgfältig vorbereitet worden. Die Lehrerin Anna Krapp hatte in der Klasse, die Grete Ganseforth besuchte, während

[3] Zum folgenden vgl. Zumholz, Volksfrömmigkeit (wie Anm. 1), S. 277-334.

[4] Die Ereignisse des ersten Erscheinungsabends wie auch der folgenden Woche werden im Folgenden rekonstruiert nach den Tagebüchern der Kinder, ihren Aussagen in der Klinik in Göttingen sowie anhand einer 1940 durch Pfarrer Diekmann vorgenommenen Befragung der vier Mädchen und weiterer Beteiligter, Bistumsarchiv Osnabrück (im Folgenden BAOS) Heede 06-95-01-12-01. Da die Aussagen der Kinder sich widersprechen und z. T. auch in wesentlichen Details voneinander abweichen, ist es jedoch ausgesprochen schwierig, eine auch nur einigermaßen zuverlässige Darstellung des Geschehens zu geben.

der letzten Oktoberwoche das Thema Heiligenverehrung behandelt und die Gottesmutter „als die Königin des Himmels und aller Heiligen" herausgestellt.[5] In diesem Kontext ging die Lehrerin auch ausführlich auf die Erscheinungen der Muttergottes in Lourdes und in Fatima ein.[6] Die wunderbaren Ereignisse in Lourdes waren einigen Kindern darüber hinaus durch ein in der Schule aufgeführtes Theaterstück vertraut, in dem u. a. Maria Ganseforth eine kleine Rolle übernommen hatte.

Grete Ganseforth und ihre Schwester Maria betraten an diesem 1. November bereits zum dritten Mal das Gotteshaus, da sie schon morgens um 7 Uhr den Gottesdienst und am Nachmittag die Andacht besucht hatten.[7] Die Kirche war nur schwach erleuchtet. Die beiden Mädchen setzten sich in ihre von der Familie gemietete Bank und begannen, die vorgeschriebenen Ablassgebete zu verrichten. Nach dem dritten Ablass verließ Grete allein die Kirche. Draußen war es bereits dunkel, und der direkt neben der Kirche liegende Friedhof wurde nur durch einige auf den Gräbern aufgestellte brennende Kerzen schwach beleuchtet. Das Mädchen schaute auf den rechts von ihr liegenden Friedhof und erblickte zwischen den Lebensbäumen ungefähr einen Meter über der Erde eine leuchtende, unbewegliche weibliche Gestalt mit einem Kind auf dem Arm, die sie als Mutter Gottes identifizierte. „Es kam ein Lichtschein vom Himmel, der ging unten auseinander und dazwischen stand die Mutter Maria. Der Schein breitete sich dann aus, und es wurde rund

5 Bericht des Kriminalassistenten Wolter vom 11.12.1937, Niedersächsisches Hauptstaatsarchiv Hannover (im Folgenden NStAH) Hann 155 Göttingen Paket 267.

6 Aussage der Lehrerin Maria Grote bei einer Befragung durch Domkapitular Sudendorf 1948: die Lehrerin Anna Krapp habe ihr erzählt, dass sie die Geschichte der Bernadette kurz vor den Erscheinungen im Unterricht behandelt habe, BAOS 06-95-01-01; Mitteilung an das Generalvikariat vom 13.1.1983, die Lehrerin Anna Krapp habe im Oktober Lourdes und Fatima im Unterricht behandelt und sei daher immer der Ansicht gewesen, dass die Mädchen phantasierten, BAOS 06-95-01-17.

7 Aussage der Grete Ganseforth in der Landesheil- und Pflegeanstalt Göttingen. Fachärztliches Gutachten Professor Ewalds vom 14. Dezember 1937, Staatsarchiv Osnabrück (im Folgenden StAOS) Rep 430-201-16B/65 Nr. 45 Bd. 1 und BAOS 06-95-01-12-01.

umzu ganz hell."[8] Nach kurzer Zeit verschwand die Erscheinung wieder. Grete berichtete ihrer mittlerweile neben ihr stehenden Schwester Maria sofort, was sie gesehen hatte, diese jedoch erklärte sie spontan für verrückt, sie müsse sich doch nicht einbilden, dass sie „hier in Lourdes" sei.[9] Doch nur wenig später waren auch Maria Ganseforth sowie ihre Klassenkameradinnen Anni Schulte und Susi Bruns ebenfalls davon überzeugt, die Muttergottes zu sehen.

Als Grete und Maria Ganseforth nach Hause kamen, wollten sie zunächst die Erwachsenen nicht über ihre Erlebnisse informieren, weil sie davon überzeugt waren, ausgelacht zu werden.[10] Doch die Anspannung war wohl zu groß, und Grete Ganseforth berichtete ihrer Mutter dann doch, dass sie selbst und die drei anderen Mädchen die Mutter Gottes gesehen hätten.[11] Erwartungsgemäß reagierten die Mutter Maria Ganseforth und auch der Vater Otto Ganseforth zunächst etwas skeptisch, doch die beiden Kinder waren nicht zu beirren. Daraufhin ließen die Eltern offensichtlich sehr schnell alle Zweifel fallen, denn als Johannes Ganseforth, ein Bruder der Mädchen, nur kurze Zeit später nach Hause kam, eröffnete ihm sein Vater sofort, dass die Schwestern „die Mutter Gottes gesehen" hätten.[12]

Auf ihrem abendlichen Weg zur Pfarrkirche beschloss Frau Ganseforth spontan, den Heeder Pfarrer Johannes Staelberg zu informieren. Nach einer kurzen Schilderung der Ereignisse stellte sie die suggestive Frage: „Das kann doch gar nicht sein, die Mutter Gottes kann doch gar nicht vom Himmel herunter kommen und sich auf den Friedhof stellen."[13] Nachdem jedoch Johannes Staelberg das Geschehen psychologisch deutete und meinte, die Kinder hätten wohl in der Kirche die Muttergottesstatue gesehen und anschließend draußen „das Bild an die Lebensbäume geworfen. Das ist ganz erklärlich"[14], reagierte sie „sehr unwillig". Daraufhin lenkte

8 Aussage der Grete Ganseforth in der Landesheil- und Pflegeanstalt Göttingen. Fachärztliches Gutachten (wie Anm. 6).

9 Bericht des Herrn G. Christen im Mai 1940, BAOS 06-95-01-12-01.

10 Anni Schulte berichtete dies in einem Gespräch mit Anna Gesina Köster; vgl. Bericht der Anna Gesina Köster vom 2.7.1940, ebd.

11 Bericht der Frau Maria Ganseforth vom 27.8.1940, ebd.

12 Bericht des Johannes Ganseforth vom 20.8.1940, ebd.

13 Ebd.

14 Vernehmung des Pfarrers Johannes Staelberg am 8.3.1938, BAOS 06-95-01-13-1.

der Pfarrer ein und äußerte, wenn „die Muttergottes dagewesen wäre, würde sie auch wieder kommen“[15].

Auch Susanne Bruns hatte inzwischen ihre Eltern eingeweiht. Die Mutter lachte sie zwar anfangs aus, kam aber nach einiger Zeit zu der Überzeugung, dass ihre Tochter möglicherweise doch die Wahrheit gesagt haben könnte und forderte sie daher auf, Pfarrer Staelberg über die Ereignisse zu informieren.[16] Es waren ganz offensichtlich die Mütter und hier in erster Linie Frau Maria Ganseforth, die auch zukünftig eine zentrale Rolle bei der Legitimation der Erscheinungen spielten. Sie stellten in diesem Kontext tatsächlich auch insofern das „fromme Geschlecht“ dar, als ihnen in religiösen Dingen in den Familien eine wichtigere Stellung zugesprochen wurde als den in wirtschaftlicher und sozialer Hinsicht dominierenden Männern. Ihre Entscheidung, die Erscheinungen seien echt, stieß bei ihren Männern weder auf Kritik noch auf Widerstand; Frauen besaßen religiöse Kompetenz.[17] Alle Beteiligten waren jetzt gespannt, was sich am nächsten Tag ereignen würde, denn in Lourdes[18], Fatima und in Banneux und Beauring in Belgien[19] war die Muttergottes über einen längeren Zeitraum erschienen.

Nachdem sich an den folgenden Tagen erwartungsgemäß die Erscheinungserlebnisse der vier Mädchen fortsetzten, änderte Pfarrer Johannes Staelberg seine zunächst skeptische Haltung. Indem der

15 Ebd.

16 Bericht der Susi Bruns vom 2.6.1940 und der Adele Bruns vom 2.6.1940, BAOS 06-95-01-12-01.

17 Vgl. zu diesem Aspekt Bernhard Schneider, Feminisierung der Religion im 19. Jahrhundert. Perspektiven einer These im 19. Jahrhundert. In: Trierer Theologische Zeitschrift 111 (2002), S. 123-147; Christine Aka, Katholische Frauen auf dem Lande – Bewahrerinnen des ‚rechten Glaubens'. In: Hermann Heidrich (Hrsg.), Frauenwelten. Arbeit, Leben, Politik und Perspektiven auf dem Land. Bad Windsheim 1999, S. 229-244.

18 Vgl. Patrick Dondelinger, Die Visionen der Bernadette Soubirous und der Beginn der Wunderheilungen in Lourdes. Regensburg 2003; Andreas J. Kotulla, Nach Lourdes! Der französische Marienwallfahrtsort und die Katholiken im Kaiserreich (1871-1914). München 2006. Siehe auch die Beiträge dieser Autoren im vorliegenden Band.

19 Vgl. die entsprechenden Beiträge in Robert Ernst, Maria redet zu uns. Marienerscheinungen seit 1830. Walhorn 1983; Robert Ernst, Lexikon der Marienerscheinungen. Altötting [5]1989; Remigius Bäumer/Leo Scheffczyk (Hrsg.), Marienlexikon Bd. 1-6. St. Ottilien 1988-1994.

Heeder Pfarrer die Kinder von nun an abends zum Erscheinungsort begleitete, erteilte er den Marienerscheinungen zumindest in den Augen der Bevölkerung eine Art kirchlicher Approbation. Damit waren die Schilderungen der vier Mädchen nicht nur für glaubwürdig befunden worden, sie hatten auch ihren ursprünglich subjektiven Charakter verloren: In den Augen Pfarrer Staelbergs, vieler Einwohner Heedes und jetzt auch schon etlicher Emsländer aus der näheren und weiteren Umgebung des Dorfes erschien Maria objektiv in Heede, auch wenn nur die vier Kinder sie sehen konnten.

Die Kunde von den Marienerscheinungen sorgte für „einen gewaltigen Aufruhr"[20] nicht nur im Emsland, sondern auch in den benachbarten Regionen, in Westfalen, im Oldenburger Münsterland und in den angrenzenden Niederlanden. Am Sonntag, dem 7. November 1937, und damit eine Woche nach der ersten Erscheinung, waren bereits 4.000 bis 5.000 Menschen, Katholiken und Nicht-Katholiken, auf dem Heeder Friedhof versammelt, um Zeugen der wunderbaren Ereignisse zu sein. Wenngleich die Muttergottes am Montag, dem 9. November 1937, die Kinder gesegnet und sie, wie auch das Jesuskind, den Aussagen der Kinder zufolge einige Male ihren Gesichtsausdruck verändert hatte, so rechneten alle Gläubigen sicher mit Heilungswundern. Am 13. November 1937 wurde daher bereits ein gelähmtes Kind zur Erscheinungsstätte gebracht.[21] Auch nahmen viele Menschen Zweige von den Bäumen am Erscheinungsort als Andenken bzw. eine Art „Reliquien" mit nach Hause, denn diese Zweige hatten ihrer Ansicht nach infolge der persönlichen Anwesenheit der Gottesmutter wunderbare Qualität und damit heilende Kräfte erlangt. Vor allem aber warteten die Menschen darauf, dass Maria – wie in Lourdes, Fatima und in Belgien – sprechen, sich selbst einen lokalen Ehrentitel zusprechen und den Menschen eine Botschaft übermitteln würde.

Einen Eindruck von der Stimmung in Heede vermittelt ein Artikel vom 11. November 1937 in der „Ostfriesischen Tageszeitung", der einzigen deutschen Zeitung in der weiteren Umgebung, die einen Bericht über die Aufsehen erregenden Ereignisse in Heede ver-

[20] De gebeurtenissen te Heede. In: De Maasbode vom 17.11.1937, Morgenausgabe.

[21] Bericht des Paters Heinrich Herkenhoff vom 19.6.1940, BAOS 06-95-01-05.

öffentlichen konnte.[22] „Auf der Gemeinde der Wundergläubigen, die sich am Mittwoch (10. November) in der Dämmerstunde zusammenfand, lag es wie ein Bann. Unablässig wurde laut gemeinschaftlich gebetet, wurden fromme Weisen zur Verherrlichung der Mutter Gottes angestimmt. An dem kalten Novemberabend standen dort neben dem alten Backsteinkirchlein zwischen den Gräbern die Dorfbewohner und viele Fremde. Stundenlang harrten sie aus im Regen, entblößten Hauptes, teilweise kniend. Gläubig lauschten sie den Worten eines jungen Mädchens, das unablässig Dankgebete sprach und das Wunder erflehte und wieder und wieder stimmten die Menschen, junge Mädchen, Frauen, junge Männer und grauhaarige Greise, ihre Lieder und Gebete an."[23]

Es gab insgesamt keinerlei ernstzunehmende Anzeichen dafür, dass die vier Mädchen psychische Störungen aufwiesen, vielmehr lagen weder bei den Mädchen noch bei deren Eltern – wie ein späteres Gutachten des Amtsarztes erweisen sollte – Anzeichen für psychische Auffälligkeiten vor. Pfarrer Staelberg war weder spontan begeistert noch interessierten ihn wie auch seine Amtsbrüder finanzielle Vorteile auch nur ansatzweise. Die Wallfahrer glaubten an Marienerscheinungen und beteten am Erscheinungsort, ein solches Verhalten entspricht jedoch katholischen Glaubensüberzeugungen und kirchlicher Tradition und ist nicht mit Aberglauben gleichzusetzen. Dass bei den auf dem Friedhof versammelten Menschenmassen Grabbepflanzungen zertreten wurden, einige Grabsteine umfielen und die ihrer Zweige beraubten Bäume am Erscheinungsort ein unschönes Bild abgaben, war ein organisatorisches Problem, das in den Zuständigkeitsbereich des Ortspfarrers fiel.

In einigen Aspekten traf der Zeitungsartikel jedoch zumindest in Ansätzen zu. Natürlich führte die große Anzahl der Wallfahrer zu verkehrstechnischen Problemen. Auch standen viele Menschen in langen Schlangen vor dem Bäckerladen der Familie Ganseforth, um die kleinen Seherinnen zu sehen. Hier wurden die Mädchen zeitweise der Einfachheit halber auf einem Tisch geradezu ausge-

22 Heinrich Herlyn, Das „Wunder" von Heede nicht anerkannt. In: Aus der Heimat, Beilage zur Ostfriesischen Tageszeitung vom 11.11.1937.

23 Ebd.

stellt, bis Pfarrer Staelberg derartige Auswüchse unterband.[24] Weiterhin hatte der zuständige Osnabrücker Bischof Wilhelm Berning die Wallfahrten nach Heede tatsächlich untersagt, jedoch nicht infolge eines Fehlverhaltens des mit den Marienerscheinungen und Wallfahrten befassten emsländischen Klerus, sondern aufgrund kirchenrechtlicher Bestimmungen, die eine Überprüfung von angeblichen Wundern durch den Ortsbischof zwingend vorschrieben. Der auf die Initiative des Gestapobeamten verfasste Artikel verfolgte somit eindeutig das Ziel, mit mehrheitlich falschen Angaben die Marienerscheinungen und Wallfahrer nach Heede zu diffamieren, um so Maßnahmen gegen die Seherinnen und die Wallfahrt nach Heede zu legitimieren.

II. Das Emsland im Belagerungszustand

Nachdem weder der Heeder Gendarmeriemeister noch der Bürgermeister, der Ortsgruppenleiter, einer der Blockwarte oder sonstigen Parteifunktionäre den nationalsozialistischen Überwachungsorganen Meldung über die außergewöhnlichen Ereignisse in Heede erstattet hatten, erfolgte erst eine Woche nach den ersten Erscheinungen eine Denunziation eines unbekannten V-Mannes an den Sicherheitsdienst der SS (SD), der umgehend die zuständige Staatspolizeistelle in Osnabrück telefonisch informierte.[25] In Osnabrück übernahm Kriminalkommissar Herbert Herbst, der stellvertretende Leiter der Staatspolizeistelle Osnabrück, in Vertretung des wegen einer Wehrübung abwesenden Leiters Walter Schlette den Fall.

Unter Bezug auf einen Erlass des Reichs- und Preußischen Ministers für die kirchlichen Angelegenheiten vom 17. August 1937 beauftragte er am Nachmittag des 9. November gegen 15.30 Uhr den im Landratsamt in Aschendorf anwesenden Kreisoberinspektor Josef Wilhelmi, „die weitere Abhaltung der Andachten auf dem

24 Vgl. den Bericht Pfarrer Staelbergs vom 24.2.1941, BAOS 06-95-01-12-01.

25 Vgl. Der SD-Führer des SS-Oberabschnittes Nordwest an das Sicherheitshauptamt, Abteilung II 113, 16.11.1937, Bundesarchiv Berlin (im Folgenden BArch) R 58/5869; zum Folgenden vgl. Zumholz, Volksfrömmigkeit (wie Anm. 1), S. 335-377.

Friedhof in Heede" zu unterbinden.[26] Dieser Erlass des Reichskirchenministers verbot nicht nur die Einrichtung neuer Wallfahrten, sondern auch die Einführung neuer Feierformen: „Für ‚Marien-Feierstunden' ‚Christus-Feierstunden' und andere Veranstaltungen mit ähnlicher Bezeichnung gelten, sofern sie lediglich ein Ersatz für Wallfahrten sind, die gleichen Vorschriften wie für diese, d. h. auch diese Veranstaltungen sind nur dann gestattet, soweit sie althergebracht sind."[27] Ferner ordnete Herbst „aus sicherheitspolizeilichen Gründen die Sperrung der Zufahrtstraßen nach Heede [an], um so den Zustrom von auswärtigen Besuchern zu verhindern". „Von der Anwendung polizeilicher Zwangsmaßnahmen" nahm er hingegen „wegen der zu befürchtenden außenpolitischen Folgen Abstand"[28].

Gleichzeitig machte sich Herbst an diesem Dienstag mit seinen Mitarbeitern Floreck und Ernst Wolter auf den Weg nach Heede, um einen persönlichen Eindruck von dem Geschehen vor Ort und vor allem von den vier Kindern zu erhalten. Außerdem setzte er sich in Osnabrück mit dem Bischöflichen Generalvikariat in Verbindung und wies darauf hin, dass die Veranstaltungen in Heede aufgrund des Erlasses des Reichskirchenministers rechtlich nicht gestattet und daher von kirchlicher Seite zu unterbinden seien. Dabei stellte sich heraus, dass auch der Bischof nur mit Verzögerung Kenntnis von den Marienerscheinungen erhalten hatte und den unkontrollierten Kult keineswegs ungeprüft billigen konnte – wenngleich natürlich aus völlig anderen Gründen als die Vertreter des NS-Regimes. Ein Vertreter Bischof Bernings sicherte zu, Pfarrer Staelberg die Teilnahme an den abendlichen Feiern auf dem Friedhof zu verbieten. Auch sollte Staelberg die dort versammelten Besucher offiziell ausdrücklich darauf hinweisen, dass die Wallfahrten nach Heede – bis zu einer Beurteilung der Ereignisse durch den

26 Herbst an das Geheime Staatspolizeiamt in Berlin, Osnabrück, 12.11.1937, mit einer Durchschrift an den Regierungspräsidenten in Osnabrück, StAOS 430-201-16B/65 Nr. 45 Bd. 1; vgl. Bericht des Gendarmerie-Obermeisters Klein vom 9.11.1937 an den Landrat in Aschendorf, ebd. und Erw. A 100 Nr. 51.

27 Erlass Kerrls vom 17.8.1937, BArch R 5101/23074.

28 Herbst an das Geheime Staatspolizeiamt in Berlin, Osnabrück, 12.11.1937, mit einer Durchschrift an den Regierungspräsidenten in Osnabrück, StAOS 430-201-16B/65 Nr. 45 Bd. 1.

Bischof – unerwünscht seien und daher auf Anordnung Bernings unterlassen werden sollten.[29]

Am folgenden Tag schaltete sich auch der stellvertretende Osnabrücker Regierungspräsident Dr. Karl Stüler[30] in das Geschehen ein.[31] Stüler ergänzte die bisherigen, auf eine Eindämmung der Wallfahrtsbewegung ausgerichteten Maßnahmen der Gestapo, indem er umgehend eine amtsärztliche Untersuchung der vier Kinder anordnete und so die vier Seherinnen als die Hauptattraktionen in Heede ins Visier nahm.[32] Er beauftragte den kommissarischen Aschendorfer Amtsarzt Dr. Walter Jonas sowie den Kreisschulrat Dr. Albert Schmidt, die vier Mädchen auf ihren Gesundheitszustand zu untersuchen. „Unter Würdigung der dargestellten Verhältnisse (Persönlichkeit der Kinder, der Eltern und der Umwelt) und der Angaben der Kinder, daß ihnen die Mutter Gottes mit dem Jesuskind nur bei Dunkelheit auf dem Friedhof erscheint und auch dann um so deutlicher, je lauter die vieltausendköpfige Menge singt", kamen Jonas und Schmidt in ihrem Gutachten zu dem Ergebnis, „daß es sich bei den Kindern [!] zweifelsfrei um psychopathische Züge handelt, in denen die Grundlage für das abnorme Verhalten zu suchen ist"[33]. Eine derartige Bewertung aufgrund von kurzen Befragungen nicht einmal aller Kinder und ihrer Eltern – ein Gespräch mit Susi Bruns hatten deren Eltern nicht zugelassen – zu fällen, ist natürlich völlig unzulässig und zudem sehr leichtfertig, denn Psychopathie ist eine auf ererbten Anlagen beruhende Disposition, die ein abnormes Seelenleben und neurotisches Fehlverhalten zur Folge haben kann.[34] Die Marienerscheinungen wurden also nicht, wie die

29 Vgl. Herbst an das Geheime Staatspolizeiamt in Berlin, Osnabrück, 12.11.1937, mit einer Durchschrift an den Regierungspräsidenten in Osnabrück, StAOS Rep 430-201-16B/65 Nr. 45 Bd. 1.

30 Dr. iur. Karl Stüler. geb. 14.12.1883 in Wippra, evangelisch, Mitglied der NSDAP seit 1.5.1933, Mitglied der NSV, des NSRB und des RDB, StAOS Rep 430-101-7/43 Nr. 551a.

31 Wilhelmi an den Regierungspräsidenten in Osnabrück, 9.1.1937, StAOS Rep 430-201-16B/65 Nr. 45 Bd. 1. und Erw. A 100 Nr. 51.

32 Aktennotiz des Landratsamtes, 10.11.1937, StAOS Erw. A 100 Nr. 51

33 Gutachten vom 10.11.1937, StAOS Erw. A 100 Nr. 51 und Rep 430-201-16B/65 Nr. 45 Bd. 1.

34 Vgl. Willibald Pschyrembel: Klinisches Wörterbuch mit klinischen Syndromen. Berlin 1964, Stichworte Psychopathen und Psychopathie, S. 720-721.

Untersuchungen tatsächlich nahelegen konnten, als ein normales Phantasieprodukt angesehen, sondern auf krankhafte Anlagen und eine anormale geistige Verfassung zurückgeführt, was in dieser speziellen Situation gegen Ende der 1930er Jahre unter einem Regime, das psychisch Kranke mit einer Zwangssterilisation bedrohte, ausgesprochen bedrohliche Folgen nach sich ziehen konnte. Weitere psychiatrische Untersuchungen waren damit mehr oder weniger zwangsläufig vorprogrammiert, weil jetzt geklärt werden musste, in welcher Weise diese angebliche Abnormität eine Gefahr für die Gemeinschaft darstellte und inwieweit sie therapierbar war.

Nachdem der zurückhaltende und abwartende Kurs, den Herbert Herbst in Zusammenarbeit mit dem Bischöflichen Generalvikariat eingeschlagen hatte, keinerlei Erfolg zeigte, reagierten die zuständigen Sachbearbeiter im Geheimen Staatspolizeiamt in Berlin umgehend und erheblich drastischer als die Staatspolizeistelle in Osnabrück. Da das Wochenende nahte und sicher davon auszugehen war, dass noch größere Menschenmassen als am Sonntag zuvor nach Heede strömen würden, ergingen am Samstag, dem 13. November 1937, nachmittags telefonisch Anweisungen an den Landrat in Aschendorf, die sich insofern von den bisherigen unterschieden, als sie neben der Einlieferung der vier Mädchen in eine psychiatrische Anstalt eine konsequente weiträumige Absperrung Heedes, einen Eingriff in die Ereignisse im Ort und speziell auf dem Friedhof sowie die Anwendung von Gewalt, die Herbert Herbst bisher vor allem aus außenpolitischen Gründen vermieden hatte, vorsahen.[35]

Tatsächlich machten sich an diesem Sonntag, dem 14. November 1937, ungefähr 20.000 Menschen aus dem Emsland und den angrenzenden Regionen bis zum Rheinland und den benachbarten Niederlanden mit Omnibussen, Autos, Fahrrädern und zu Fuß auf den Weg nach Heede.[36] Doch alle Zufahrtstraßen und Fährverbindungen waren gesperrt und niemand konnte ohne die Erlaubnis der Polizei ungehindert mit einem Fahrzeug nach Heede gelangen. Auch machten die Sperrposten weisungsgemäß von „Zwangsmit-

35 Aufzeichnungen Wilhelmis vom 14.11.1937, StAOS Erw. A 100 Nr. 51.

36 Vgl. Bericht des SD-Führers des SS-Oberabschnitts Nord-West, Hamburg, den 7.12.1937, an das Sicherheitshauptamt, Abteilung II-113, BArch R 58/5869.

teln Gebrauch“ und gaben „in einzelnen Fällen Schreckschüsse“ ab, um „die Staatsautorität der teilweise recht unzufriedenen Menschenmenge gegenüber“ zu wahren.[37] Dennoch gelang es vielen Menschen, mit Hilfe der Heeder Bevölkerung über die Felder und Wiesen zu Fuß nach Heede zu gelangen. Auch in Heede gingen die Gendarmen gewaltsam gegen Menschenansammlungen vor allem auf dem Friedhof vor.

Im Geheimen Staatspolizeiamt in Berlin wusste man sehr wohl, dass kurzfristige Straßensperren und die Entfernung der Mädchen aus Heede keineswegs ausreichten, um die Wallfahrt nach Heede und den Kult um die vier Mädchen nach ihrer Rückkehr zu unterbinden. Assessor Kurt Lischka, Hilfsreferent im Referat II B unter Gestapochef Heinrich Müller, reiste daher in der zweiten Novemberhälfte höchstpersönlich mit Mitarbeitern der Staatspolizeistelle Osnabrück nach Heede, um sich vor Ort einen unmittelbaren Eindruck zu verschaffen und ein umfassendes Maßnahmenpaket zu beschließen.[38] Die Absperrung des Ortes und die Unterbindung von Ansammlungen auf dem Friedhof wurde ergänzt durch eine Kontrolle aller die Erscheinungen betreffenden Äußerungen, sei es im privaten Gespräch, in Predigten, in Briefen oder in Zeitungen nicht nur im Emsland, sondern auch in den angrenzenden Regionen, um eine Diskussion über die Maßnahmen der Gestapo und die wunderbaren Ereignisse allgemein zu unterbinden. Die Hauptprotagonisten der Erscheinungen in Heede in Gestalt von Pfarrer Johannes Staelberg und der Lehrerin Anna Krapp mussten den Ort verlassen, und einige besonders renitente Priester und Laien wurden zwecks Abschreckung verhaftet. Hinzu kam der Versuch, die nationalsozialistische Version und damit eine Rechtfertigung ihrer Maßnahmen über Veröffentlichungen in der NS-Presse wie u. a. im „Schwarzen Korps“ und Schulungsmaßnahmen für Lehrer und NSDAP-Ortsgruppen im Emsland zu verbreiten, um so durch eine Kombination von „Verführung und Gewalt“[39] die Situation im Emsland in ihrem Sinne zu beeinflussen.

[37] Gendarmerie-Distriktsleiter Linge an den Regierungspräsidenten in Osnabrück, 9.12.1937, StAOS Rep 430-201-16B/65 Nr. 45 Bd. 1.

[38] Vgl. Bericht des SD-Führers des SS-Oberabschnitts Nord-West an das Sicherheitshauptamt, Abteilung II-113, 21.1.1938, BArch R 58/5869.

[39] Hans-Ulrich Thamer, Verführung und Gewalt. Deutschland 1933-1945. Berlin 1994.

Auch in Zukunft bestimmten mit der Geheimen Staatspolizei die sog. politische Polizei sowie hinter den Kulissen – für Außenstehende nicht erkennbar – der Sicherheitsdienst der SS als weltanschauliche Zentrale des Dritten Reiches die Maßnahmen gegen die Seherinnen und die Wallfahrten nach Heede. Nur eine untergeordnete Rolle spielte hingegen das für Religions- und Kirchenfragen offiziell zuständige Reichskirchenministerium oder etwa das für Sicherheitsfragen zuständige Innenministerium. Die Ursache für eine solche Konstellation liegt in der auf der totalitären Struktur des Dritten Reiches basierenden Religions- und Kirchenpolitik des NS-Regimes, in deren Kontext der Konflikt um die Marienerscheinungen in Heede als ein exemplarisches Beispiel angesiedelt ist.

III. Die Religions- und Kirchenpolitik des NS-Regimes

Hatte Reichskanzler Adolf Hitler in seiner Regierungserklärung vom 23. März 1933 zwar offiziell erklärt: „Die nationale Regierung sieht in den beiden christlichen Konfessionen wichtigste Faktoren der Erhaltung unseres Volkstums“[40], kündigte er am 6. August 1933 in einer Rede vor den Gauleitern an: „Scharf gegen die Kirchen. Wir werden selbst eine Kirche werden.“[41] Demgemäß hieß es im „Gesetz zur Sicherung der Einheit von Partei und Staat“ vom 1. Dezember 1933: „Nach dem Sieg der nationalsozialistischen Revolution ist die Nationalsozialistische Deutsche Arbeiterpartei die Trägerin des deutschen Staatsgedankens und mit dem Staat unlösbar verbunden.“[42] Folglich wurde die im Parteiprogramm der NSDAP zugrunde gelegte nationalsozialistische Ideologie mit staatlichen Interessen gleichgesetzt, während entgegengesetzte Überzeugungen nicht wie bisher einen parteifeindlichen, sondern einen staatsfeindlichen Charakter erhielten. Unter dem ihre wahren Ziele verschleiernden

[40] Zit. nach Bernhard Stasiewski (Bearb.), Akten deutscher Bischöfe über die Lage der Kirche 1933-1945 Bd. I: 1933-1945. Mainz 1968, S. 15, Anm. 1; zum Folgenden vgl. Zumholz, Volksfrömmigkeit (wie Anm. 1), S. 378-418.

[41] Ralf Georg Reuth (Hrsg.), Joseph Goebbels: Tagebücher 1924-1945 Bd. 2: 1930-1934. München 1992, S. 825.

[42] Druck: Ingo von Münch (Hrsg.), Gesetze des NS-Staates. Dokumente eines Unrechtssystems. Paderborn ^{3}1994, S. 79-80, Zitat S. 79.

Schlagwort von der Schaffung einer einigen und starken „Volksgemeinschaft" nahmen die Nationalsozialisten daher nach der Machtergreifung 1933 die gezielte Umformung der deutschen Gesellschaft in Angriff. Der NS-Elite ging es somit nicht um eine institutionalisierte Entflechtung von Kirche und Gesellschaft im Kontext des Säkularisierungsprozesses[43], sondern um den forcierten Auf- und Ausbau einer exklusiven NS-Milieustruktur verbunden mit der Indoktrination mit nationalsozialistischem Gedankengut, das in unvereinbarem Gegensatz zu katholischen Wertvorstellungen stand. Diese faktische Aufhebung der Trennung von Politik und Religion implizierte die Politisierung von Religion und somit naturgemäß auch von katholischer Volksfrömmigkeit, die als eine nicht-nationalsozialistische religiöse Überzeugung und demzufolge als eine Form staatsfeindlicher weltanschaulicher Einstellung qualifiziert wurde.

Nur vor diesem Hintergrund ist verständlich, dass die Mitteilungsblätter der Gauleitung Weser-Ems der NSDAP die volksfromme Wallfahrtsbewegung zu dem neuen Marienerscheinungsort in Heede als „nach mittelalterlichem System Opposition gegen den Staat" werteten, und dass für religiöse Fragen im Dritten Reich die Geheime Staatspolizei und der Sicherheitsdienst der SS (SD) zuständig waren. Speziell der SD hatte nicht nur „seit Mitte der dreißiger Jahre" eine „führende Position ... in der Religionspolitik des ‚Dritten Reiches'" inne, sondern nahm hinter den Kulissen und für Außenstehende nicht erkennbar auf „weittragende politische Entscheidungen"[44] maßgeblichen Einfluss. Der kirchen- und religionspolitische Alltag im „Kriegsschauplatz Innerdeutschland"[45] wurde zu einem großen Teil von Reinhard Heydrich, der als Chef der Geheimen Staatspolizei und des Sicherheitsdienstes des SS im Schnittpunkt von NS-Elite und Staat stand, und seinem Mitarbeiter Albert

43 Vgl. Thomas Breuer, Verordneter Wandel? Der Widerstreit zwischen nationalsozialistischem Herrschaftsanspruch und traditionaler Lebenswelt im Erzbistum Bamberg. Mainz 1992, S. 372.

44 Wolfgang Dierker, Himmlers Glaubenskrieger. Der Sicherheitsdienst der SS und seine Religionspolitik 1933-1941. Paderborn 2002, S. 535.

45 Heinrich Himmler 1937 in einem Geheimvortrag, zit. nach „Neuer Vorwärts". Sozialdemokratisches Wochenblatt vom 26.9.1937.

Hartl bestimmt, der 1941 unumwunden bekannte: „Unser Endziel ist die restlose Zerschlagung des gesamten Christentums.“[46]

Das am 10. Februar 1936 erlassene Gestapo-Gesetz hatte der Gestapo einen selbstdefinierbaren und damit nicht beschränkten Zuständigkeitsbereich ohne jede Kontrollmöglichkeit von Verwaltung und Justiz geschaffen.[47] In organisatorischer Hinsicht wurden die Aufgaben der Geheimen Staatspolizei auf Landesebene vom Geheimen Staatspolizeiamt, in der Mittelinstanz von den Staatspolizeistellen für die einzelnen Landesbezirke und in der unteren Instanz „von den Kreis- und Ortspolizeibehörden als Hilfsorganen der Staatspolizeistellen“ wahrgenommen.[48] Zudem mussten die Kreispolizeibehörden die zuständige „Staatspolizeistelle über alle wichtigen politischen Vorgänge und Beobachtungen unmittelbar“ in Kenntnis setzen.[49] Die Gestapo hatte weiterhin das Recht, in Verfolgung ihrer Aufgaben auch alle sonstigen staatlichen Behörden wie etwa die Post, die Finanzbehörden, den Eisenbahnüberwachungsdienst und alle Parteiorganisationen für ihre Aufgaben zur Amtshilfe zu nutzen.[50]

Die große Bedeutung, die im Kontext der Kirchen- und Religionspolitik dem Kampf gegen die Volksfrömmigkeit, verbunden mit der Etablierung nationalsozialistischer Ersatzformen, beigemessen wurde, lässt sich sowohl an internen Beurteilungen der nationalsozialistischen Religionsspezialisten als auch an der geradezu pedantischen Beobachtung und Vorgehensweise gegen noch so unbedeutende volksfromme Aktivitäten und exemplarisch an den harten Maßnahmen gegen bekannte Schriftsteller ablesen.[51] Dr. Fritz Gerlich, der nach der Begegnung mit Therese Neumann

46 Referat Hartls auf der Arbeitstagung der Kirchensachbearbeiter beim RSHA am 22. und 23.9.1941, zit. nach Dierker, Glaubenskrieger (wie Anm. 44), S. 533.

47 Verordnung zur Ausführung des Gesetzes über die Geheime Staatspolizei vom 10. Februar 1936. Vom 10. Februar 1936. Druck von Münch (wie Anm. 37), S. 76-78, Zitat S. 76.

48 § 4, zit. nach von Münch (wie Anm. 47), S. 75.

49 Ebd., S. 78.

50 Zusammenarbeit zwischen Gestapo und anderen Parteien, BArch R 58/781, vgl. Gerhard Paul, Staatlicher Terror und gesellschaftliche Verrohung. Die Gestapo in Schleswig-Holstein. Hamburg 1996, S. 151.

51 Zum Folgenden vgl. Zumholz, Volksfrömmigkeit (wie Anm. 1), S. 418-443.

zum katholischen Glauben konvertierte Autor einer umfangreichen zweibändigen Veröffentlichung über die Stigmatisierte[52] und Chefredakteur von „Der gerade Weg“, wurde bereits am 9. März 1933 schwer misshandelt, verhaftet und in der Nacht vom 30. Juni auf den 1. Juli 1934 im Konzentrationslager Dachau ermordet.[53] Der Journalist Friedrich Ritter von Lama, der sich auf Biographien zeitgenössischer Mystiker und Mystikerinnen und insbesondere auf Therese Neumann sowie auf Darstellungen über wunderbare Ereignisse spezialisiert hatte[54], starb am 9. Februar 1941 im Gefängnis Stadelheim bei München angeblich an Herzschwäche. Eine befreundete Ärztin, der es aufgrund von Beziehungen gelang, den in einem verschlossenen Sarg liegenden Toten noch einmal zu sehen, beobachtete Würgemale an seinem Hals, so dass von Lama höchstwahrscheinlich entweder durch Erwürgen oder Erhängen umgebracht worden ist. Auch Johannes Maria Verweyen überlebte die Gestapo-Haft nicht.[55]

Die Gestapo war somit eine ausgesprochen effiziente Organisation, die sich auch im Emsland weitgehend auf die Kooperation mit der Polizei, den Behörden und einigen Parteiorganen bzw. -repräsentanten, nicht jedoch mit der Masse der Bevölkerung stützen

[52] Vgl. Fritz Gerlich, Die stigmatisierte Therese Neumann von Konnersreuth. Erster Teil: Die Lebensgeschichte der Therese Neumann. Zweiter Teil: Die Glaubwürdigkeit der Therese Neumann. München 1929; Fritz Gerlich, Der Kampf um die Glaubwürdigkeit der Therese Neumann. Eine Auseinandersetzung mit den Professoren Wunderle und Mager. München 1931.

[53] Vgl. Rudolf Morsey, Fritz Gerlich (1883-1934). Publizist, Prophet, Märtyrer. Köln 1994; Rudolf Morsey, Fritz Gerlich (1883-1934). In: Karl-Joseph Hummel/Christoph Strom (Hrsg.), Zeugen einer besseren Welt. Christliche Märtyrer des 20. Jahrhunderts. Leipzig 2000, S. 37-57; Rudolf Morsey, Fritz Gerlich (1883-1934). In: Jürgen Aretz u. a. (Hrsg.), Zeitgeschichte in Lebensbildern Bd. 7. Mainz 1994, S. 21-38 und 293-294 mit einem Überblick über Quellen, Schriften und Literatur.

[54] Vgl. Georg Schwaiger und Helmut Moll, Friedrich Ritter von Lama. In: Helmut Moll (Hrsg.), Zeugen für Christus. Das deutsche Martyrologium des 20. Jahrhunderts Bd. 1. Paderborn ^{4}2005, S. 411-414.

[55] Vgl. ebd. S. 33-35; Karl Kamps, Johannes Maria Verweyen. Gottsucher, Mahner und Bekenner. Wiesbaden 1952; Helmut Moll, Dr. Johannes Maria Verweyen. In: ders., Zeugen (wie Anm. 54), S. 470-474; Reinhard Oberschelp (Hrsg.), Gesamtschrifttum des deutschsprachigen Schrifttums (GV) 1911-1965, Bd. 138. München 1981, S. 365-366.

konnte. Trotz ihrer Machtfülle war sie jedoch nicht „allmächtig“[56], da sie sowohl auf das Ausland, die Volkstimmung und insbesondere auf die durch politische Rücksichten bestimmten Anweisungen Adolf Hitlers Rücksicht zu nehmen hatte, der im August 1937 mit Blick auf den angestrebten Krieg anordnete, die „Volksgemeinschaft“ so wenig wie möglich mit konfessionellen Spannungen zu belasten.[57]

IV. Autonomie der Volksfrömmigkeit im Emsland: Marienerscheinungen und Wallfahrten nach Heede seit 1938

Das Maßnahmenpaket der Gestapo erwies sich im Großen und Ganzen als kompletter Fehlschlag. Zwar hatte die massive Absperrung Heedes ein Abnehmen des Wallfahrerstromes zur Folge, doch gelang es in keiner Weise, die Einstellung der emsländischen Bevölkerung zu beeinflussen, die auch weiterhin geschlossen hinter den Marienerscheinungen stand, wie etwa ein Bericht des NSLB-Kreiswalters im Kreis Aschendorf-Hümmling, August Bölxen, vom 5. Dezember 1937 über die Haltung der katholischen Lehrer des Landkreises Aschendorf-Hümmling zu den Marienerscheinungen demonstriert. Er habe feststellen müssen, dass die Lehrerschaft und vor allem die Lehrerinnen „ebenso von der Glaubwürdigkeit der Heeder Dinge überzeugt sind wie die übrige Bevölkerung“, schrieb Bölxen an Gauamtsleiter Karl Kemnitz in Oldenburg. „Nicht einmal die Amtswalter des NSLB. wagen es, gegen den Rummel offen Stellung zu nehmen. Selbst als zuverlässig angesehene Kameraden weisen immer wieder auf die Momente hin, die geeignet erscheinen, das Wunder zu erhärten bzw. die Maßnahmen der Behörde zu bekritteln. [...] Es ist äußerst deprimierend feststellen zu müssen, wie stark trotz aller Schulung und Aufklärung der letzten 4 Jahre die kirchlich religiösen Bindungen bei fast allen Erziehern wirken.

[56] Klaus-Michael Mallmann/Gerhard Paul: Allwissend, allmächtig, allgegenwärtig? Gestapo, Gesellschaft und Widerstand. In: Zeitschrift für Geschichtswissenschaft 41 (1993), S. 984-999.

[57] Vgl. Hans-Günter Hockerts, Die Sittlichkeitsprozesse gegen katholische Ordensangehörige und Priester 1936/37. Eine Studie zur nationalsozialistischen Herrschaftstechnik und zum Kirchenkampf. Mainz 1971, S. 74.

[...] Ein Menschenleben reicht nicht aus, um eine falsche religiöse Erziehung wieder gutzumachen.“[58]

Keinen Erfolg hatte die Gestapo auch mit ihrem Versuch, den vier Mädchen mit Hilfe eines angesehenen Psychiaters Unglaubwürdigkeit zu attestieren, denn dieser widerlegte in seinem Gutachten die Vorwürfe gegen die vier Mädchen und ihr Umfeld.[59] Nach mehrwöchiger gründlicher Untersuchung in der Landesheil- und Pflegeanstalt Göttingen kam deren Leiter, der renommierte Psychiater Professor Dr. Gottfried Ewald, zu dem Ergebnis, dass die Kinder psychisch völlig gesund seien, andererseits aber auch nicht geschwindelt hätten, da die Erscheinungen auf eine eidetische Veranlagung bzw. auf ganz normale Halluzinationen zurückzuführen seien. Ewald befand die Mädchen im Gegensatz zum ersten Gutachten von Schmidt und Jonas nicht nur für psychisch gesund, sondern attestierte ihnen auch, nicht bewusst gelogen zu haben. Ewald entließ alle vier Kinder mit der offiziellen, in den Krankenakten festgehaltenen Diagnose: Ausnahmezustand, nicht geisteskrank.[60]

Die Gestapo beschloss daraufhin, einem Wunsch Wilhelm Bernings zu folgen und die vier Kinder für einige Wochen in das Marienhospital in Osnabrück zu verlegen, um so dem Bischof die Möglichkeit zu geben, sich ebenfalls einen persönlichen Eindruck von den Mädchen zu verschaffen.[61] Doch erst nachdem Bischof Berning im Kirchlichen Amtsblatt der Diözese Osnabrück vom 8. Januar 1938 öffentlich offiziell einen übernatürlichen Charakter der Erscheinungen dementiert und die Wallfahrten nach Heede als „im kirchlichen Interesse unerwünscht“ bezeichnet hatte, entschloss sich die Gestapo in Osnabrück, „die Kinder für Heede wieder freizugeben“[62]. Sie erhielten jedoch seitens der Gestapo ein striktes Verbot, sich an den Erscheinungsort zu begeben.

58 Bölxen an Kemnitz, 5.12.1937, StAOS Rep 403-400-233; vgl. Maria Anna Zumholz, Anpassung – Verweigerung – Widerstand? Katholisches Milieu im Emsland 1933-1945. In: Emsländische Geschichte Bd. 13, hrsg. v. der Studiengesellschaft für Emsländische Regionalgeschichte. Haselünne 2006, S. 22-104.

59 Zum Folgenden vgl. Zumholz, Volksfrömmigkeit (wie Anm. 1), S. 348-360.

60 HStAH Hann 155 Göttingen Paket 209, 267 und 444.

61 Vgl. Geheime Staatspolizei, Staatspolizeistelle Osnabrück, an Professor Ewald, 21.12.1937, HStAH Hann 155 Göttingen Paket 267.

62 Bericht des SD-Führers des SS-Oberabschnitts Nord-West an das Sicherheits-

Die Ergebnisse des Göttinger Gutachtens und insbesondere die darin enthaltene Behauptung Professor Ewalds, dass sich drei der Mädchen in Gesprächen mit ihm von ihren Erlebnissen distanziert hätten, stellten die Echtheit der Marienerscheinungen auf eine ernste Probe.[63] Die Mädchen leugneten derartige Äußerungen auf Nachfrage in Heede strikt ab. Sie behaupteten, immer an der Wahrheit der Erscheinungen festgehalten zu haben, und der Professor lüge, wenn er derartige Behauptungen in seinem Gutachten aufstelle. Da jedoch auch Bischof Berning offiziell bekannt gegeben hatte, dass er nicht von der Echtheit der Erscheinungen überzeugt war, wurde den vier Seherinnen somit von staatlicher, medizinischer und kirchlicher Seite gleichermaßen Unglaubwürdigkeit attestiert. Auf der anderen Seite versetzte die Erwartungshaltung vieler volksfrommer Katholiken die vier Mädchen in eine gewisse Zwangslage. Die Erscheinungsserie war durch die Gestapo gewaltsam abgebrochen worden. Nachweislich wurden in Heede Parallelen zu den Erscheinungen in Lourdes und Belgien gezogen, selbst die nicht anerkannten Marienerscheinungen in Marpingen[64] waren hier bekannt. In Lourdes, Marpingen, Beauring und Banneux hatte die Mutter Gottes gesprochen und den Seherinnen u. a. geheime Botschaften übermittelt, sie hatte sich einen lokalen Ehrentitel gegeben und den Bau einer Kapelle gefordert, wundertätige Quellen entspringen lassen und sonstige aufsehenerregende Wunder gewirkt. Auch in diesen Fällen waren schlichte kindliche Seherinnen mit einem zunächst ungläubigen Bischof, einem gewalttätigen Staat und einer gehässigen Presse konfrontiert worden. Somit bestätigten die ablehnenden Verhaltensweisen Bernings und des NS-Regimes geradezu die seit Lourdes etablierten klassischen Elemente von Marienerscheinungen. Sie erzielten auch insofern genau das Gegenteil ihrer beabsichtigten Wirkung, als sie zusätzlich den Oppositionsgeist der betroffenen Katholiken weckten, die insbesondere höchst verärgert auf den Bischof reagierten, auf dessen Solidarität sie gerade in die-

hauptamt, Abteilung II-113, 21.1.1938, BArch R 58/5869.

63 Zum Folgenden vgl. Zumholz, Volksfrömmigkeit (wie Anm. 1), S. 444-547.

64 Vgl. David Blackbourn, Wenn ihr sie wieder seht, fragt wer sie sei. Marienerscheinungen in Marpingen – Aufstieg und Niedergang des deutschen Lourdes. Hamburg 1997. Siehe auch den Beitrag von Bernhard Schneider in diesem Band.

ser Zeit der Unterdrückung durch die Nationalsozialisten selbstverständlich gebaut hatten.

Der Anstoß zu der zweiten Serie von Marienerscheinungen ging erneut von Grete Ganseforth, der ursprünglichen Seherin, aus. Knapp zwei Wochen nach ihrer Rückkehr hängte Grete im Garten ihres Elternhauses gemeinsam mit ihrer Tante Gebina Christen die Wäsche auf. Eigenen Angaben zufolge sah sie in einiger Entfernung über dem Friedhof plötzlich einen hellen Schein. Grete berichtete Maria und Susi von ihren Erlebnissen, Anni war aufgrund einer Erkrankung noch nicht wieder nach Heede zurückgekehrt. Natürlich hatten die Mädchen Angst und fragten daher ihre Eltern, was sie tun sollten. Diese wiederum berieten sich mit ihren Nachbarn, ob es wohl zu gefährlich sei, die Kinder erneut zum Friedhof gehen zu lassen. Doch die Autorität der staatlichen Behörden wie auch des Bischofs stand in Konkurrenz zu himmlischer Autorität, und bei den katholischen Heedern hatte selbstverständlich der Wille der Gottesmutter Vorrang. Wenn Maria hier in Heede den vier Mädchen erscheinen wollte und ihnen ein Zeichen gab, so durfte und wollte man nichts dagegen unternehmen. Daher entschlossen sich die Eltern, die Mädchen zur hinteren Friedhofsseite gehen zu lassen, denn auf diese Weise befolgten sie das Verbot der Gestapo, die Erscheinungsstätte zu betreten. Der Friedhof lag ohnehin ungefähr zwei Meter erhöht, und demzufolge war die Erscheinungsstelle insbesondere im Winter, wenn Bäume und Sträucher kein Laub trugen, weithin sichtbar, sie konnte somit auch von den Gärten der benachbarten Häuser aus gesehen werden. Und weiterhin hatte die Gestapo nicht einmal ausdrücklich weitere Erscheinungen verboten, sondern sich vor allem gegen den Personenkult um die kleinen Seherinnen und eine Wallfahrt nach Heede ausgesprochen. „Eltern und Nachbarn" sagten daher, sie „könnten ruhig gehen"[65].

Die Gestapo, die nach einiger Zeit Kenntnis von den erneuten Marienerscheinungen erhielt, stand nach einigen Zusammenstössen mit Wallfahrern vor der Entscheidung, welche Maßnahmen jetzt anstanden. Herbert Herbst, der seit 1935 als stellvertretender Gestapostellenleiter infolge des häufigen Wechsels und der wiederholten

65 Bericht der Susanna (Susi) Bruns vom 2.7.1940, BAOS Heede 06-95-01-12-01.

Abwesenheit seiner Vorgesetzten faktisch die Staatspolizeistelle in Osnabrück leitete, war kein fanatischer Nationalsozialist, sondern ein ebenso eigenwilliger wie karrierebewusster Pragmatiker, der die Verhältnisse im Emsland kannte und der sich in den von ihm verfassten Lageberichten der Staatspolizeistelle Osnabrück ebenso wie seine Vorgesetzten und der Osnabrücker Regierungspräsident Bernhard Eggers wiederholt ausgesprochen kritisch zur Regierungspraxis der Nationalsozialisten im Bezirk Weser-Ems allgemein und im Emsland speziell geäußert hatte. Den Konflikten zwischen Katholiken und NS-Regime lagen ihrer Erkenntnis zufolge nicht politische, sondern „tiefgreifende weltanschauliche Gegensätze“[66] zugrunde, und der „sowohl von der katholischen Kirche als auch vom nationalsozialistischen Staat erhobene Totalitätsanspruch“ ließ „eine dauernde Besserung und Entspannung des Verhältnisses Staat-Kirche wenig wahrscheinlich erscheinen“[67]. Nicht zuletzt hatte der Ende 1936 mit einer blamablen öffentlichen Niederlage verbundene „Kreuzkampf“ im Oldenburger Münsterland, in dem sich die NS-Führung im benachbarten Oldenburg auf eine offene Kontroverse um die Kreuze in den katholischen Volksschulen eingelassen hatte, die Brisanz nationalsozialistischer Eingriffe in die Volksfrömmigkeit drastisch vor Augen geführt.[68]

Die Gestapo kapitulierte vor diesem Hintergrund weitgehend vor der emsländischen Volksfrömmigkeit. Sie war sich darüber im Klaren, dass sie die volksfromme Bewegung auch mit massiver Gewalt nicht unterbinden konnte, sondern ein hartes Vorgehen nur den Widerstandsgeist der katholischen Bevölkerung reizen würde.

66 Lagebericht der Staatspolizeistelle Osnabrück an das Geheime Staatspolizeiamt für den Monat Februar 1936 vom 4.6.1935. In: Gerd Steinwascher (Bearb.): Gestapo Osnabrück meldet ... Polizei- und Regierungsberichte aus dem Regierungsbezirk Osnabrück aus den Jahren 1933-1936. Osnabrück 1995, S. 344-355, Zitat S. 348.

67 Lagebericht der Staatspolizeistelle Osnabrück an das Geheime Staatspolizeiamt für den Monat Dezember 1935 vom 6.1.1936. In: ebd., S. 307-322, hier S. 308.

68 Vgl. Joachim Kuropka (Hrsg.), Zur Sache – Das Kreuz. Untersuchungen zur Geschichte des Konflikts um Kreuz und Lutherbild in den Schulen Oldenburgs, zur Wirkungsgeschichte eines Massenprotests und zum Problem nationalsozialistischer Herrschaft in einer agrarisch-katholischen Region. Vechta [2]1987.

Daher entschloss sie sich – abgesehen von einzelnen Übergriffen – zu einer im Großen und Ganzen relativ moderaten Überwachungs- und Einschüchterungstaktik. Obwohl die Marienerscheinungen erst am 3. November 1940 endeten und an den Marienfeiertagen auch weiterhin bis zu 1.000 Pilger in Heede versammelt waren, was sowohl der Gestapo als auch dem Landrat sowie Kreisleiter Buscher bekannt war, ist etwa für das gesamte Jahr 1940 nicht eine einzige Staats- oder Parteireaktion auf die Ereignisse in Heede überliefert.

Relativ unbehelligt von den nationalsozialistischen Überwachungsbehörden gingen die vier Mädchen daher in unterschiedlichen Formationen in den folgenden knapp drei Jahren bis zum Ende der Erscheinungen am 2. November 1940 zu etwa zehn verschiedenen Stellen in der Nähe des Friedhofs.[69] In der Zeit vom 1. November 1937 bis zum 3. November 1940 erschien die Mutter Gottes einem oder mehreren Kindern ihren Schilderungen zufolge an insgesamt 124 Tagen, dabei war ihre Anwesenheit an 20 Tagen nur an einem hellen Schein erkennbar.[70] Tagebuchaufzeichnungen zufolge richteten somit in einem Zeitraum von knapp drei Jahren ein oder mehrere Mädchen an 20 Tagen bis zu vier verschiedene Fragen und Wünsche an die Gottesmutter. Aus den Fragestellungen sprechen kindliche Interessen, wenn sich die Kinder etwa erkundigen, ob sie in den Himmel kämen oder darum bitten, dass Maria ihnen ihre Himmelfahrt zeigen möge. Weiterhin befassen sie sich mit dem Ablauf der Erscheinungen. Sollten die vier Mädchen an jedem Abend kommen, getrennt oder gemeinsam, allein oder mit Kranken? Vor allem aber machen sie deutlich, welche Erwartungen die Kinder wie auch die durch sie sprechenden Erwachsenen hegten: Maria sollte „sich offenbaren" und Auskunft über ihre Wünsche und Absichten geben, insbesondere, welchen lokalen Ehrentitel sie

[69] Vgl. Bemerkungen des Pfarrers Rudolf Diekmann zu den Erscheinungen der Kinder. Begonnen am 31. März 1940, BAOS Heede 06-95-01-12-01; vgl. zum Folgenden Zumholz, Volksfrömmigkeit (wie Anm. 1), S. 455-480.

[70] Die Zahlen sind aus den Tagebuchaufzeichnungen der Grete Ganseforth, Susanne Bruns und Anni Schulte, ebd., zusammengestellt. Da die Angaben in den Tagebüchern zum Teil voneinander abweichen, können sie nur einen Annäherungswert darstellen. Die Tagebuchaufzeichnungen von Maria Ganseforth befinden sich laut telefonischer Auskunft in ihrem Privatbesitz und sind nie der Öffentlichkeit zugänglich gemacht worden.

sich erwählt hatte. Auch die Heilung von Kranken spielte eine große Rolle. Einige weitere Fragen machen auf den ersten Blick keinen Sinn, wie etwa diejenige, wenn die Erscheinung von Gott gesandt sei, dann möge sie näher kommen. Was sollte eine solche Frage, da die Seherinnen ja längst fest davon überzeugt waren, dass ihnen die Gottesmutter erschien? Erst ein Blick auf die durch Lourdesliteratur und -predigten überlieferten festen Elemente von Erscheinungen liefert eine Erklärung, denn auch Bernadette hatte in Lourdes am zweiten Erscheinungstag die „Dame" mit Weihwasser besprengt und dabei gesagt: „Kommst Du von Gott, so nähere Dich!"[71] Parallelen zwischen Lourdes und Heede zeigen ebenso weitere Fragen, denn Bernadette hatte sich ebenfalls erkundigt, ob sie weitere Personen mitbringen dürfe und außerdem dreimal die Frage gestellt, wer die Dame sei und wie sie heiße.[72]

Es war letztlich ausgesprochen einfach und selbstverständlich, was die vier Mädchen als Botschaften der Gottesmutter übermitteln konnten. Die Mutter Gottes offenbarte sich als „Königin des Weltalls" und „Königin der Armen Seelen", ihre schlichte Botschaft bestand im Aufruf zum Gebet allgemein und zum Rosenkranzgebet speziell, die Kinder forderte sie auf, fromm und gehorsam zu sein. Das allen gemeinsam anvertraute Geheimnis vom 19. Oktober 1940 war Susi und Anni zufolge für den Heiligen Vater bestimmt. Die Mädchen schrieben jedes für sich dieses Geheimnis auf und übergaben es Pfarrer Diekmann in einem verschlossenen Briefumschlag, den Diekmann anschließend persönlich Bischof Berning zur Weiterleitung an den Heiligen Vater überreichte.[73]

Nach dem Ende der Erscheinungen am 3. November 1940 waren die wunderbaren Ereignisse in Heede nicht abgeschlossen, denn 1943 vertraute diejenige Seherin, die schon 1937 als erste die Mutter Gottes gesehen hatte, dem Ortspfarrer weitere Visionen an.[74] Sie erhielt himmlische Botschaften, die nicht nur ihr privates Leben,

[71] Zit. nach Alfred Hoppe, Lourdes im Glanze seiner Wunder. Nach authentischen Quellen verfaßt. Wien 1909, hier zit. nach der 2. Auflage, Wels 1947, S. 29. Ein Exemplar dieses Buches steht in der Bibliothek des Offizialatsarchivs in Vechta.

[72] Vgl. ebd., S. 35, 102.

[73] Tagebucheintrag Bernings vom 27.1.1943, BAOS 03-17-72-72 Nr. 25, S. 43.

[74] Vgl. Zumholz, Volksfrömmigkeit (wie Anm. 1), S. 480-502.

sondern auch dasjenige der Gemeinde betrafen. Ähnlich wie Therese Neumann von Konnersreuth erlebte sie in der Folgezeit an Freitagen die Passion, und es bildete sich in der Nachkriegszeit bei ihr eine Art Blutschwitzen aus.

Bis zum Ende der nationalsozialistischen Herrschaft wallfahrteten vor allem Frauen und Mädchen, aber auch Männer unterschiedlichster sozialer und geographischer Herkunft einzeln oder in Gruppen zur Gottesmutter nach Heede, um hier Hilfe in privaten und in kollektiven Notsituationen zu erflehen.[75] Weder das ablehnende Verhalten des Bischofs und die Schikanen der Polizei noch die kriegsbedingten Erschwernisse und Gefahren durch Tiefflieger konnten sie davon abhalten, Maria an diesem heiligen Ort persönlich ihre Sorgen und Nöte vorzutragen. Sie beharrten sowohl auf ihrer eigenen Deutungskompetenz als auch auf einer in mancher Hinsicht mit der offiziellen Lehre der Kirche nicht übereinstimmenden Deutungskultur. Dem neuen Heeder Pfarrer Rudolf Diekmann gelang es, trotz der Verbote des Bischofs und der Gestapo und der ständigen Beobachtung durch Gendarmerie, Gestapo und SD einen inoffiziellen Wallfahrtsort zu etablieren. Die günstige Lage des Erscheinungsortes auf dem neben der Pfarrkirche gelegenen Friedhof stellte einen wichtigen Schutz vor Eingriffen des Regimes dar und Bischof Wilhelm Berning waren zeitbedingt die Hände weitgehend gebunden. Diekmann bot den Wallfahrern in Heede mit Gottesdiensten, Andachten und der Gelegenheit zur Beichte eine attraktive seelsorgliche Betreuung, er schuf mit der Erstellung eines Bildes der Erscheinung außerdem einen Kultgegenstand und popularisierte die Marienerscheinungen geschickt. Sie sprachen weite Kreise von Katholiken gerade in der Kriegssituation an. Diekmann legte auf diese Weise das Fundament für eine feste Institutionalisierung des Marienkults in Heede.

Nach Kriegsende waren zwar die staatlichen Repressionen beendet, an ihre Stelle traten jedoch bereits zuvor unterschwellig virulente Auseinandersetzungen innerhalb der Gemeinde Heede sowie zwischen Ortspfarrer und Bischof, denn Pfarrer Rudolf Diekmann war nur mit großen Einschränkungen bereit, sich der Autorität Bischof Bernings zu unterwerfen, weil er den von ihm für authentisch befundenen himmlischen Weisungen größere Bedeutung als

75 Vgl. ebd., S. 528-547.

dem Gehorsam gegenüber dem Bischof zusprach.[76] Da weder Bischof Wilhelm Berning noch seine Nachfolger – abgesehen von der bereits erwähnten Veröffentlichung im Kirchlichen Amtsblatt von 1938 – eine offizielle Erklärung zu den Heeder Erscheinungen abgaben, dauerte der Konflikt um die Anerkennung der Erscheinungen und um die Approbation Heedes als Wallfahrtsort bis ins Jahr 2000 an, in dem Bischof Franz-Josef Bode Heede offiziell als „Gebetsstätte" anerkannte.

David Blackbourn kommt hinsichtlich der Konflikte um die Marienerscheinungen in Marpingen in der Kulturkampfzeit zu der allerdings „eher zögerlichen Schlußfolgerung", dass Marpingen mit Einschränkungen „als eine Art Revolte gegen die Moderne, das moderne Wirtschaftsleben und den modernen Staat" anzusehen sei.[77] Er spricht in diesem Kontext ausdrücklich die Zwiespältigkeit der Moderne an, die eben nicht nur ein aufgeklärtes Gesicht, sondern auch eine menschenverachtende und totalitäre Seite hat. Die Liberalen im Kaiserreich behaupteten zwar, im Namen von Vernunft und Fortschritt zu agieren, doch taten sie dies auf eine Weise, „die mit liberalen Werten schwer in Einklang zu bringen"[78] war. Und die Nationalsozialisten machten die mit der Säkularisation vollzogene Trennung zwischen Kirche und Staat insofern wieder rückgängig, als sie die Einheit von Partei und Staat gesetzlich fixierten und eine pseudoreligiöse Weltanschauungslehre propagierten, die einen totalitären Verfügungsanspruch auf alle Menschen nicht nur im öffentlichen, sondern gleichermaßen im privaten und religiösen Bereich erhob. Das Beharren auf katholischer Identität und auf dem Einbruch des Himmlischen in die diesseitige Welt in Form von Marienerscheinungen beinhaltet in einem solchen Kontext somit auch ein „modernes" und demokratisches Plädoyer für die Vielfalt von Lebensweisen und für das grundlegende und dem Zugriff des modernen Staates entzogene Recht auf religiöse Selbstbestimmung.

76 Vgl. ebd., S. 548-643.

77 Blackbourn, Wenn ihr sie wieder seht (wie Anm. 64), S. 648-649.

78 Ebd., S. 645.

Autorenverzeichnis

Dondelinger, Patrick: Prof. Dr. Dr., Theologe, Anthropologe, Religionswissenschaftler am Centre de documentation sur la forteresse du Luxembourg (Musée Dräi Eechelen).

Euler, Walter Andreas: Prof. Dr., seit 1. Oktober 2001 Professor für Fundamentaltheologie und Ökumenische Theologie an der Theologischen Fakultät Trier.

Heinz, Andreas: Prof. Dr., als Liturgiewissenschaftler zunächst an der Universität Bochum und dann von 1981 bis zur Emeritierung im Jahr 2007 an der Theologischen Fakultät Trier.

Kotulla, Andreas: Dr. theol., zur Zeit im Schuldienst des Bundeslandes Rheinland-Pfalz, 2005 Promotion an der Theologischen Fakultät Trier mit einer Arbeit zur Rezeption Lourdes im deutschen Katholizismus des Kaiserreichs.

Loiperdinger, Martin: Prof. Dr., seit 1998 Professor für Medienwissenschaft an der Universität Trier.

Schneider, Bernhard: Prof. Dr., seit 1. Oktober 2000 Professor für Kirchengeschichte des Mittelalters und der Neuzeit an der Theologischen Fakultät Trier.

Uerlings, Herbert: Prof. Dr., seit 1991 Professor für Neuere deutsche Literaturwissenschaft an der Universität Trier.

Voderholzer, Rudolf: Prof. Dr., seit 1. April 2005 Professor für Dogmatik an der Theologischen Fakultät Trier.

Zumholz, Maria Anna: Dr., lehrt am Institut für historische Landesforschung an der Hochschule Vechta